2022

南開日本研究

NANKAI JAPAN STUDIES

第 2 卷

南开大学日本研究院
教育部国别和区域研究基地南开大学日本研究中心
刘岳兵 主编

主办

天津出版传媒集团
天津人民出版社

图书在版编目（CIP）数据

南开日本研究.2022.第2卷/刘岳兵主编.--天津：天津人民出版社，2022.12

ISBN 978-7-201-18970-3

Ⅰ.①南… Ⅱ.①刘… Ⅲ.①日本 - 研究 Ⅳ.①K313.07

中国版本图书馆CIP数据核字(2022)第205506号

南开日本研究 2022 第2卷

NANKAI RIBEN YANJIU 2022 DI 2 JUAN

出　　版	天津人民出版社
出 版 人	刘　庆
地　　址	天津市和平区西康路35号康岳大厦
邮政编码	300051
邮购电话	（022）23332469
电子信箱	reader@tjrmcbs.com
责任编辑	岳　勇
封面设计	卢炀炀
印　　刷	天津市宏瑞印刷有限公司
经　　销	新华书店
开　　本	787毫米×1092毫米　1/16
印　　张	15.5
插　　页	2
字　　数	280千字
版次印次	2022年12月第1版　2022年12月第1次印刷
定　　价	68.00元

编辑委员会

目　录

日本古代史研究的方法与课题

政　治　与　社　会

历　史　教　育

日本古代史研究的方法与课题

【编者按】

2022 年 5 月 14 日，由南开大学日本研究院与中国日本史学会共同主办的"新时期日本古代史研究的方法与课题研讨会暨南开大学日本研究院日本古代史研究中心成立大会"以线上、线下结合的方式顺利召开。来自北京大学、中国社会科学院、清华大学、浙江大学、东北师范大学、浙江工商大学、复旦大学、山东大学、四川师范大学、上海师范大学、北京理工大学等高校与科研单位的专家学者受邀出席会议，祝贺日本古代史研究中心成立，并围绕新时期日本古代史的研究方法及课题进行了深入的交流与探讨，提出了不少富有建设性、创新性的观点。本书特选取其中 6 位与会专家的发言，与读者分享。

"新时期日本古代史研究的方法与课题"研讨会贺信

王金林

南开大学日本研究院院长刘岳兵教授

并出席日本古代史研讨会的全体同仁：

欣闻南开大学日本研究院成立"日本古代史研究中心"，以及举行"新时期日本古代史研究的方法与课题"学术研讨会，谨致以诚挚的祝贺！

中国的日本古代史研究，有着悠久的学术传统。自 20 世纪 80 年代初以来的 40 余年间，更有了新的发展，取得了丰硕的成果。新成果无论在数量上，还是在学术水平上都达到了中国日本古代史研究史上未曾有过的新高度。

40 余年间，中国学者对日本古代历史上的一些重要问题进行了探索，例如古代国家的形成、邪马台国的地理位置和社会性质、部民的性质、大化改新的原因和性质、封建社会的始期、封建土地制度及庄园制的特点、江户幕府锁国的原因及其影响、江户时期的幕政改革，以及幕末下级武士在维新运动中的作用与地位，等等。在理论层面及史料挖掘深度上，都提出了各自的看法。

40 余年间，我国研究者还就日本学界与考古学界争论多年的若干历史问题，如邪马台国时代的日本、三角缘神兽镜的制作者和制造地、《好太王碑》的释文和拓本、大化改新的性质，等等，与日本古代史学者进行了面对面的讨论，发表了中国学者的观点，引起了日本古代史学界和考古学界同仁的极大关注及热烈评论。

40 余年间，我们编著出版了一批日本历史基础性史籍，包括通史、断代史以及政治、经济、思想、文化、对外关系等各领域的专著。

更值得庆喜的是，40 余年间，通过国内培养和出国留学两种模式，我国造就了一批基础厚实、生气勃勃的日本古代史中青年研究人才，形成了日本古代史研究人才的梯队。

40 余年来，我国日本古代史研究虽取得了一定的进展，但是也存在不足和问题，需要我们静下心来总结，并集思广益，商讨如何进一步推进我国的日本古代史研究。正当此时，南开大学日本研究院、中国日本史学会古代史专业委员会及时地联合召开了这次日本古代史学术研讨会，专门就新时期日本古代史研究方法与课题及人才培养进行探讨。我相信，此次会议将对中国日本古代史研究走向兴盛起到关键性的作用。

关于 40 余年来我国日本古代史研究视角、方法及人才培养等方面的进步和存在的问题，北京大学宋成有教授的《中国的日本史研究理论与方法》专文（《日本学刊》，2012 年第 1 期）和南开大学日本研究院刘岳兵教授的《"中国式"日本研

“新时期日本古代史研究的方法与课题”研讨会贺信

究的实像与虚像》专著（中国社会科学出版社，2015 年）均有详细论述，在此不再赘述。我个人认为：我国的日本古代史研究，要想在国际日本古代史研究领域占有一席之地，就必须改变长期以来流行于我国世界史学界的理论先行（“史从论出”）的研究方法，实践“论从史出”，“回归原典”，在掌握丰实的原始史料的前提下，运用唯物辩证法，进行分析、研究，提出观点。

中国的日本古代史研究人才培养，首先要感谢吴廷璆（南开大学）、周一良（北京大学）、邹有恒（东北师范大学）三位先师。他们为我国培养了众多人才，而且为建立我国日本史研究人才培养基地，尽心尽力，最终使南开、北大、东北师大成为我国日本研究与人才培养的重镇。今天，南开大学日本研究院继承和发扬先师的遗愿，继往开来，着眼于我国日本古代史年轻研究群体的成长，给他们提供一个展示自身研究成果、切磋交流、加强合作的平台，推进日本古代史研究的发展，成立“日本古代史研究中心”。这是自 1982 年中国日本史学会成立“（日本）古代史分会”（当时称“古代中世史分会”），时隔 40 年后的一项具有战略意义的重要举措！

作为南开出身的日本史研究者，我一直为我的师长、同仁近数十年来的丰盛的研究成果和培养优秀青年研究人才的业绩感到骄傲！

再一次庆贺“日本古代史研究中心”成立！祝愿“新时期日本古代史研究的方法与课题学术研讨会”圆满成功！

2022 年 4 月于杭州

（作者：王金林，天津社科院日本研究所研究员）

从近代史研究视角回溯日本古代史的几点思考

宋成有

从近代史研究视角回溯日本古代史的几点思考

大家好! 感谢会议主办方邀请我参加这个线上学术研讨会。本人在教学科研的过程中, 虽然涉及日本通史、日本古代史, 但重点还是在日本近代史。会议要我从近代史研究视角, 来回溯日本古代史, 倒也是个不错的尝试。

一、新世纪日本史研究的新局面

所谓"新局面", 实际上是主客观互动构成的"势", 是一种趋向或形势, 无论研究日本近现代史还是古代史, 概莫能外。

其一, 冷暖不定的中日关系提供我国日本史研究的持续动力。进入 21 世纪, 2001—2006 年, 日本首相小泉纯一郎坚持一年一拜靖国神社, 导致中日两国关系紧张, 阻滞三国 FTA (自由贸易协定) 的进程。日本文部省审定的历史教科书歪曲历史、美化侵略, 则直接演变为政治外交事件。环顾全球, 历史要素制约现实生活的状况, 似乎仅见于中、日、韩三国之间。小泉之后, 日本政坛在 2006—2012 年, 短期内阁密集持续出现。10 年之间, 安倍晋三、福田康夫、麻生太郎等自民党首相与鸠山由纪夫、菅直人、野田佳彦等民主党首相先后坐庄。其间, 既与中韩建立了三国首脑"1+1+1"的合作新方式, 也有因钓鱼岛撞船及"国有化"事件而导致中日两国关系急剧趋冷。2012 年至今, 在连续执政 6 年的安倍长期政权之后, 菅义伟内阁执政不过 1 年, 继任的岸田文雄内阁继续紧跟美国, 对华持强硬姿态。两国关系冷多暖少的现实, 加上疫情、媒体热衷炒作负面报道等多种因素发酵, 日本民调中的对华恶感度持续走高, 2022 年居然高达九成。日本向何处去、中日关系前景如何、日本民调对华观走低等问题令人困扰, 要求中国的日本史研究作出回答, 构成不竭的探索动力。

其二, 从中国日本史研究的特点和传统中总结经验教训。自公元 1 世纪《汉书》记述"倭人"以来, 中国历朝正史均设《倭传》《倭国传》《日本传》, 记述不可谓不早。然而直到《汉书》撰成的 1300 年之后, 至明朝的成化、嘉靖年间, 才出现由指挥剿倭的兵部左侍郎兼直浙总督胡宗宪主编的《筹海图编·倭国事略》, 以及其部将、幕僚撰述的《日本国纂》《日本国考略》《日本考》等十余种具有研究性质的书著。可见, 日本的研究不可谓不晚。究其因, 源自华夷意识的文化优越感, 阻碍古代中国人与时俱进地认识日本。与此同时, 形成对日本的从容研究者偏少, "急就篇"居多的情况。明朝人启动研究日本的主要原因, 是苦于"北虏南倭"的军情压力。直至晚清，维新派面对中日甲午战争的惨败，时务策的应急之作迭出，如康有为的《日本变政考》。

进入民国后，日本的侵华方针给中华民族造成极大的生存威胁。持续升级的侵华战争，更将中华民族逼进"最危险的时候"。势同水火的中日关系推动日本研究全面展开，各类著作喷涌而出。例如戴季陶的《日本论》等相对从容地考察日本社会文化的著述，为数不多。相形之下，应急之作居多。14 年抗战期间，蒋百里的《日本人》、王芸生的《六十年来中国与日本》、李宗武的《明治维新》、李建芳的《日本维新运动》等出版于戎马倥偬之际，抗敌救亡意识强烈而急切，来不及深入、细致地展开从容的研究。

新中国成立后，日本史研究经过"文革"前 17 年的奠基、"十年动乱"的挫折，在曲折中艰难开拓；至改革开放以来，进入 40 余年持续发展时期。在新世纪，日本史研究再展新景象。一是日本史教学科研梯队实现了世代更替，国际视野宽阔、掌握多种外语的新生代学者扛起大梁。二是日本史成果井喷。2001—2018 年，出版专著 1970 部，是 1949—1996 年的 9.7 倍①；杨栋梁主编的有关日本近代化、近代日本对华观的系列成果，以及汤重南、徐勇等主编多部揭露日本侵华战争决策的资料集成系列出版。近年来，日本古代、中世、近世等研究领域成果快速涌现，有助于日本史整体布局趋于合理。三是进入网络时代，资料库、学术会议、教学活动等逐渐网络化，网络社区遍地开花。形势喜人，如何更加从容不迫、深入细致地研究日本史，力求精品，尽量少一些应景应时之作，是研究成果井喷之下，应该思考的问题。

其三，新局面之下的喜忧参半。"喜"，一如上述改革开放 40 年日本史研究取得的巨大进展。"忧"，则来自某些问题的存在。首先，学术研究的外部环境充满挑战性。例如，图书市场操控力的错位。图书出版的商业化，淡化了出版社的社会责任。为了追求销售量，个别鼓吹右翼"皇国史观"的书著堂而皇之地摆上书肆。再如，有的出版社对汉译日著的热捧出乎常识范围内的想象。例如，一套从古代讲到明治维新，避而不谈近代日本军国主义侵略的日本史，被说成是一著在手，即可"读懂日本"；日本学者的另一套中国通史著作，也被抬到吓人的高度。在其面前，从

---

① 杨栋梁、郭循春：《改革开放 40 年来我国的日本史研究——基于"大数据"统计的分析》，《历史教学》，2019 年第 3 期。

从近代史研究视角回溯日本古代史的几点思考

司马迁的《史记》到白寿彝的《中国通史》似乎都黯然失色了。再如，发表论文的乱象。某些核心学术刊物发表论文，热衷邀请名家著文的"锦上添花"，忽略激励年轻学子发表文章的"雪中送炭"，有的甚至向论文作者索要"版面费"，还有代写论文的网络平台，提供按质论价的枪手作品。此外，偏离学术会议初衷的现象也屡见不鲜。这样的学术研讨会邀请名家站台、突出与会者的行政职务，追求所谓档次，华而不实，走向功利化。上述学术研究的外部环境，是改革开放前期所始料未及的。对于新生代学者来说，如何不为其羁绊，是个亟待解决的问题。

其四，学术梯队内部出现某些倾向性的问题，学术传承断档即为其中之一。吴廷璆、周一良、邹有恒等新中国第一代学者，与万峰、张玉祥、王金林、沈仁安、吕万和、马家骏等第二代学者树立了勇于理论创新、坚持平等对话、慎思明辨、团结合作等良好的治学传统，各有建树并赢得日本同行的尊敬，周先生还获得首项颁发给中国学者的山片蟠桃奖。然而令人慨叹的是，近些年来，上述诸先生的著作在研究生的书单中湮没无闻，对老先生为中国学者争得的荣誉也茫然不知。不去研读师门著作，感知诸先生的史治学业绩、风格与特色，学术传承不过是一句空话。10余年来，在日本大学获得博士学位的新生代进入大学或社科院工作，补充了新鲜血液，令人欣慰。同时，也希望他们能尽快适应国内学术环境，实现治学的再转型，谦虚加勤奋，形成自己的研究风格，并为推进中国日本史研究体系的建设添砖加瓦。若只是满足于照搬与复制日本导师的理论、观点、方法，缺失治学的主体性与创造性，则于事无补，恐怕也难以得到导师的待见。

二、从近代史回溯古代史的理由

（一）从普遍性意义上说，历史发展的纵向演进过程中，存在着连续性与变异性的互动关系

历史发展阶段的连续性体现在自史前野蛮时代以来，在技术文明的层次上，石器、青铜器、农业、工业、信息时代等大的发展阶段前后相续，以至于今。在社会形态层次上，历经原始、奴隶、封建、资本主义、社会主义等不同历史阶段，既有区分，也有联系。或者参照西方文明史的划分，则有远古、上古、中古、近世、近代、现代等不同发展阶段。各阶段之间存在的连续关系，无前一阶段，则无所谓后

一阶段,但后者并非前者的简单重复。其原因在于:局部的量变积累着质变的能量,新旧更替,发生变异。此一变异意味着纵向发展进程的新阶段,而非断裂。如古代连接中世,中世接续至近世、近代、现代。换言之,基于历史事物纵向发展的连续性与变异性,要搞清楚日本近代史,自然要求搞清楚近世史,乃至中世史、古代史。简言之,上述逻辑关系构成的理论机缘,构成研究日本近代史必然回溯古代史的原因所在。

　　（二）从特殊性意义上说,通过横向的比较,发现古今贯一的日本历史个性或特性

　　例如,在临近大陆、地震频发的岛国特殊环境中孕育的"岛国根性",为日本人所独有。其内涵,虽然有多种释义,但主要内容不外是狭隘心理与集团意识、目光短浅与自作聪明、冒险精神与自保意识、自卑与孤傲等心性的奇妙结合,且恒久不变。换言之,"岛国根性"构成日本人鲜明区别自我与他者的底线。同样是东亚岛国,在菲律宾难以寻觅日本民族特有的"岛国根性";至于隔海相望的朝鲜半岛或中国大陆,更找不到类似的日本心性。尽管中、日、韩三国构成古代东亚的汉字文化圈的主体,信奉儒学、汉传佛教,但民族性格却各有不同。可见,文化的类同,并不能取代民族性格差异。在同一个文化圈内,民族性格多样化属于正常状态。在日本古代史与近现代史中,如何检测"岛国根性"的踪迹,或者从近现代日本回溯古代日本由来已久"根性",不仅具有学术价值,也有其理论意义。

　　再如,与日本历史两千年进程同步的天皇制,同样展现日本历史个性或特殊性。相对于中国自秦始皇称帝至清朝溥仪退位,20 多个王朝五德终始、易姓革命,400多个皇帝轮流登基。或者自古朝鲜到大韩帝国,同样在易姓革命的框架下,王朝兴衰不一,200 多个国王轮流登场,只有最后的亡国之君高宗短暂称帝。在日本,却是另外一番景象。从首任日本天皇即神武天皇神日本磐余彦皇到当今的令和天皇德仁,皇位传递 126 代。其中,前 14 代天皇的事迹多出于编造,包括神武天皇以下的 8 个天皇居然是"阙史八代"。自第 15 代"应神天皇"可信的成分增加,天皇序列逐渐走出虚构的迷雾,露出真面目。其间,天皇家族经历了大化改新后 300 年实权在握的鼎盛时期,随后陷入近 400 年的父系与母系皇统对立与边缘化困境,以及武家政权 700 年的失权与傀儡化。皇位代有披着"现人神"外衣的传人,可资幕府

从近代史研究视角回溯日本古代史的几点思考

将军利用而被保留下来。至明治维新，建立天皇总揽统治权的近代天皇制。至大正民主运动期间，受到"天皇机关说"与"民本主义"宪政思想的挑战。至昭和初期，通过国体明徵运动而走向极端，并与法西斯化产生难以割舍的瓜葛。1945 年，日本战败投降。在美国主导的民主化改革中，昭和天皇出面否定神格，在新颁布的《日本国宪法》中，保留了天皇，但只是作为日本国家和国民统一的象征，作为国家礼仪的存在而并无统治权。尽管皇权变来变去，但天皇而流传下来。

再如，日本人意识。在中国边疆地区，生活着俄罗斯族、京族、朝鲜族等少数民族。其先祖进入中国生活，新中国成立后成为中国的少数民族。日俄战争之后，包括 14 年抗战期间，日本大举向中国东北移民，却在二战后基本清零。新中国成立后，在中国并未出现具有一定人口规模的少数民族大和族。其原因千差万别，但有一点的理由，是超越性别、阶级与职业日本人意识。身为日本人，还是回到日本方觉安心，即使在中国的解放战争中立下军功。源自古代的日本人意识，在日本社会依然保持着顽强的生命力，构成与中国等邻国不同的心理活动，为近代史的古代溯源提供了一个好题目。

（三）在教学科研实践意义上，深刻把握日本近代史，同样离不开对古代史的溯源

众所周知，明治政府成立后，摧毁幕府统治的武装力量，既不同于英国的新模范新军、法国大革命的国民军，也不同于美国的独立军，而是在戊辰战争中打着官军旗号、效忠"皇国"的萨长土肥等雄藩联军。之所以如此，是因为近世日本存在一种独特的政治结构，即天皇至尊、将军至强与幕府集权、大名分治构成的双重二元政治结构。江户幕府 200 年统治之所以稳定，导因其结构性的稳定。戊辰战争则是打破旧结构、建立新结构的过程。再如，明治维新以"王政复古"为施政的基本准则之一，"复古"则涉及"神武创业"及律令制等古代史范围的问题。再如，讲解近代国家神道的"国体论"、太平洋战争期间的"神风特攻"，就需要对"神国论""皇国论"、楠木正成的"七生报国"等观念的来龙去脉，深入细致地搞清楚。显然，就近代说近代史，有些问题难免说不明白。

三、三点希望

南开日本研究院设立的日本古代史研究中心，是全国高校第一家，开风气之先，可喜可贺。希望传承吴廷璆先生率先开创的南开日本史研究的学术传承，做强做大我国日本古代史教学科研的平台。以此为出发点，凝聚国内研究力量，推进我国日本古代史研究。此为第一点希望。

第二点希望：善用他山之石。其一，关注欧美史学理论的原创点、日本史学理论的再创造，借鉴国外史学的研究视野、理论与方法，即吸收国外史学理论之长，为我所用。通过一番扬弃、融汇，提出创新概念、观点和研究框架。其二，积累研究资料，整理诸如古文书、候文等不同文体的史料，为全国的日本古代史研究做贡献。团结合作，在学术研究中，积累成果，提升水平。

第三点希望：中国日本史研究的希望在新生代，包括日本古代史研究。希望他们关注所在单位的日本史研究学术传承，静下心来，读几本学术前辈的研究著作，结合国外求学的心得体会，增进本单位日本史研究的学术特色。仔细揣摩，加以把握，更上一层楼。在探索途中，不为浮躁、浮夸、浮华"三浮"遮望目，也不为商业炒作、学术炒作"二炒"所干扰。砥砺前行，创造研究佳绩。

（作者：宋成有，北京大学历史系教授）

史料、方法、观点——"新时期中国日本古代史研究的课题与方法"断想[*]

徐建新

---

[*]本文是在南开大学"新时期中国日本古代史研究的课题与方法"研讨会上的发言，发表时做了部分增补和修改。

　　首先衷心祝贺南开大学日本古代史研究中心的建立。南开大学和天津社科院是中国日本史研究的重镇，是吴廷璆、王金林、吕万和、王家骅、武安隆等一大批中国日本史老前辈曾经龙盘虎踞、大展雄风的地方。期待中心建立后，南开大学的日本古代史研究取得更加蓬勃的发展。

　　本次会议的主题叫作"新时期中国日本古代史研究的课题与方法"。1978 年改革开放后的日本古代中世纪史研究已经被多次总结，我也曾写过文章。所以我宁愿把这个"新时期"理解为是"新世代"。1949 年中华人民共和国成立后，我国的日本史研究队伍，如果按我个人的理解可以分为三代人。首先，从学术传承和研究特点看，20 世纪三四十年代出生的是一代人，"50 后"至"70 后"是一代人，这一代人在学术传承上与上一代人联系比较紧密。"80 后"和"90 后"又是一代人，也就是我理解的"新世代"。至于"00 后"，大多还在读书学习，积累知识，他们是"早晨八九点钟的太阳"，未来可期。"40 后"和"50 后"的学者多数已经退休，只有少数人还在"坚持战斗"，像王金林先生这样的老前辈还在坚持战斗的更是凤毛麟角了。今天中国日本史研究的主力军是"65 后""70 后""80 后""90 后"的学者。我为什么把"80 后"和"90 后"看作是新世代呢？因为他们所面临的学术局面与以前相比有了很大的变化，这个变化大抵是在 90 年代以后出现的，是与我国的快速发展、互联网和信息化社会的到来密切相关。面对新形势、新变化，我国新一代的日本古代史研究者应该坚持什么、继承什么、改变什么、创造什么？这是每位参与者都会思考的问题。下面就来谈谈我的一些浅陋的体会。

一、史料

（一）研究资料不断拓展的趋势

　　首师大历史系宁可先生在《什么是历史》一文中说："'历史'一词大致有三种意思，第一种是指过去的事，第二种指对过去的事的记载，第三种是人们意识中的过去。"关于"什么是历史"，北大历史系钱乘旦老师说得更直接，他认为发生的是"过去"，被写出来的是"历史"[1]。我理解钱老师说的"被写出来的历史"就是从过去流传下来的文献、文本，也就是带领研究者走进历史的唯一桥梁——史料。当

---

[1] 钱乘旦：《发生的是"过去"写出来的是"历史"——关于"历史"是什么》，《史学月刊》，2013 年第 7 期。

史料、方法、观点——"新时期中国日本古代史研究的课题与方法"断想

然从今天的研究来说，所谓"被写出来的历史"有更广泛的含义，不仅包括文字资料，也应包括出土文物、口头叙述的录音、图画、照片、电影、电视、光盘等音像资料，以及利用数码技术的各种数字化资料。

在几十年前，中国的日本古代史研究者使用的史料还是相当有限的，都是比较传统的基本史料，比如中国正史中的倭国传、日本传、国史大系中的史料（包括古事记、六国史、令集解、令义解等），大日本史料、史料综览、宁乐遗文、平安遗文、镰仓遗文等，另外还有一些考古学的资料。在 20 世纪 80 年代以前，中国学者由于条件的限制，大多没有直接调查参观过日本的考古遗址。

今天的学者在可利用的研究资料方面，基本上接近日本学者水平。除上述基本史料外，所用资料的范围也扩大了，如出土木简资料、古代日记类史料、古典文学作品中的史料，还有不少非文字形式的史料，如古代绘卷绘图，以及大量的考古报告。另外，被引进的日本学者研究成果也是今非昔比的。

（二）解读史料能力的提高

和几十年前的学者相比，今天的中青年学者的史料阅读能力也有很大提高，包括现代日语文本和古代日语文献。近年我接触过的一些中青年学者当中，不少人都有在日本留学的经历，从日本大学中掌握了古代（万叶假名）、中世（中古日语）和近世（候文）文献的识读规则和技巧。近年来国内日本中世和近世史研究成果的增加，比如关于平安时代院政的研究、古代中世对外关系研究、古代中世的神道教研究、中世大名与基层村落共同体关系的研究、《华夷变态》史料研究等，都与学者解读中古和近世日语文献能力的提高有很大关系。

（三）史料的数字化与搜寻检索史料的手段的便捷化

对于"50 后"及更早的学者来说，我们的研究是通过抄录卡片来积累研究资料的，至少 80 年代中期以前是这样。90 年代以后计算机和互联网迅速普及，中国社会的信息化开始飞速发展起来。今天国内主要城市的信息化水平，和发达国家差距不大。在历史教学和科研领域，数据的数字化和大数据应用都在迅速发展，史料和研究文献的数字化规模大大扩大，电子图书越来越多，个人计算机中可收藏的数

字化史料也越来越多。

另一方面，对数字化史料的收集、分析、使用、传播的手段和方法也愈来愈丰富和多样化，比如文件压缩技术、图像处理技术、各种图像和文件的格式转换技术、翻译软件技术、大数据自动检索技术等。此外，今天国内的微信群、微博、网络会议、公众号等交流互动平台也非常发达。新的研究与交流手段的开发日新月异，让人眼花缭乱。新信息技术的开发让今天的史料收集、检索、分析、整合更加便捷化，从而也加快了将史料转化为学术观点的过程。

上述数据处理手段的运用，对新世代的中青年学者来说似乎是与生俱来的能力，而对我来说则是深感今天科研条件的翻天地覆的变化。

（四）史料研究精细化与研究课题的细分化趋势

史料的收集、分析、整合能力的提高，也带来研究的细致化，表现为研究选题的细分化和论文中的史料分析意识的强化。

现在学术界批评碎片化研究的声音不绝于耳。我并不完全赞同，对所谓的碎片化研究要做具体分析。与以往研究中的一些宏大叙事相比，在今天的世界史研究领域中，一些更为深入具体的个案研究可视为一种进步。历史研究需要关注细节，有时候研究的机遇和突破点就包含在细节之中。碎片化研究和细分化精细化研究的区别在于，前者是无目的的，随心所欲式的；后者是有明确问题意识的、为解决重要问题而展开的精致研究。有新史料、新发现固然很好。旁人用过的史料，你再进行精细的分析，还是能够提出不同的观点，就像已故世界史老前辈、首师大齐世荣教授所说，对众所周知的习见史料进行细致的再分析，提出新的观点，更能体现一个人的研究水平。当然，我们这样讲，并不是轻视宏大叙事，其实有价值的宏大叙事都是以精细研究为前提的，比如沃勒斯坦的《现代世界体系》。

在解读史料方面，清华大学刘晓峰老师主持的"日本书纪神代卷读书班"和浙大王海燕老师主持的"类聚三代格读书班"都是开展史料精细研究的很好的形式。

二、方法与视角

我想从两个角度来谈谈这个问题。

史料、方法、观点——"新时期中国日本古代史研究的课题与方法"断想

（一）日本史研究需要怎样的知识结构

20 世纪 70 年代末刚进世界历史所的时候，所里的日本史老前辈万峰先生（他也是中国日本史学会第二任会长）在做讲座时提到学习日本史应该具备 5 个方面的知识和能力：（1）日本历史知识，包括通史和专题史的知识；（2）世界通史的知识；（3）外语能力；（4）论文写作能力；（5）史学理论知识和运用能力。他为什么要列出这 5 个方面呢？因为这 5 项是从事日本历史研究都会用到的知识和能力，也算是"基本标配"吧。

上述第 1 条日本历史知识，是不言而喻的，无须解释。

第 2 条世界通史的知识，据我后来体会，这不只是一个简单的扩大知识面的问题，而是一个"比较"的问题，"比较"是世界史研究中一个重要的方法，没有比较就没有研究观点的深化。日本历史与其他民族历史发展的共性和特性，只有通过比较才能总结出来。关于历史比较研究的一个典型案例是恩格斯的《家庭、私有制和国家的起源》，他通过探讨"雅典模式""罗马模式"和"德意志模式"三个国家起源个案，探索并总结了古代民族历史表象背后的人类原生形态国家和文明起源的一般规律。所以研究日本史，不能只盯着日本的历史人物和事件，要有历史比较的意识和世界史的意识。

第 3 条的外语能力也无须多解释，当然是水平越高越好，掌握的语种越多越好。

第 4 条论文写作能力，包括外文论文写作和中文论文写作，当然主要是指中文论文写作。因为作为中国的日本史学者，需要重点关照的是中国读者。论文写作需要注意的点很多，不过多展开。这里只想提出一点，就是在中文论文写作中，准确掌握和使用专业学术用语。最近北京大学刘金才老师和另一位作者张凌云联名发表了一篇文章，叫作《关于加强中国"日本学"话语体系建构的思考》，他提到中国日本学研究中充斥着照搬来的日本词汇，没有完成从日语到汉语的语言模式转换，很多是不适当的，会招致中国学界的诟病。刘金才老师提到的那些例子，有些属于学术翻译的能力问题，也有些含有学术的立场问题。第一次有文章不是从语言学和翻译学的角度，而是从日本学研究的角度，探讨中国学者论文中的日本学术术语问题，这是十分有意义的，也是十分必要的。但从另一方面讲，我认为该文针对有些日文词汇提出的翻译方案，还有进一步讨论的余地。

　　实际上，这个问题自改革开放以来就存在了，只是由于以前的中国日本学和日本史研究的规模还不大，并且老一辈学者比较重视汉语表达，没有形成一个显著的问题。我们曾经把这样的论文戏称为"协和语"论文，指的就是中文论文中夹杂着一些日文汉字的名词。有些论文甚至连思维逻辑、分析方式和遣词造句都是日本式的，阅读起来十分拗口。中国的日本史研究是中国世界史研究的一部分，我们论文的读者还包括中国史和世界史方面的读者以及学术界众多关注日本问题的人。以上所说的"协和语"论文，如果别的专业的人看不懂，就会使日本史论文的整体影响力大打折扣。

　　我在本次会议上谈到这个问题后，也引起了会议参加者的一些议论，为了不至于产生误解，我想以日本历史论文为例，对这个问题再做一点儿说明。

　　中国日本史论文中所用的日语词汇大致上有以下三种情况，而我们所说的"协和语"现象主要是指后两种情况。

　　第一类是与日本历史事实密切相关的历史学专业名词。比如，"杖刀人首""屯仓""部民""大纳言""幕府""御家人""一揆"等，这些专业名词都是在日本历史发展中形成的，有明确的含义，在日本史词典上都可以查到，也不能随意改译为别的名词。在论文中出现时，根据需要，或在行文中解释，或加注释说明。还有一类名词，我国学者由于需要表明学术立场和政治态度，不会直接采用日本学界的命名，如"日中战争"（日本帝国主义发动的侵华战争、中国抗日战争）、"南京事件"（南京大屠杀）等。我国出版界在审稿时对这类名词也是高度关注的。

　　第二类是日本近代史学产生以来，在史学研究中产生的一些专业概念和术语，其中很多词汇中日双方学界都是从西语翻译过来的，而且各有固定表述，往往不尽相同，不可混淆。比如中日双方在马克思主义语境下讨论社会发展史问题时，一些名词的对译关系如下："生產樣式"（生产方式）、"上部構造"（上层建筑）、"下部構造"（经济基础、生产力和生产关系的总和）、"亞細亞的生產樣式"（亚细亚生产方式）、"野蠻社會"（蒙昧社会、采集经济社会）、"未開社會"（野蛮社会、金属器铁器时代）。还有一些是日本学者在研究过程中自创的专业术语，如"一国史观""首长制社会""在地首长制""东亚世界论""王朝国家""权门体制论"等。这一类术语如果不了解学说史背景，不经翻译和注释而直接拿来用，往往会让人不解其意。

　　第三类是日本学者在论文写作中经常使用的一些常用词、高频词，比如："受

史料、方法、观点——"新时期中国日本古代史研究的课题与方法"断想

容"（接受）、"变容"（变化、改变）、"变貌"（变化、改变）、"展開"（扩展、发展）、"移行期"（过渡期）、"划期性"（划时代的）、"重层化"（多重的）、"相互補完"（互相补充）、"自我完結"（靠自身完成、自律的）、"時代區分論"（历史分期的讨论）等。

总之上述第二、第三类学术名词，如果大量照搬日文原文，往往会让国内读者感到云山雾罩，不知所云。

关于中文论文中哪些日文词汇可以直接用，哪些不可以直接用，中国学界并没有一个统一的标准。有些日本传来的名词，如"氛围""问题意识""违和感"都已经在中国社会流行开来，不至于引起误解。其实论文写作的起码要求，不在于用什么名词，而在于要让当下的国内广大读者看懂，不让人产生疑惑或误解。这与研究者的写作志趣和文化品位无关。

回到前面万峰先生提出的第 5 条，史学理论知识和运用能力。这是很重要的一个素养。史学理论知识的掌握只能靠平时的学习积累，没有"快捷方式"。微观的、详细的个案研究需要有理论和方法论上的动机，才能体现研究的价值。没有理论和方法论动机的研究就像是失去了灵魂。借用科幻小说的话，就是要"升维思考、降维打击"，也就是在理论方法论动机的指引下做精细具体的个案研究。

回顾过去几十年，用万先生的标准来衡量，我觉得自己都没达标，深感惭愧。上述五条要求，从今天的研究来看还是有效的，没有过时。不过，如果从今天的学术环境和学术发展趋势来看，我认为还应该再加上一条，就是在研究中利用先进的信息化手段的能力。

（二）传统研究方法与新领域、新方法、新视角的关系

中国传统的通史叙事方式一般是把各个时代的历史分为 5 个方面，即政治、经济、军事、外交（对外关系）、思想文化。宗教一般归为思想文化，这和西方的历史叙事不太一样，因为中国社会本质上是一个世俗社会，而宗教在西方史中有重要意义。过去的传统历史分析方法主要有 4 种，即全面分析法、辩证分析法、历史分析法、阶级分析法。

1978 年以来，国内学术界引进了很多新领域、新方法、新视角，呈现层出不穷、百花齐放的局面，极大推动了学术的更新换代。比如历史人类学、历史社会学、

环境史、海洋史、疫病灾害史、时间史、事件史、观念史、概念史、图像史、书籍与阅读史、传播与媒介史等。还出现了很多具有理论意义的学术概念和视角，如文化认同与民族认同、历史记忆、文化记忆与集体记忆、时间与空间（场域）、符号与象征等。应该说各种新方法、新视角的研究并没有掀翻传统的历史叙事方式，而是在多角度上拓展、补充和深化了对历史的认识。

近年来，国内日本古代中世史研究在方法和视角上，也反映出这种研究多样化的趋势，这是可喜的现象。

三、观点

新时期纷繁多样的史学研究，无论内容怎样丰富多彩、怎样具有跨学科的性质，最终都还是会被"锚定"在史学研究的原初动机和研究目的上。我国的清史专家戴逸先生说过："历史学家所做的无非是三件工作，第一是叙述历史，第二是考证历史，第三是解释历史。"[①]他认为，叙述、考证、解释历史，三者是统一的。首师大的宁可先生认为历史学就是"以历史（过去的、本来的、客观存在的历史）为认识对象（经过中介）所形成的一门学问"，他还说历史认识可以有四个层次，即历史意识、历史知识、历史学（知识体系）、历史科学（建立在科学基础上的历史学）。历史科学的任务是求真。（《什么是历史》）中国社科院历史所老所长林甘泉先生在一次给青年学者的讲座上说，历史研究大略可以分成三个层次：第一是搞清历史事实；第二是阐明历史诸要素（政治、经济、文化等）之间的关系；第三是对历史人物、历史事件、历史过程做出历史评价。同时林先生也指出，上述三个层面的历史研究是交织在一起的，不能截然分开。

叙述和考证历史，并对历史人物和事件作出评价，这是中国日本史研究的主要内容，也是日本的日本史研究的主要内容。双方学者在史学研究的原初动机和研究目的上，没有什么不同。不过由于中日学者的研究定位不同，双方的研究还是有区别的。简单说，这种不同主要体现在"我者"与"他者"的定位上。1894 年，日本学者那珂通世和三宅米吉提出将历史教学科目分为西洋史、东洋史和本邦史（日本史），日本史不包含在东洋史中。这一学科分类一直延续到今天。中国的日本史

---

①戴逸：《治史入门——我的学术生涯》，《北京日报》，2022 年 3 月 14 日。

史料、方法、观点——"新时期中国日本古代史研究的课题与方法"断想

研究属于世界史（外国史）研究，在学科分类上是属于中国世界史一级学科下的地区国别史（二级学科）。所以日本历史研究对日本学界来说是本国史研究，是"我者"的问题；对中国学界来说，日本是我们的研究对象国，是"他者"的问题。由于学科定位的不同，中日双方的日本史学者的研究任务也不尽相同。比如日本的日本史学者在叙述、考证、解释日本历史的同时，还承担着传承日本传统文化的义务，而中国的日本史研究者就没有这样的义务。中国的日本史研究者的任务主要侧重在认识日本历史、总结日本历史的经验教训方面。明确这一点对中国的日本史研究者来说，是很必要的。在今天我国的日本史研究成果中，常常会看到上述"我者"与"他者"不分的现象，无论在重大问题上，还是在一些细微的问题上。举一个具体的小例子："驾崩"一词是我国古代对天子死亡的尊称，有些中文的日本史论文中，把日本天皇的死亡也称作驾崩，这就不合适。理由很简单：日本天皇从未当过中国的皇帝，没必要刻意使用尊称。这种例子表明，作者混淆了研究中"我者"和"他者"的定位。

历史研究除了叙述历史、考证历史，关键还在于如何解释和评价历史。戴逸先生说："历史学家不但要告诉人们历史上发生过什么事情，而且要说明事情如何发生，因何发生，即探究历史的因果，揭示历史的规律，使人们更加深刻地理解历史，接受经验教训。""要研究客观与主观的相互关系，弄清古往今来的发展变化，形成自己的思想观点，这就是对历史的解释。"[1]

在叙述历史、考证历史文献史料方面，中日两国的日本史学者常常会找到很多共同的话题，但是在解释历史和评价历史时，由于分析立场的不同而产生差异，有时是截然对立。多年前的一次学术研讨会上，一位国内的青年学子提出一个灵魂拷问般的问题，他说："我国日本史学者中为什么没有出现被日本学术界公认的大家呢？"我当时回答了两点：一是我们的研究起步较晚，还有很多不足，需要日积月累和坚持不懈；二是中日双方主流学界在解释历史问题，特别是日本近现代史上的很多问题时还有分歧，有时甚至是严重的分歧，你又怎么能让对方接受你的观点，公认你是大家呢？！再者说，我们的日本史学者一定要被日本学界公认为是大家才可以吗？

这样看来，日本的日本史研究并不能取代中国的日本史研究。我国老一辈的日

---

[1] 戴逸：《治史入门——我的学术生涯》，《北京日报》，2022年3月14日。

本史学者经常提到，研究中要有中国学者自己的问题意识、视角和观点，要构建中国人的日本历史研究体系，这并不容易。我们研究日本历史的主要路数是，从日本学者整理出版的史书和史料集中寻找有用的资料，阅读日本学者的著作和论文，了解他们的观点，也就是在对方研究的基础上开展自己的研究。这也是国内外国史研究的主要路数。从本质上说，这是一种追随型、追赶型的研究。所谓"中国学者要有自己的观点和研究体系"，就要求上述追随和追赶不能是亦步亦趋的，每当迈出追赶的一步时，都要想一想我们对已知观点还能提出什么新的想法。只要有条件就应该努力提出自己的观点和见解。

其实日本学界的中国史研究状况也值得我们参考。日本的中国史研究不仅可以对中国历史进行通史性的描述，还能在一些专题研究中提出有价值的观点，打造出所谓的"拳头产品"，比如对秦汉时代简牍的研究、对敦煌吐鲁番出土的唐代文献的研究（日本的敦煌学研究）、对唐代令法典的研究（唐令复原研究、日唐律令比较研究）、对以中国为中心的古代东亚历史世界的研究（东亚世界论）等。这些研究都达到了很高的水平，以至于其他国家学者在研究上述问题时都不能绕过日本学者的研究成果。

一般来说，日本学者的治学态度比较严谨，以发掘、收集、整理和考证史料见长。战后几十年来，清代考据学方法和近代实证主义史学方法一直在日本学界占据主流地位。另一方面，日本学者的研究也有不足。今天的日本学界可以做宏大叙事性研究的学者不多，对史学理论问题的关注比较淡漠，像石母田正、原秀三郎那样的关注理论问题的学者比较少见，对世界历史中的共通性问题缺少问题意识。

中国的"新世代"日本古代史学者都有良好的研究素质，很多人还有在日本长期观察当地社会和对方学术界的体验。通过培养从中国的视角研究日本的问题意识、增强对历史共性问题的关注和理论方法的关注，不断提升研究水平，我相信今天的日本古代史学者能够在前人研究的基础上取得更大的成就。

（作者：徐建新，中国社会科学院世界历史研究所研究员）

日本远古及上古史研究基本问题再探讨——绳文·弥生时代的上限、早期绳文·弥生人的来历

李国栋

内容摘要 绳文时代上限提前至 15000 年前，有来自环境考古学的支撑。东亚古环境的变迁以及远古日本人线粒体 DNA 单倍群的分布，也支持早期绳文人主要来自"东海平原"的观点。绳文人称"火""陶罐"和"女阴"为"ho"，古越人称"火"为"həu"，称"壶"为"ɦəu"、称"女阴"为"popo"，可见古越人与绳文人语言相通，族源相同。将弥生时代上限提前至公元前 10 世纪，有稻作文化的支撑。通过苗语"稻"音"na"与古日语"稻"音"na"的相互印证，再结合公元前 10 世纪中期徐偃王兵败舟山，随后日本九州岛北部便出现最古老的稻作遗址这一事实，本文推断苗族族属的徐偃王族人是到达日本的第一批稻作民，是他们最早将稻作农耕传播到日本列岛。

关键词 东海平原 绳文陶罐 稻作 徐偃王 苗语"稻"音"na"

A Further Discussion on the Basic Issues about the Study of Japanese Ancient and Earlier History: the Upper Limit of Jomon Period and Yayoi Period, the Origin of Early Jomon People and Early Yayoi People

Li Guodong

Abstract：The upper limit of the Jomon period is advanced to 15,000 years ago, which is supported by environmental archaeology. The changes in the paleoenvironment of East Asia and the distribution of Mitochondrial DNA haplogroup in ancient Japanese also offers the evidence for the view that the early Jomon people came mainly from the plain of East China Sea. The Jomon people called "fire", "pottery jar" and "female genital organ" as "ho", which respectively pronounced "həu", "fiəu" and "popo" in ancient Yue language. The evidence shows that the ancient Yue people and the Jomon people share the interlinked language and have the same ethnic origin. Furthermore, the upper limit of the Yayoi period is advanced to the 10th century BC, which is supported by rice culture. Based on the mutual confirmation of the word "rice" pronounced "na" both in the Hmong language and the ancient Japanese, as well as the fact that the oldest rice cultivation sites on the north of Kyushu was emerged after the defeat of King Yan of Xu State at Zhoushan Islands in the middle of the 10th century BC, this paper concludes that the clansmen of the King Yan of Xu State, which belong to the Hmong group, were the first batch of rice-plough people arrived in Japan. It was them who are the earliest disseminators of rice cultivation to Japan.

Key words：The plain of East China Sea；Jomon pottery jar；Rice cultivation；King Yan of Xu State；The pronunciation of "rice" as "na" in Hmong language

一、绳文·弥生时代的上限

近 40 年来，日本绳文时代的上限一直在变。从 10000 年前[①]变成 12000 年前[②]，

[①] 家永三郎、黒羽清隆『新講日本史増補版』三省堂、1967 年初版、1976 年増補版、7 頁。安田元久『テキストブック日本史』有斐閣、1980 年、4 頁。

[②] 大塚初重、戸沢允則『最新日本考古学用語辞典』柏書店、1996 年、157 頁。

日本远古及上古史研究基本问题再探讨——绳文·弥生时代的上限、早期绳文·弥生人的来历

后又变成 13000 年前[①]，现在又变成 15000 年前[②]，甚至还有学者认为可以追溯到 17000 年前[③]。

关于弥生时代的上限，40 年来只变过一次，但这一次极具颠覆性。2003 年，日本国立历史民俗博物馆正式提出"弥生时代公元前 10 世纪起始说"[④]，一举将弥生时代的上限提前了 500 年以上。

传统观点认为，弥生时代起源于公元前 4 世纪或公元前 5 世纪，所以这一新断代刚刚提出时，曾受到日本考古学界的强烈质疑[⑤]，但 20 年后的今天，已为越来越多的学者所接受。例如，2021 年 11 月 10 日，著名国际期刊《自然》在线发表了一篇引起轰动的论文，标题是 *Triangulation supports agricultural spread of the Transeurasian languages*，这篇论文在探讨水稻传入日本的时间时，就采用了"弥生时代公元前 10 世纪起始说"。

绳文时代的上限之所以不断发生变化，主要有三个原因：第一个原因是绳文遗址出土陶器的绝对年代越来越早。例如，青森县大平山元遗址出土了 16500 年前的陶器残片，长崎县泉福寺洞穴遗址出土了 14000 年前的豆粒纹陶罐[⑥]，等等。

第二个原因是测年技术的进步使测定出来的年代越来越早。20 世纪 90 年代以前，日本考古学界一般使用碳十四测年法，但之后则逐渐改用碳十四加速器质谱测年法（AMS）。两种测年法测定出来的年代差较大，所以不同年代编写的考古资料或历史资料之间就会出现较大的标注差。

第三个原因是跨学科的思考。例如，将绳文时代上限设定在 15000 年前，其背后就有来自东亚环境考古学的证据支撑。

15000 年以前，东亚气候非常寒冷，年平均气温比现在低 5 摄氏度以上，海平面大概比现在低 140 米，即–140 米。渤海平均水深 18 米，黄海平均水深 44 米，所以在 15000 年前渤海和黄海都是陆地。也就是说，中国大陆和朝鲜半岛之间没有

---

① 王海燕：《日本古代史》，昆仑出版社，2012 年，第 3 页。

② 松木武彦『日本の歴史第一巻 列島創世記』小学館、2007 年、68 頁。

③ https://ja.wikipedia.org/wiki/縄文時代#CITEREF佐々木2020。

④ 藤尾慎一郎『弥生時代の歴史』講談社現代新書、2015 年、4 頁。

⑤ 王仲殊：《从东亚石棚（支石墓）的年代说到日本弥生时代开始于何时的问题》，《考古》，2004 年第 5 期，第 77—78 页。

⑥ 瀬野精一郎、新川登亀男、佐伯弘次、五野井隆史、小宮木代良『県史 42 長崎県の歴史』、山川出版社、1998 年第 1 版、2005 年第 1 版 2 刷、11 頁。

海，那时的朝鲜并不是半岛。另外，因为当时朝鲜南部和日本西南部也是陆地相连，没有对马海峡，所以日本也不是列岛（图 1）。

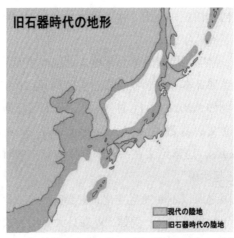

图 1　15000 年前的东亚地形示意图（紀伊風土の丘常設展）

　　东海是存在的，但 15000 年前的东海海岸线在上海以东 500 千米以外，而上海与当时东海海岸线之间的 500 千米也是陆地，且与北部的黄海陆地和渤海陆地连成一片，包括现在的济州岛一带，全都是陆地。又因为东海南部的台湾岛与福建一带也是陆地相接，所以那时的东海比现在小很多。

　　-140 米的海平面，致使东亚大陆的大陆架全部裸露出来，形成了以上这片低地平原——"东海平原"。从"东海平原"向周围瞭望，现在的中国大陆东部和朝鲜半岛都是高高的台地，而现在的日本列岛则是高高的山脉。

　　由于气候寒冷，这些台地和山脉并不适合人类居住，东亚区域的大部分人类自然而然地聚居于相对温暖的"东海平原"之上。笔者认为，当时生活在"东海平原"上的那群人应该就是东亚人的共同祖先。

　　但是从 15000 年前起，东亚气候开始转暖。根据历史地理学家陈桥驿的研究[①]：12000 年前，海平面上升至 -110 米；11000 年前，继续上升至 -60 米，黄海和东海开始形成；8000 年前上升至 -5 米，渤海、黄海和东海的海岸线已接近现在的

[①] 陈桥驿：《吴越文化论丛》，中华书局，1999 年，第 43 页。

日本远古及上古史研究基本问题再探讨——绳文·弥生时代的上限、早期绳文·弥生人的来历

位置；6000 年前，海平面终于超过现在的高度，长江下游的海平面最高点曾达到+12 米。

根据日本著名环境考古学家安田喜宪教授对日本福井县水月湖所进行的"年缟"分析，15000—14810 年前，日本的气温上升了 5 摄氏度—6 摄氏度[①]。于是，日本周边的海洋环境开始发生剧变。到了 14500 年前，日本的生态环境已从冰期型转变为后冰期型。9000 年前，对马暖流冲断朝鲜南部和日本之间的陆桥，流入日本海，从而使日本变成列岛，其气候也从寒冷干燥逐渐转变为温暖湿润。以此为背景，山毛榉、枹栎等适合温暖多雨雪环境的树种开始以森林的形式向北扩展，为日后绳文文化的繁荣提供了必要条件。

海平面不断升高，其结果就是"东海平原"逐渐被海水淹没。海水侵蚀陆地的现象叫"海侵"，由于"海侵"频发，原本居住在"东海平原"上的人群只得往高处迁徙。从逻辑上讲，离中国大陆近的人就迁徙到中国大陆东部，成为古越人；离朝鲜南部近的人就迁徙到朝鲜南部，成为古韩人；离日本近的人就迁徙到日本，成为早期绳文人。因此，从这个意义上讲，日本的绳文时代就是以此次气候温暖化为背景而拉开序幕的。

日本绳文时代共分 6 个时期：草创期（15000—11500 年前）、早期（11500—7000 年前）、前期（7000—5500 年前）、中期（5500—4000 年前）、后期（4000—3300 年前）和晚期（3300—2800 年前）。长崎县有两个非常重要的绳文草创期遗址——福井洞穴遗址和前文提到的泉福寺洞穴遗址。福井洞穴遗址出土了 13600 年前的黑曜石石器、12700 年前的细石器和隆线纹陶器；泉福寺洞穴遗址出土了 14000 年前的豆粒纹陶罐和 12400 年前的指甲纹陶器。笔者认为，这些石器和陶器应该就是从"东海平原"迁徙到日本的早期绳文人制作的。

始于 15000 年前的"海侵"正好与绳文时代重合，所以日本学者把它叫作"绳文海侵"。绳文海侵在 6500—6000 年前达到最高点，日本列岛周边的海平面比现在高 5 米。在这个气候最温暖期，绳文时代也迎来了鼎盛期。

从 3300 年前起，日本列岛的气候开始转冷，"在 3000 年前迎来显著的寒冷期，

---

① 安田喜宪著：《稻作渔猎文明——从长江文明到弥生文化》，李国栋、杨敬娜、曹红宇译，中西书局，2021 年，第 42 页。

而且该寒冷期大约一直持续到 2400 年前"①才结束。由于该寒冷期的到来，海平面快速下降，日本列岛的内湾及河口一带出现了大片芦苇湿地，因缺乏稻作农耕环境而一直未能导入的稻作农耕，便在这个时候开始在日本普及开来。也就是说，弥生时代就是在此次气候寒冷化的过程中开启的。

日本考古学家提出"弥生时代公元前 10 世纪起始说"的主要根据来自考古学。他们利用碳十四加速器质谱测年法，对九州岛北部菜畑遗址出土的弥生早期陶器上的炭灰进行测定，发现其年代已达到公元前 930±40 年，从而使"弥生时代公元前 10 世纪起始说"获得了明确的物证。但是尽管如此，如果没有上述环境考古学的支撑，仅仅依靠这个碳十四加速器质谱年代测定值，人们恐怕还是很难接受"弥生时代公元前 10 世纪起始说"。

总而言之，不管是将 15000 年前视为绳文时代的上限，还是将公元前 10 世纪视为弥生时代的上限，除了考古学物证以外，还需要有大环境的支撑。

当然，将 17000 年前视为绳文时代上限的断代背后也有其思考，主要依据就是青森县大平山元遗址出土的 16500 年前的陶器残片。烧制陶器意味着定居，如果以人们在森林里定居，或者说以"定居性狩猎采集文化"②为绳文时代标准的话，那确实也可以认为绳文时代始于 17000 年前。不过，要论证当时发生在日本本土的定居革命具有断代意义，一般还需要结合紧随其后的农耕革命。但遗憾的是，在此后的 14000 年间，日本列岛一直没有出现农耕革命。虽然有日本学者认为绳文中期以后原始农业已经发生，但尚缺乏决定性证据。因此，在现阶段将绳文时代的上限提前至 17000 年前，还是比较牵强的。

二、早期绳文人的来历

日本的绳文时代始于 15000 年前的东亚气候温暖化——这个断代其实在暗示我们，早期绳文人主要来自"东海平原"。

绳文时代是以绳文陶器为标志的时代，而在绳文陶器中，最美也最具文化内涵

---

① 安田喜宪著：《稻作渔猎文明——从长江文明到弥生文化》，李国栋、杨敬娜、曹红宇译，中西书局，2021 年，第 129 页。
② 泉拓良「縄文文化論」白石太一郎『日本の時代史 1 倭国誕生』吉川弘文館、2002 年、129 頁。

日本远古及上古史研究基本问题再探讨——绳文·弥生时代的上限、早期绳文·弥生人的来历

的则是陶罐。那么绳文人是如何称呼陶罐的呢?

陶罐,日语现在称"tsubo",但日本权威辞典《广辞苑》认为,古时称"tsuho"。笔者认为,"tsuho"还可以继续分解为"tsu"和"ho"。陶器的诞生与火有关,而"ho"的本义就是"火",所以绳文草创期的陶罐很可能就叫"ho"。

在日语里,"火"也称"hi"。但"hi"除了"火"以外,还表示"日"(太阳),所以我们可以知晓"hi"是农耕时代的词语,表达着农民心中的太阳崇拜。不过,在绳文草创期,日本列岛的气候还非常寒冷,根本不具备农耕条件。因此,当时不可能有"hi"这个词,早期绳文人应该只称"火"为"ho"。

长江下游的古越人自古说越语,而越语称"火"为"həu",用日语发音,则是"ho"。但是如果用汉语读"火"的话,就不同了。根据《汉字古今音表(修订版)》的古音复原,"火"的上古音读"huəi",中古音读"hua",近代音读"huɔ",现代音读"huo"①。由此可见,日语"ho"(火)与任何时代的汉语发音都不一样,唯独与越语完全相同。这就反映出绳文人与长江下游古越人的亲缘性。

绳文陶罐产生于火,但要烧制出最具绳文特色的陶罐,仅有火还是不够的。作为日语本义,"ho"除了指"火"以外,还具有"包含"(fukumu)和"凹陷"(kubomu)的含义②,所以"ho"又由此衍生出"女阴"的含义。女阴是子宫的出入口,二者相连,正好显示出"包含·凹陷"的形态及其孕育功能。笔者推测,正是由于"火"和"包含·凹陷"这两种要素的结合,绳文中期的绳文人才烧制出最具绳文特色的陶罐。

图 2　蛙人纹陶罐(《绳文——1 万年之美的鼓动》③)

① 李珍华、周长楫:《汉字古今音表(修订本)》,中华书局,1999 年,第 304 页。
② 藤堂明保、清水秀晃『日本語語源辞典——日本語の誕生』現代出版、1984 年、323 頁。
③ 東京国立博物館『特別展縄文——1 万年の美の鼓動』2018 年、185 頁。

　　神奈川县大日野原遗址出土了一个绳文中期的蛙人纹陶罐（图 2），其中心纹样是一只蛙，表示多产；蛙的身体呈女阴形象，表示生育；蛙的头呈三角形，三角形里再刻画一条蛇，示意这个三角形的头为男根。多子祈愿和女阴崇拜在这里都表现得淋漓尽致。

　　从这个蛙人纹或者说女阴纹陶罐反推，绳文中期的陶罐就应该被称为 "tsuho" 了。"tsu" 指 "手指" 或 "棒状器物"，作为动词则具有 "捣"（tsuku）的含义，而 "ho" 则表示女阴纹陶罐，象征子宫。因此，"tsuho" 的本义应该是在宗教仪式中，用男根状石棒捣女阴纹陶罐，以此来保证多产。这应该就是绳文中期女阴纹陶罐的真正用途。

　　再看长江下游，宁波人称女阴为 "popo"，而 "popo" 的词源应该是单音的 "ho"。另外，陶壶的 "壶" 越语读 "ɦɘu"，用日语发音，也是 "ho"。一般认为，"壶" 源于 "瓠"，但 "瓠" 的越语也读 "ɦɘu"，用日语读，仍然是 "ho"，而且 "瓠" 的本义为 "葫芦"，可以象征子宫。总而言之，本义为 "火" 的 "hɘu"、本义为 "壶" 的 "ɦɘu" 以及本义为 "女阴" 的 "popo"，在发音和含义上都与古日语 "ho" 近似，由此我们则可以断定，古越人与绳文人语言相通，族源相同。

　　近年来，有关日本人的基因研究有了长足的进步。2006 年，日本基因学专家筱田谦一在《从基因探究日本人的形成》一文中分析了与日本列岛、中国东部沿海地区以及东南亚诸岛密切相关的女性线粒体 DNA 单倍群 M7，并得出以下结论：

　　　　M7a 有 b 和 c 两个亲缘单倍群。它们的祖型 M7 形成于 5 万年前，a、b、c 可能是在 25000 年前从 M7 中派生出来的。现在我们知道，这三个单倍群中的 a 主要分布于日本，b 分布于大陆沿岸，而 c 则分布于南方。由此我们可以推断，作为其母体的 M7 原本分布在曾是陆地的黄海，因为当时的海平面很低。后来从这一区域的人当中产生了 M7a，这部分人最后移居到了日本。[1]（笔者译）

　　筱田氏认为，早期绳文人具有 M7a，而其祖型 M7 分布在 "曾是陆地的黄海"。

---

　　[1] 篠田謙一「遺伝子で探る日本人の成り立ち」、『国立科学博物館叢書④　日本列島の自然史』東海大学出版会、2006 年、306 頁。

日本远古及上古史研究基本问题再探讨——绳文·弥生时代的上限、早期绳文·弥生人的来历

这一结论从基因层面再次证明，"东海平原"就是日本早期绳文人的故乡。

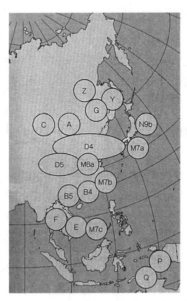

图 3　东亚线粒体 DNA 单倍群的分布（《DNA 讲述的日本人起源论》[1]）

2015 年，筱田氏在其专著《DNA 讲述的日本人起源论》中，从东亚视角再次对日本人最古老的线粒体 DNA 单倍群进行了阐述（图 3）：

日本固有的单倍群有 M7a 和 N9b。除了周边的一部分地区，这两个单倍群在日本列岛以外几乎见不到。与单倍群 M7a 具有共同祖先的单倍群（M7b 和 M7c）分布在大陆南部和东南亚诸岛，所以我们可以认为，单倍群 M7a 基本上也是在旧石器时代诞生于那里，并由那里北上而到达日本列岛。

另一方面，与将近 10%的日本人所具有的 M7a 相比，单倍群 N9b 约占人口的 2%，比例很低。但是在俄罗斯西伯利亚东南端，被黑龙江、乌苏里江以及日本海环绕的滨海地区的当地居民中，有高频出现的群体。由此推测，这个单倍群基本上属于北方系统。有趣的是，追溯到旧石器时代后期，竟发现日本

① 篠田謙一『DNA で語る日本人起源論』岩波書店、2015 年、136 頁。

列岛固有的单倍群在亚洲南北各有起源。[①]（笔者译）

M7a 和 N9b 是日本旧石器时代后期就存在的线粒体 DNA 单倍群，与早期绳文人密切相关。具有 M7a 的人约占日本人的 10%，而具有 N9b 的人只占日本人的 2% 左右。由此我们可以知晓，早期绳文人主要来自"东海平原"，但也有一小部分来自俄罗斯西伯利亚东南部的滨海地区。

三、稻作"直传说"与第一批稻作民

日本有学者认为，3300—2800 年前是绳文时代晚期，但同时也有学者认为，3000—2800 年前属于弥生时代早期。这两种断代其实都在考虑如何定位水田稻作传入的时间节点——3000 年前。

日本国立历史民俗博物馆认为，弥生时代的唯一标准就是水田稻作，所以只要出现了水田稻作，就可以称为"弥生时代"。因此，他们将 3000—2800 年前定为弥生时代早期。但这样一来，就等于说弥生时代始于绳文时代晚期中段，这在日本历史断代上还是第一次出现，让很多人难以适应。

不过，主张 3300—2800 年前是绳文时代晚期的学者认为，绳文文化与弥生文化的关系，本来就是弥生文化嵌入绳文文化体系，所以日本的稻作农耕始于绳文时代晚期中段是完全合理的。稻作农耕传入日本列岛，"只不过是在绳文时代以橡实、板栗、鱼贝类为中心的食谱中增加了稻米而已"[②]。即使进入弥生时代以后，弥生人的第一主食仍然是橡实类，第二主食才是稻米[③]。

两派学者的主张都有道理，但不管如何划分，稻作农耕在公元前 10 世纪传播到日本列岛，都是一个不争的事实。因此笔者认为，如何划分绳文时代下限与弥生时代上限可以留给后人继续探讨，我们现在急需回答的问题是，第一批稻作民来自何方。

---

① 篠田謙一『DNA で語る日本人起源論』、136–137 頁。
② 安田喜宪著：《稻作渔猎文明——从长江文明到弥生文化》，李国栋、杨敬娜、曹红宇译，中西书局，2021 年，第 297 页。
③ 寺沢薫『日本の歴史 02　王権誕生』講談社、2000 年、77-78 頁。安田喜宪著：《稻作渔猎文明——从长江文明到弥生文化》，李国栋、杨敬娜、曹红宇译，中西书局，2021 年，第 278 页。

日本远古及上古史研究基本问题再探讨——绳文·弥生时代的上限、早期绳文·弥生人的来历

稻作农耕起源于长江中下游，6000—4000 年前已在中国东部普及开来，但作为一种新的生计方式，并没有马上传入日本列岛和朝鲜半岛。从现在的考古成果来看，在韩国，蔚山市玉岘遗址出土的稻作遗存最为古老，可以追溯到公元前 11 世纪；在日本，最古老的稻作遗存出土于佐贺县菜畑遗址，年代也可以追溯到公元前 10 世纪。

传统观点认为，日本最古老的稻作农耕是从朝鲜半岛南部传入的。但是韩国最古老的稻作遗址与日本最古老的稻作遗址之间的年代差只有 100 年左右，而考古得出的年代又经常伴有几十年甚至上百年的误差，所以日本九州岛北部的稻作农耕是否真的传自朝鲜半岛南部，现在还无法下结论。

另外，日本考古学家藤尾慎一郎也曾指出："在对马、壱岐等岛屿发现了新石器时代朝鲜半岛的陶器，说明对马、壱岐通道肯定是新石器时代的海上通道之一。但在对马岛和壱岐岛上，至今还没有发现关键性的反映公元前 10 世纪朝鲜半岛墓制的支石墓，以及随葬在支石墓中的丹涂磨研陶壶。"[①]由此判断，尽管朝鲜半岛南部和日本九州岛北部自古就有文化交流，但第一批稻作民来自朝鲜半岛南部的可能性并不大。

排除了从朝鲜半岛南部传入的可能性以后，我们自然会把目光聚焦到长江下游。迄今为止，日本学术界对长江下游的稻作农耕传入日本的路径，提出过四种学术假说，即"北方说""南方说""直传说"和"间接说"。其中，"直传说"与"间接说"比较有说服力。

"直传说"认为，日本的稻作农耕是从中国江南地区直接传入的，而"间接说"则认为是间接传入，即长江下游的稻作农耕先向北传播，到达山东半岛后横跨渤海传入朝鲜半岛西南部，然后再从朝鲜半岛南部传入日本九州岛北部。

这条间接传入的路径肯定是存在的，但正如前文所说，公元前 10 世纪以前，朝鲜半岛南部与日本九州岛北部并无稻作文化交流，所以笔者认为，日本的稻作农耕最早是从长江下游直接传入的。

---

① 藤尾慎一郎『弥生時代の歴史』講談社現代新書、2015 年、12–13 頁、40 頁。

图 4 稻作 "直传说" 的报道 (『朝日新聞』朝刊、2001 年 6 月 23 日第一版)

日本稻作遗传学家佐藤洋一郎对日本弥生时代的池上遗址和唐古·键遗址出土的炭化稻米进行基因特定染色体碱基排列类型分析，然后与中国长江下游和韩国出土的炭化稻米进行比对，发现碱基排列分 a、b、c、d、e、f、g、h 共 8 种类型，中国作为稻作起源地囊括了这 8 种类型，但朝鲜半岛只有 7 种，缺少 b，而日本主要是 a 和 b（图 4）。这就说明，b 类型水稻在传播过程中没有经过朝鲜半岛，而是直接从长江下游传入日本的[1]。佐藤洋一郎的这一研究成果给稻作 "直传说" 提供了强有力的科学依据。笔者认为，基因特定染色体碱基排列 b 类型水稻，应该就是第一批稻作民从长江下游直接带入日本的。

相对于日本学术界的 "北方说" "南方说" 和 "直传说"，中国学术界也提出了 "华北说" "华中说" 和 "华南说"，其中主张 "直传" 的 "华中说" 在三说中占据优势。著名考古学家安志敏曾在其论文《中国稻作文化的起源与东传》中明确指出："由于长江中下游是稻作起源和发达的中心，通过海路直接输入朝鲜半岛和日本列岛是完全可能的。特别是舟山群岛出土的红烧土中也有稻谷的印痕，或可作为稻作东传的中继点"，所以他认为，中国的稻作农耕是 "通过海路大体同时传入朝鲜半岛和日本列岛"[2]的。

笔者也认为，不管是朝鲜半岛还是日本列岛，到达那里的第一批稻作民都来自长江下游。至于第一批稻作民到底是些什么人，笔者曾在《徐夷族属考证——兼论徐偃王族人东渡日本》[3]等论文中做过考证，最终确定是徐偃王族人。具体而言，

---

① 『朝日新聞』朝刊、2001 年 6 月 23 日第一版。
② 安志敏：《中国稻作文化的起源与东传》，《文物》，1999 年第 2 期，第 68 页。
③ 李国栋：《徐夷族属考证——兼论徐偃王族人东渡日本》，《浙江社会科学》，2021 年第 6 期，第 141 ~ 146 页。

日本远古及上古史研究基本问题再探讨——绳文·弥生时代的上限、早期绳文·弥生人的来历

公元前 10 世纪中期，徐偃王率众伐周，后遭周穆王讨伐，于是退守舟山群岛，筑城抵抗①。舟山兵败后，其族人便携带稻种出海去日本九州岛北部避难，成为到达日本的第一批稻作民。

徐偃王属于徐夷，徐夷以若木为始祖。不过，若木是皋陶之孙，而皋陶又是淮夷始祖，所以徐夷是从淮夷分化出来的。至于淮夷的来历，著名历史学家顾颉刚认为其来自山东潍水流域，"淮""潍"同源；李修松教授也赞同此观点，并认为"早在夏代之前，即由今山东曲阜·潍水一带迁居淮河流域"②。

笔者也赞同淮夷来自山东潍水流域的意见，但在族属方面还想做一些补充。根据《尚书·尧典》记载，曲阜以东有"嵎夷"，《史记·五帝本纪》中作"郁夷"，可见"嵎"和"郁"都是汉字音译，重点是发音。

"嵎夷"或"郁夷"到底是指什么人呢？从淮夷出现以前山东半岛的文化背景判断，"嵎夷"或"郁夷"应该是指蚩尤九黎稻作联邦的后裔。

4500—4200 年前，山东半岛的年平均气温比现在高 2 摄氏度，非常适合稻作农耕，所以苗族稻作民便大批迁入山东半岛，组建了九黎稻作联邦。日照市两城镇遗址的龙山文化早期地层出土了 2 粒粟；龙山文化中期前段地层出土了 91 粒粟，2粒黍、448 粒稻和 1 粒麦③。这些考古学证据表明，从 4500 年前的龙山文化时代起，山东半岛的主要生计方式便逐渐从粟作农耕转变为稻作农耕，这应该就是九黎稻作联邦所带来的变化。

蚩尤是九黎稻作联邦晚期的领袖，其执政期间大致在 4200—4100 年前。安田喜宪教授通过分析日本鸟取县东乡池"年缟"堆积物硫磺总含量的变化，指出在 4200—4000 年前，东亚的气候出现过一次明显的寒冷化过程④。笔者推测，在这一过程中，九黎稻作联邦逐渐失去了生计优势，并最终导致蚩尤被黄帝擒杀。

苗族古歌说，蚩尤战败被杀是因为"丢了龙心"或"雷老五（雷公）偏袒黄赤二龙"，所以只能归结为"老天爷心眼坏了"，从这样的叙述中我们也可以看出，蚩尤战败的背后确实有古苗人无法理解的气候原因。

---

① 韩欣：《三家注史记（1）》，天津古籍出版社，2017 年，第 87~88 页。
② 李修松：《淮夷探论》，《东南文化》，1991 年第 2 期，第 15 页。
③ 凯利·克劳福德、赵志军、栾丰实等：《山东日照市两城镇遗址龙山文化植物遗存的初步分析》，载栾丰实：《两城镇遗址研究》，文物出版社，2009 年，第 274 页。
④ 安田喜宪著：《稻作渔猎文明——从长江文明到弥生文化》，李国栋、杨敏娜、曹红宇译，中西书局，2021 年，第 114 页。

　　蚩尤的苗语实名叫"yu（you）"，被苗人尊称为"ghe（gəu） yu（you）"。由此分析，可知前文提到的"嵎夷"或"郁夷"其实都是指蚩尤后裔"yu人"，"嵎"和"郁"都是蚩尤苗语实名"yu"的汉字音译。

　　淮夷始祖皋陶出生于曲阜。"皋陶"的现代音读"gao yao"，上古音读"ku ʎiu"[①]。皋陶也称"咎繇"，"咎繇"的上古音读"giu ʎiau"[②]。作为现代汉语，这两个名字毫无关系，但它们的上古音却非常接近，所以这两个名字应该都是蚩尤的苗语尊称"ghe（gəu） yu（you）"的汉字音译。也就是说，淮夷其实是九黎稻作联邦崩溃后从山东逃到淮河流域的蚩尤后裔，他们重新组建了族群，其始祖继承了蚩尤的苗语尊称。

　　另外，从淮夷中分化出来的徐夷也与蚩尤密切相关。"徐"本字"余"，其上古音读"ʎia"，宁波方言音读"yi"（实际发音介于 yi 与 yu 之间），可知"余"的上古音既与皋陶的"陶"或咎繇的"繇"相通，也与蚩尤的苗语实名"yu"相似。由是观之，在蚩尤九黎、皋陶淮夷和若木徐夷之间存在一条"yu"音证据链，证明皋陶淮夷和若木徐夷都是蚩尤的后裔，族属都是苗族。蚩尤九黎是第一代"yu人"，皋陶淮夷是第二代"yu人"，若木徐夷是第三代"yu人"。

　　徐夷既然是苗族，徐偃王族人逃到日本后则必然会继续使用苗语。因此从逻辑上讲，他们也一定会在日本稻作文化中留下一些苗语印记。

　　苗语分为三大方言。蚩尤的直系后裔今天生活在贵州东南部，属于苗语中部方言区，他们称"稻"为"na"或"nee（ne）"；湖南西部苗语属于苗语东部方言，称"稻"为"nou"，而"nou"应该是"na"的变音；川黔滇一带的苗语属于苗语西部方言，称"稻"为"nble"，而"nble"应该是汉字"米"的变音。

　　日语中"稻"有四种称呼："na""ne""ina""ine"。《古事记》八俣大蛇传说中的女孩叫"栉名田比卖"，日语读"kushinadahime"。但在《日本书纪》里，该女孩改称"奇稻田姬"，日语读音也变成了"kushiinadahime"。"名田"（nada）对应"稻田"（inada），可知"na"指"稻"。从日语构词法来看，"na"比"ina"古老，所以"na"应该是日语中对"稻"的最古老的称呼。

　　将苗语"稻"音与古日语"稻"音进行对比，我们可以看出蚩尤直系后裔所操

---

① 李珍华、周长楫：《汉字古今音表（修订本）》，中华书局，1999年，第275、268页。
② 李珍华、周长楫：《汉字古今音表（修订本）》，中华书局，1999年，第275、268、416、268页。

日本远古及上古史研究基本问题再探讨——绳文·弥生时代的上限、早期绳文·弥生人的来历

的苗语"稻"音"na",与日语中最古老的"稻"音"na"完全相同,这就说明苗族族属的徐偃王族人确实就是到达日本列岛的第一批稻作民,是他们用苗语"稻"音"na"命名了日本最古老的稻作遗址"菜"(na)畑遗址。也就是说,"菜"畑遗址其实就是"稻"畑遗址。

当然,长江下游的古越族也是将稻作农耕传播到日本的重要族群。但是在3000—2900年前,杭州湾南岸的古越族没有受到周王朝的讨伐,所以他们没有逃往日本列岛避难的必要。古越人携带稻种去日本列岛避难,是春秋时期以后才开始的。

(作者:李国栋,浙江工商大学东亚研究院教授)

日本江户时代商家奉公人制度研究[*]

吴佩军　徐　峰

　　内容摘要　日本江户时代，商家建立了较为完善的店员招募、录用、晋升、培训和淘汰制度。这种雇佣制度具有封闭性和合理性。一方面，主人与店员之间并不是现代意义上的契约关系，而是基于家族主义理念构建的模拟血缘关系和主从关系，主人向店员提供食宿、工钱，甚至允许部分店员进入经营管理层，或使用本店名号设立分店，建立别家，店员则要忠诚于主人，其被束缚在商家组织之内，难以自由流动；另一方面，商家基于人力资源优化配置的需要，排斥血统主义，重视工作经验和能力，对奉公人进行有计划的教育和培养，对其综合素质、工作态度和业绩进行考核评定。明治维新之后，随着商家向近现代企业转型，以年功主义基础上的能力主义为原则的晋升制保存了下来，别家制度也变成了终身雇佣制度。

　　关键词　日本江户时代　商家奉公人制度　家族主义　合理性　封闭性

---

　　* 本文为广东省社会科学规划一般项目"日本'南方文库'所藏广东调查资料整理与研究"（1938—1944）（GD20CZL03）的阶段性成果之一。

日本江户时代商家奉公人制度研究

The Rationality of Business Employment System in Edo Japan

Wu Peijun   Xu Feng

Abstract: In the Edo period of Japan, merchants established a relatively perfect system for the recruitment, employment, promotion, training and elimination of shop assistants. Such a system is relatively closed and has a rationality. On one hand, there is no contract relationship between the employers and the employees in the modern sense, but just based on simulation consanguinity and master–slave relation built by a familism concept, where the employers provide accommodation and wages to the employees, and even allow some of them to establish a branch shop; the employees must be loyal to the employers, bound within a business organization and impossible for job–hopping. On the other hand, in order to optimize the allocation of human resources, empolyers adabdon bloodism and think highly of work experience and ability. Planned education and training are carried out for the employees, and their comprehensive quality, working attitude and performance are evaluated. After the Meiji Restoration, a promotion system based on seniority and meritocracy was maintained and a business model of opening franchisees became lifetime employment, during the transformation of business to modern enterprise.

Key words: Edo Period; Merchant–servant employment system; Familism; Rationality; Closure

江户时代是日本从中世向近代社会转型的过渡时期，与前代相比，其政治、经济、文化都发展到了一个较高的层次，传统的雇佣制度也在这一时期日臻完善，士、农、工、商四个阶层中，与农村社会和武士社会的雇佣制度相比，商人社会的雇佣制度与近代企业雇佣制度之间的联系更为紧密。

在江户时代的商人社会中，占主流的是经销各类商品的批发商和从事货币兑换业务的钱庄，被称之为商家。商家最初仅吸收自家家族成员参与经营。随着经营规模的扩大，开始雇佣被称为"奉公人"的店员，和这些没有血缘关系的奉公人结成模拟血缘关系和主从关系，让其参与经营。随着奉公人数量的增加，商家经营者相应地制定了有关奉公人的招募、雇佣年限、教育管理、晋升与淘汰的规则，此种雇佣管理制度也被称为商家奉公人制度。幕末维新时期以及明治初期，很多商家在动荡中破产，但是仍有三井、住友、大丸等相当数量的商家通过改革得以幸免，并转型为近代企业。这些企业虽然建立了公司制度和职员制度，将奉公人制度变为使用人制度，即白领职员制，废止了别家制度和"住込"制度，但"家业经营的传统却没有随之改变"①，传统的雇佣制度和雇佣理念仍然起着作用。因此，日本一些学者认为"商人社会的行为规则极大地影响了资本主义社会的经营组织和劳务管理"②，甚至主张日本式雇佣制度根源于商家奉公人制度。

总体来看，国内外学者在商家奉公人制度研究上取得了很多成果③，为本文的立意提供了史料和方法借鉴，但尚存在许多有待深入分析的地方。首先，中日两国的研究多侧重于分析商家奉公人制度的近代性，而对其所具有的封建性，封建性与近代性之间的关系缺乏深入分析；其次，既有研究鲜少从公司治理或人力资源管理的视角分析商家奉公人制度的特点。

基于以上考虑，本文拟解决两个问题：第一，通过梳理日本商家奉公人制度的历史，重新思考日本近代企业雇佣制度形成的基础等问题；第二，通过考察日本商家奉公人制度中年功主义与能力主义、长期雇佣原则与淘汰制度的关系，重新审视其背后的矛盾性和复杂性。

一、商家奉公人制度出现的历史背景

商家奉公人制度是江户时代社会经济发展到一定阶段的产物，在其形成过程中也受到了武士社会行为规范和组织模式的影响，以及各种法规的制约。

商品经济的发展无疑为商家奉公人制度的出现提供了前提条件。17 世纪中后期，随着战乱的结束，日本的社会经济环境发生了巨大变化。耕地面积从 1600 年的 207 万町步（1 町步约等于 99.18 平方米）增加到 1720 年的 293 万町步，人口也从 1600 年的 1200 万人猛增到 1720 年的 3128 万人④。由于参勤交代制和严格的身份制度的实施，武士和工商业者大量地移居到城市，使得德川幕府直辖的"三都"——江户、京都、大阪以及各藩的城下町规模日益扩大。同时，各地的大名也积极

---

① 李卓：《家族制度与日本的近代化》，天津人民出版社，1997 年，第 174 页。
② 間宏『日本労務管理資研究』ダイヤモンド社、1964 年、24 頁。
③ 中国学界代表性研究有李卓的《家族制度与日本的近代化》、程永明的《日本商家家训》，日本学界代表性研究有間宏的『日本的经营』、安岡重明『近世商家的经营理念・制度・雇佣』，上述研究都从整体上分析商家制度的近代性，强调日本式雇佣制度根源于商家奉公人制度。
④ 速水融、宫本又郎编『日本经济史 1、经济社会的成立』岩波书店、1988 年、44 頁。

日本江户时代商家奉公人制度研究

经营自己的领国，制定各种优惠政策吸引商人和工匠到城下町居住，并在城下町设立市场，鼓励贸易，使城下町逐渐成为地方新兴的贸易城市和生产城市。农业的发展、人口的增加、城市化程度的提高，这些因素都推动了江户时代商品经济的发展。以投机和冒险为主要经营方式、与幕府和大名密切联系的特权商人逐渐衰落，取而代之的是从事多种经营的新兴商人。当时的商人共有 4 种类型：第一种是农村商人，包括"行商人"（即走乡串户贩卖商品的小商人）和经营酿酒、酱油、丝织、棉纺等作坊的商人；第二种是城市批发商人，据 1697 年出版的《国花万叶记难波丸》记载，元禄年间（1680—1704 年）大阪的批发商店有 826 家，经营种类为 62 种，而据《大阪经济史料集成》的统计，正德年间（1711—1716 年）大阪批发商店已经达到了 5626 家，经营品种更加繁多[①]；第三种是从事金银货币兑换业务的商人；第四种是为各藩大名销售大米等土特产品并负责融资贷款的商人。三井、鸿池、住友、大丸、白木屋等大商家，以及近江商人[②]和伊势[③]商人等商人群体在这一时期相继出现。他们在江户、大阪、京都等地拥有大型店铺，商业网点扩展到各藩的城下町，并雇佣了大量奉公人。以三井为例，三井越后屋（丝绸店）在 1673 年成立之时雇佣的奉公人仅有十几名[④]，到 1683 年，已达到 267 人之多[⑤]。如下表所示，在商家较为集中的京都、大阪等地的总人口中，商家雇佣的奉公人已经占有了一定比重。

表1　1700 年前后商家奉公人数

地区	京都四条立卖中之町	大阪三乡	大阪御池通五丁目	大阪道修町三丁目	大阪菊屋町
年次	1697 年	1689 年	1700 年	1684 年	1682 年
户数	43	81292	—	238	106
每户平均人数	5.58	4.70	—	4.28	3.84
每户雇佣的奉公人平均数	2.09	0.83	—	0.97	0.78

① 『日本経営史』有斐閣、1995 年、19 頁。
② 江户时代，籍贯为滋贺县的商人群体。
③ 江户时代，籍贯为三重县的商人群体。
④ 『三井事業史』資料編 1、三井文庫、1973 年、30 頁。
⑤ 『三井事業史』資料編 1、三井文庫、1973 年、56 頁。

续表

地区	京都四条 立卖中之町	大阪三乡	大阪御池通 五丁目	大阪道修町 三丁目	大阪菊 屋町
雇佣奉公人的户数比例	74.4%	—	—	33.2%	39.6%
奉公人在总人口中的比例	37.5%	17.6%	13.7%	22.8%	20.4%

资料来源：斎藤修『商家の世界・裏店の世界』リプロポート、1987 年、63 頁。

　　武士社会的"奉公"观念和奉公人制度也影响到商家奉公人制度。"奉公"一词最早出现于《史记·廉颇蔺相如列传》："以君之贵，奉公如法则上下平，上下平则国强"[1]，奉公即奉公行事、不徇私情之意。隋唐时期，奉公一词随着中国的法律和政治制度的东传而进入日本。在日本，"奉公"最早出现于奈良时代的太政官下发给各地的文书——太政官符。796 年发布的太政官符斥责各地上交的木锄粗劣而不能使用，强调"此为国宰郡吏无奉公之心，出纳官人疏于检校所致"[2]。这里的"奉公"是指官员尽忠于天皇和国家。此后，"奉公之贵""奉公之劳""奉公之节"等词语频繁出现在官员的奏折之中。到了镰仓时代，"奉公"一词出现了"武士尽忠于主君"的新意义。1232 年编撰的《御成败式目》第 27 条 "未处分迹事"规定了武士在未立遗嘱的情况下死亡时领地的继承问题，其中有"应查奉公之深浅，纠器量（德才）之大小，依时而定，分配（领地）"[3]，此处的奉公是指御家人效忠于自己的主君——将军。镰仓时代的武士社会已经开始通过"御恩"和"奉公"的形式强化主从关系。主君要保护臣下的生命、财产，赐予其领地和人口，而臣下也要无保留地尽忠于自己的主君，平时为主君服务，战时随主君征战沙场。此后，武士的家臣也开始被称为奉公人。元应、元享年间（1319—1323 年）幕府编撰的法律书——《沙汰未练书》中出现"所谓御内方即为相模守统领之奉公人"[4]的语句，这里的"奉公人"指领主手下的家臣。到了江户时代，随着兵农分离政策的彻底实

---

　　① 韩兆琦编著：《史记选注汇评》，中州古籍出版社，1990 年，第 289 页。
　　② 國史大系編修會『新訂增補國史大系第 27 卷』（新抄格勒符抄；法曹類林；類聚符宣抄；續左丞抄；別聚符宣抄）、吉川弘文館、1965 年、368 頁。
　　③『日本思想大系・21・中世政治思想』上、岩波書店、1972 年、24 頁。
　　④ 近藤瓶城編『續史籍集覽. 第 2 冊』近藤出版部、1929 年、415 頁。

施，士、农、工、商等级身份的确立，普通武士与土地相分离，只能从农民中雇人为其作杂务，奉公人也逐渐变为为武士服务的若党、足轻、中间、小者等佣人的代名词。此后，"奉公"观念作为武士道德的重要内容影响到商人和其他社会阶层，"奉公"一词逐渐延伸为为主人服务之意，"奉公人"便成为被雇佣者的同义语。商家也模仿武士阶层，与雇来的奉公人结成主从关系和模拟血缘关系。主人家为奉公人提供食宿和工钱，待其奉公期满之时，或给其一定本钱和印有商家标志的"暖帘"（布帘）让其独立经营，或让其参与经营直到退休；作为报答，奉公人要效忠于主人家，努力为其服务。同时，商家不断向奉公人灌输"奉公即将吾身献于主人之意，吾身非吾所有，乃主人之物，因此不可随意用于自己之事"①的思想，强调奉公人与主人结成主从关系"乃是前世之因缘"，"忠孝二字乃人道之本"②。商家在雇佣奉公人时仿照武家社会的习惯，需要通过熟人的介绍与担保，并且要求奉公人提交保证书——"奉公人请状"。

德川幕府为了强化身份制度和限制人口流动而出台的一系列法令也左右着商家奉公人制度的具体内容。幕府规定，商家招收的奉公人不能是贱民③，没有触犯过法令，如果招收农民子弟则需要得到村方三役④的奉公许可，奉公人的雇佣年限"以十年为限，超过十年，则为违规"⑤。因此，商家招募奉公人时，都要认真考察其出身，同时将雇佣期限暂定为十年，以后逐渐延长。

可以说，商家奉公人制度就是在这种特定的社会经济环境和文化氛围之中形成的，它的出现满足了商家经营的需要。

二、商家奉公人制度的主要内容

商家奉公人制度包括统一而明确的奉公人招募方式、严格的教育管理体系、残酷的淘汰机制以及别家制度等内容，其中已经蕴涵了年功主义为原则的内部晋升机制，越是大商家，这些原则就越明确。

---

① 『商家見聞集』、『通俗经济文库卷三』日本经济丛书刊行会、1916年、112页。
② 『商人平生記』、滝本誠一编『日本经济丛书』卷7、日本经济丛书刊行会、1915年、601页。
③ 此处的贱民是指江户时代士、农、工、商四个等级之外的秽多、非人等。
④ 江户时代的乡村官吏，即名主、组头、百姓代。
⑤ 東京大學史料编纂所编纂『史料综覧』卷16（江户时代之3）（自元和八年至寛永九年）普及版、東京大学出版会、2009年、123页。

（一）建立了统一而明确的奉公人招募录用制度

江户时代的商家一般通过家族成员、可以信赖的店员以及有着常年贸易关系的商人的介绍招募奉公人，而较少通过"口入"和"世话人"等专业介绍所雇佣奉公人，且对奉公人的出身、籍贯、年龄有相应的规定，还要求奉公人递交担保书，并找担保人担保。这些明确的招募原则为商家建立主从一体的组织结构创造了条件。

江户时代的商家（特别是大商家）大多建立了由总店或本家①招募奉公人的制度，保证了奉公人的质量，也为全面管理奉公人提供了条件。如三井家在 1710 年规定，"为了统一管理不断扩大的事业网，设立大元方作为统辖三井同族全部事业的机构，此后各店不得随意雇佣奉公人，只能由大元方从京都和松坂一次性招募'和主人一心的伙计'，送到江户和大阪等地"；1730 年，又进一步规定"江户各店一律不得录用关东出身的伙计，录用的势州出身的伙计也不要马上让他们在江户店工作，而要将他们送到京都，甄别好人品之后，再送到江户"②。伊势商人长谷川家也明确规定由松坂本家统一招募和录用奉公人，江户分店原则上不录用奉公人③。鸿池等商家虽然没有明文规定，但也基本上由本家统一招募奉公人，各分店无权招募。

商家不仅采取了统一的招募方法，而且还对奉公人的录用条件作了严格而具体的规定。

除了因为经营规模迅速扩大而大量招募分店所在地及周围出身的奉公人外，商家大多从本家或总店所在地招募奉公人，招收的奉公人多为农民以及商人和手工业者的子弟。1821 年前后，伊势商人长谷川家在江户和松坂开设了五个店，招募了114 名奉公人，其中的 94%（107 人）来自伊势④。同是出身于伊势的三井家，招募的奉公人也多来自伊势松坂以及京都，且奉公人多为城市小商人、手工业者以及农村下层农民的次子和三子⑤。近江商人也基本上是从本家的所在地——近江地区统

---

① 本家也称宗家，是商家的主干和代表，由长子继承，而次子以下的诸子则继承一小部分财产，建立依附于主家的分家。

② 『三井事業史』本編 1、三井文庫、1973 年、243 頁。

③ 北島正元『江戸商業と伊勢店：木綿問屋長谷川家の経営を中心として』吉川弘文館、1962 年、574 頁。

④ 北島正元『江戸商業と伊勢店：木綿問屋長谷川家の経営を中心として』吉川弘文館、1962 年、第 572 頁。

⑤ 中井信彦「三井家の経営──使用人制度とその運営三井家的経営」『社会経済史学』31 巻 6 号、1966 年、100 頁。

日本江户时代商家奉公人制度研究

一招收奉公人，而后送到全国各地的分店。如布匹绸缎商外村宇兵卫家的江户、大阪两个店，1856 年到 1907 年共招募了 239 人，其中籍贯是近江的店员占到 92%；小林吟右卫门家从 1804 年到 1921 年，共雇佣了 425 名奉公人，其中籍贯为近江的奉公人达到 385 名；西川甚五郎家在 1804 年到 1829 年间招募的 54 名奉公人中，43 名来自近江[①]。除了从本家所在地及其周围招募奉公人外，一些商家还招募自己的分家、别家的子弟以及有业务往来的商人家的子弟。例如，《大阪商业习惯录》中记载，"鸿池雇人的丁稚年龄为 13 岁。当其别家的子弟中有年龄相符者时，其父兄一定会将雇佣契约交给本店的支配人。支配人收到文书后，会将其交给主人。主人决定之后，才能雇入符合规定之别家子弟。……从别家之外雇入奉公人时，必须让其亲属作保。从别家之外的地方雇入丁稚，自古以来较少。"[②]这些从分家和别家中招募来的奉公人被称为谱代奉公人，即代代侍奉同一主人家的奉公人。鸿池家在1802 年至 1848 年间雇佣的 120 名奉公人中，分家和别家的子弟达到 52 人，剩下的或为与鸿池家有业务往来的商人子弟，或出身于鸿池本家所在地的农民子弟[③]。商家之所以在招募奉公人时重视地缘关系，主要是出于培养忠诚可靠的经营管理者的需要。因为商家可以更多、更容易地获取关于被招募者的信息，可以对其品行进行调查。而且被招募者多为同乡关系，彼此之间可以很快地建立和谐的人际关系。奉公人出现问题时，商家也可以很容易地进行处理，从而促使奉公人认真工作，不敢做有损商家利益之事。

此外，为了强化奉公人对商家经营组织的归属感和忠诚意识，三井等商家将奉公人的家乡和工作地点相分离，切断了奉公人与家乡的联系。1703 年，三井规定，"必须从京都或京都周边三（日）里（1 日里=3.927 千米）以内的地区招募在江户工作的奉公人"，而"京都周围十五（日）里以内地区或京都出身的奉公人不能在京都本店工作"[④]。

商家除了对奉公人的出身和籍贯作了规定之外，还对其年龄进行了规定。为了更好地向奉公人灌输忠诚观念，强化主从关系和模拟血缘关系，商家一般招收 10

① 上村雅洋「近江商人の雇用形態」安岡重明、藤田貞一郎、石川健次郎編著『近江商人の経営遺産：その再評価』同文館出版、1992 年、46—52 頁。
② 遠藤芳樹『大阪商業習慣録』、『徳川時代商業叢書』第三巻、国書刊行会、1914 年、446 頁。
③ 広山謙介「近世後期における鴻池家の奉公人」『大阪大学経済学』第 32 巻第 12 号、1982 年、第 3 表。
④ 『三井事業史』本編 1、三井文庫、1973 年、243 頁。

岁左右的少年，而较少招收成年人。鸿池家保存的 1719 年编集的《万留账》记载，1691 年至 1736 年的 45 年间，雇入的奉公人中，有 80 人的年龄较为明确，其中 9 岁时被雇入的有 1 人，10 到 15 岁时被雇入的有 45 人，16 到 19 岁时被雇入的有 5 人，20 到 30 岁时被雇入的有 21 人，30 岁以上时被雇入的有 12 人①。三井京都两替店②在 1805 年至 1851 年间招募的 100 名奉公人中，入店年龄为 11 ~ 15 岁的多达 68 名③。近江商人雇佣的奉公人，也多为 10 岁左右。商家对这些从小培养的奉公人较为信任，称其为"子饲奉公人"，视其为忠诚的准家族成员，也多依靠他们进行经营管理。因此，江户时代商家的奉公人制度又被称为"丁稚制度"。而成年之后进入商家的奉公人被称为中年者，一般不能担任重要的职务。

　　商家对奉公人进行了上述种种考核后，一般都会要求符合条件的奉公人提交"奉公人请状"。所谓"奉公人请状"是指由担保人以及奉公人的父母署名的保证书，一般要写明奉公人的姓名、家庭出身、籍贯、信仰、奉公年限、义务、薪金以及担保人承担的责任。担保人的责任很重，既要赔偿因奉公人挪用公款而给商家的经营造成的损失，又要在奉公人携款潜逃时负责将其找回，甚至还要保证奉公人被解雇之后不得从事与主人家一样的职业、不准经营同样的商品，等等。下面是江户时代末期的商家奉公人向京都老店——千吉屋④提交的一个"奉公人请状"⑤。

请状

　　一、名曰久兵卫之人乃白木屋治郎右兵卫之子，欲自未年六月开始奉公十年整。吾等请人（保证人）保证此人会按照约定认真奉公。此人将学习经商之道，想以后升为手代继续奉公。此人非武士浪人，亦非御法度禁止之宗门切支丹，代代皆为净土宗信徒，有寺庙提供之"请状"为证。

　　一、此人未触犯过幕府之法度，若此人出现什么问题，我等将尽力解决，决不给贵店添任何麻烦。

　　一、若此人偷窃金银之物、携款潜逃，我等都会负责将其找回。

　　一、若此人在奉公期间，因违反家法，或因不合主家之要求，主从不合而

---

① 安冈重明『近世商家の経営理念・制度・雇用』晃洋書房、1998 年、225 頁。
② 两替店是指从事货币兑换业务的钱庄。
③ 安冈重明『近世商家の経営理念・制度・雇用』晃洋書房、1998 年、108 頁。
④ 该店主要从事纤维产业的批发业务，至今已有 400 多年的历史。
⑤ 牧英正『雇用の歴史』弘文堂、1977 年、146–147 頁。

被解雇，则不会经营与主人家相同之买卖。

　　一、若此人做出任何有损主家之事，我等都会详细调查，认真处理。特此承诺。

弘化四年丁未六月

　　担保人　千切屋新助　两替町三条上町

　　担保人　白木屋长右卫门　两替町夷川上町

　　亲人　　白木屋治右卫门

千切屋吉右卫门殿

　　"奉公人请状"起到了雇佣协议的作用，但它更多地强调了担保人的责任和奉公人的义务而使被雇佣者完全出于从属的地位，因此并不是双方在平等基础上达成的协议。商家将其作为控制奉公人的重要工具，提交"奉公人请状"成为雇佣关系成立的前提。如三井家在 1695 年时规定"奉公人被正式录用之后，伙计就要在十日之内，孩子（学徒）就要在三十日之内提交请状"[①]。京都的老店象彦商店的家训中亦规定："若雇佣奉公人，应速速让其提交'请状'。短期雇佣之下女，亦应由其担保人提供'请状'，并速速遣人去其原居住地进行调查。[②]"

　　如上所述，商家的奉公人招募制度是相当严格而明确的。不论是重视亲缘关系和地缘关系，还是对奉公人年龄的限制，以及要求奉公人提供"奉公人请状"和寻找担保人进行担保，其主旨都是要强化商家与奉公人的主从关系，使之完全听命于商家。因为招募来的部分奉公人日后将会成为经营管理者，进入商家的经营层，所以奉公人的忠诚对延续和发展商家家业而言相当重要。这种招募制度虽然使商家奉公人制度具有了很强的封闭性和封建性，但在劳动市场尚未真正出现的情况下，也起到降低管理成本和风险的作用。

（二）建立了较为完善的逐级晋升制度

　　随着经营规模的扩大，江户时代的商家逐步建立了较为系统的奉公人晋升体系，并确立了工龄和工作能力并重的晋升原则。

---

① 『三井事業史』資料編 1、三井文庫、1973 年、68 頁。
② 京都府『老舗と家訓』、1970 年、125 頁。

商家建立的职务晋升体系大致可以分为丁稚—手代—番头三个等级[①]，每个等级的待遇和从事的工作都是不同的。10 多岁的奉公人进入商家后，要从"丁稚"[②]（或称子供、小僧、坊主）做起，负责店铺和主人家里的一些杂役，如打扫卫生、带小孩等。十五六岁时，就会被称为"半元服"（即半大人），开始接触一些具体业务，并到店里帮着搬东西和送货。丁稚没有工钱，其衣食住行和医疗、教育由主人家负责。主人会在盂兰盆节和新年时给丁稚一些零花钱以及称为"仕着"的棉衣服、腰带、汗衫、木屐等，并在闲暇时教授其读书写字和打算盘，对其进行经商的训练。丁稚在商家奉公 10 年左右，即已成年，会晋升为"手代"[③]，可以正式开始记账、进货和卖货、从事出纳等业务，并有了工钱。商家一般按照手代的年龄、工龄以及职务等级等支付和提升其工钱。工钱基本上是每年年末才结算一次，而且大多不直接发给手代，只是记在账上，在其退职之时才予以发放。除了工钱，商家还会向部分手代发放奖金，并在其退职时发放"元手银"作为独立经营的本钱。手代在商家工作 10 年之后，即奉公期满，经过筛选，最终会有一部分人晋升到奉公人的最高等级——番头[④]，可以正式参与商家的经营管理，拥有掌管店里伙计和经营的权力。商家不仅会增加番头的工钱，还会允许其在工作一段时间之后结婚成家，搬离主人家，甚至让其独立开店，实现其出人头地的理想。因为商家奉公人一般都要作为丁稚奉公 10 年，然后作为手代奉公 10 年，前后进行 20 年左右的商业学习才能成为番头，所以奉公人制度又被称为子饲（即从小培养）制度。

商家大多将工龄作为奉公人晋升的第一标准，即使是奉公人从手代向管理层晋升的过程中，商家也从工龄相同的奉公人中选出具有管理能力者充任，而很少越级提升，体现了年功主义原则。年功主义的晋升原则在商家的家训和店规中都有所体现。如近江米商市田家的家训就规定"年轻人不可担任支配人或番头"[⑤]，京都的老店外与商店的家训《严改正之条》更是对奉公人晋升到各个职位的过程和年龄以及待遇都作了详细规定："16 岁，入角（剃掉鬓角）；17 岁，元服（成年），回乡省

[①] 大商家建立了更为复杂的职务体系，如三井吴服店（丝绸店）建立了组头格—组头役—支配人格—支配人—通勤支配人—名代役—元方挂名代—加判名代—元缔—大元缔的职务等级。

[②] 丁稚即相当于学徒。

[③] 手代即伙计。

[④] 番头即相当于店里的掌柜，拥有经营管理权。大商家还将番头分成大番头、中番头和小番头三个等级，其中大番头又被称为支配人，负责整个店铺的经营。

[⑤] 吉田豊『商家家訓』徳間书店、1973 年、91 頁。

日本江户时代商家奉公人制度研究

亲；18 岁、19 岁，此前不许吸烟喝酒，此后可以吸烟喝酒；若众（手代）20 岁，回乡省亲；21 岁、22 岁、23 岁、24 岁，24 岁之后可以从事店里的各种工作；25 岁，回乡省亲；26 岁、27 岁，27 岁开始在店里的帐房工作；28 岁回乡省亲；29 岁、30 岁可以建立别家"①。

这种年功主义的晋升制度体现了"长幼有序""论资排辈"的等级观念，每个奉公人的年龄和工作经历决定着其在商家的地位，而且这种等级观念在年功主义晋升制度的作用下得到强化，进而影响到商家内部的人际关系，使奉公人束缚在强烈的等级观念之中。不同等级的奉公人不仅待遇和地位不同，甚至衣着、称呼都有着不同。如京都的一些商家规定，丁稚不能吸烟喝酒，只能穿木屐而不能穿鞋；手代可以吸烟喝酒，但烟袋只能是桐油纸制的，允许穿鞋，但只能穿黑色的鞋。担任不同职务的奉公人，其穿的衣服外套、使用的腰带、烟袋、烟管、木屐、木屐上的带子的颜色、雨伞等用品都不相同，且必须按照商家的规定购买和使用。京都的老店西川被服店的店规就强调："绝不可穿着和使用与身份不相符的物品。欲购买物品之时，需要先得到帐房的许可，不可私自求购。……若随意购买和使用了与自己的身份不相符的物品时，一经发现即予以没收。"②外与商店甚至规定称呼年龄和职位高于自己的店员时要在其名字后面加"样"，称呼和自己年龄相仿、职位相同的店员时则加"殿"，称呼年龄和职位低于自己的店员则无须在名字后面加字。很多商家的家训和店规都在强调"长幼有序""上下有别"，要求奉公人严格遵守这种等级差别，以维护其内部的等级秩序和晋升制度的稳定。如西川被服店的店规明确规定："不守店规，上下无别，乃世间少有之事。若有此等事情发生，应慎重处理。居上者应认真教导诸人。"③外与商店也在《心得书》中强调："应明辨上下之别，自番头至小工，皆应上敬下怜行为端正。"④

商家虽然在奉公人的晋升问题上注重年功主义，但并不绝对排斥能力主义。江户时代的技术和知识的更新速度并不是很快，而且也没有教授商业知识的学校，奉公人只能在长年的工作实践中逐渐掌握商业经营方法，能力常常和其经验、工作年限成正比，因此很多时候年功主义就包含了能力主义。另一方面，处于番头等职位

---

① 京都府『老舗と家訓』、1970 年、218–219 頁。
② 京都府『老舗と家訓』、1970 年、186 頁。
③ 京都府『老舗と家訓』、1970 年、189 頁。
④ 京都府『老舗と家訓』、1970 年、203 頁。

的奉公人是否具有统筹全局的管理能力直接影响到商家的经营和发展。因此，许多商家的家训和店规在强调年功主义的同时也重视能力。如：三井家的《宗竺遗书》中有"举贤选能，以用其所长"①的训示。住友家的店规《住友总手代勤方心得》规定："应对自幼就开始奉公的手代委以重任。但不堪任用者，则不能委以重任。"②外与商店的家训中也有"能堪重用者，不必拘泥于老若新旧，可委以重任"③。而且商家在实际的经营管理中会根据奉公人工作态度的好坏和销售量的多少制定相应的考核标准，以此决定奉公人的晋升速度。如一些商家规定奉公人每请假一次就要在"判形帐"（考核记录）上记一个"朱星"，每病休一次则要记上一个"黑星"，每半年综合评价一次。

以年功主义基础上的能力主义为基准的晋升制度在一定程度上排斥血统主义，使奉公人有可能凭借后天的资历和能力晋级到管理层，同时大体上确定了各种职务的职责和权限，强化了上下级之间的领导服从的关系。

（三）制定了严格的奉公人淘汰制度

江户时代的商家既是以营利为目的的企业组织，又是以延续家业为目的的家族组织，为了自身的生存和发展，需要不断进行人力资源的优化配置。随着市场经济的发展，商业竞争越来越激烈，降低经营管理成本、提高效率的需要变得越来越迫切。因此，商家逐渐制定了奉公人淘汰原则和制度。

商家的奉公人淘汰原则一般都很明确，那就是清除不忠诚和无能力的奉公人。所谓不忠诚者包括违反店规、不服从命令以及懒惰之人。商家对于偷盗店里的财物和给店里的经营造成重大损失的奉公人会立即处以解雇，而对不认真工作、不服从命令的奉公人则要先进行教育，若不改悔则予以解雇。如京都的矢代仁商店在店规中规定："不认真工作且我行我素者，虽经再三警告仍不悔改，应予辞退。"④西川被服店在《店规定之事》中也写道："不认真经营的懒惰之辈，虽经耐心教育仍不

---

① 吉田豊『商家家訓』徳間書店、1973 年、85 頁。
② 吉田豊『商家家訓』徳間書店、1973 年、119 頁。
③ 京都府『老舗と家訓』、1970 年、132 頁。
④ 京都府『老舗と家訓』、1970 年、175 頁。

日本江户时代商家奉公人制度研究

改者，应将其交给父母带回。"①可见，商家对于不忠诚的奉公人处罚是比较严厉的。对于没有经营管理能力的奉公人，则采取较为温和的方式予以辞退，称之为"圆满结束奉公"。

不仅奉公人淘汰原则明确，而且淘汰方式也较为具体，一般通过试用期考核制度和"登制度"淘汰不合格的奉公人。在奉公人的试用考察期内，商家就已启动了淘汰机制。如三井家规定必须对处于试用期的奉公人进行工作态度和能力方面的考核，并将考核结果记录在"目见帐"（奉公人考核手册）上，试用期结束后，根据"目见帐"上的记录，决定录用还是淘汰。京都老店矢代仁商店也在其店规中规定："招收来的学徒，在一个月内，应仔细观察，不合要求者应在评议之后从速送回。"②在正式录用奉公人之后，商家通过"登制度"淘汰不合格的奉公人，即每隔几年就给奉公人一定假期让其回家省亲，假期结束后，工作态度好、有能力的奉公人将会被召回留用，不合格的则被解雇。大商家的"登制度"较为规范。如三井家的奉公人每隔七八年就会经历一次"登"，在其奉公过程中一般要经历"初登""二次登""三次登"。三井家利用这一制度决定晋升或淘汰奉公人。"初登"通常40至45天，奉公人如果没有什么问题，会在假期结束之后被留用，并从丁稚晋升到手代。"二次登"通常65到70天，通过审核的奉公人会晋升到管理层。"三次登"的时间也是65到70天，只有具备统筹全局的管理能力，奉公人才能被留用，并晋升为番头或支配人。外与商店的《改正作法记》也规定："（奉公人）工作到27岁时即让其提交辞呈。没有希望升任支配人之职者，即辞退之。店里的支配人在30岁或35岁时需提交辞呈，确定继续留任者和辞退者。其他店员，每五年提交一次辞呈，无希望者应速速辞退。"③

因为存在这种严格的淘汰制度，大多数奉公人即使认真工作也难以晋升到管理层，往往只能从丁稚晋升到手代，在向番头晋升的过程中被淘汰。1696年到1730年，三井京都总店共雇佣了239名奉公人，其中晋升到支配人之职的只有13人，仅占到5%，剩下的人中，30名圆满退职，77名被解雇，28名死于工作期间，19人病退，7人主动退职，65名情况不明。④鸿池家的情况也大致类似，"1719年至

---

① 京都府『老舗と家訓』、1970年、188頁。
② 京都府『老舗と家訓』、1970年、175頁。
③ 京都府『老舗と家訓』、1970年、230頁。
④ 安岡重明『近世商家の経営理念・制度・雇傭』晃洋書房、1998年、116頁。

1741 年间的中途退职者达到 51 人，除了死亡的 8 人、主动辞职的 8 人和当养子的 3 人外，剩下的 32 人都是因为没有工作能力或违反店规而被解雇。"①

而且淘汰制度的存在也导致大部分奉公人在商家工作的时间较短。如 1757 年开始在京都三井丝绸店工作的 65 名奉公人中，工作时间未满一年的为 9 人，1 年以上未满 3 年的为 7 人，3 年以上未满 6 年的为 20 人，7 年以上未满 9 年的为 14 人，10 年以上未满 12 年的为 13 人，13 年以上未满 20 年的 1 人，31 年以上未满 40 年的为 1 人，"工作时间未满 6 年的占 55%，未满 10 年的占 77%，持续工作 13 年以上的仅占 3%"②。

虽然淘汰制度较为残酷，但是它的存在为商家选拔优秀而忠诚的奉公人进入管理层提供了可能，从而提高了经营效率，同时淘汰大量不合格的奉公人也为雇佣新人提供了空间，保证了商家内部人员的流动，稳定了商家金字塔型的组织结构，使年功主义晋升制度的实施成为可能，也强化了内部竞争机制，起到激励奉公人勤奋工作的作用。

（四）奉公人的教育制度

奉公人在商家的组织体系中占有着重要的位置，特别是晋升为番头的奉公人更是承担着经营管理的重任。因此，商家必须按照自己的标准对奉公人进行思想道德方面的教育和文化知识、基础性商业技术方面的培训，以培养忠诚而有才干的奉公人。

思想道德方面的教育主要包括向奉公人灌输遵守幕府法规、忠诚于主人的意识以及提高道德修养 3 方面内容。

江户时代，商人处于武士阶级的统治之下，其财产缺乏保障。淀屋③等江户早期特权商人就因为违反了幕府的法令而被没收全部家产。在这种社会环境下，商家认识到若想维持和发展家业，就必须避免与统治阶层——武士之间发生冲突，避免招来武士的反感和嫉妒。因此，大部分商家家训和店规都将"严守御公仪御法度"列为第一条，并且告诫奉公人不要经营幕府禁止的物品。如《住友长崎店家法书》

---

① 安冈重明『近世商家の経営理念・制度・雇佣』晃洋書房、1988 年、226 頁。
② 安冈重明『近世商家の経営理念・制度・雇佣』晃洋書房、1988 年、227 頁。
③ 安冈重明淀屋乃江户前期的大阪特权商人，1705 年被幕府以生活过于奢华的理由没收全部家产。

日本江户时代商家奉公人制度研究

就严格规定"幕府禁止购入的商品自不待言，即使是有一点点可疑的商品也不能购入"①。

商家不仅要求奉公人遵守幕府的法令，更要求其忠诚于主人家，要将主人家的利益放在第一位，并采取各种方法向其灌输忠诚意识。住友家甚至将忠诚与奉公人自身的发展联系起来，"尽忠于主人乃奉公人理所当然之义务，尽忠会使主人家繁荣，同时也可使自身得到发展"②。有些商家的家训还提出奉公人应将延续和发展商家家业作为忠诚的内容，即使主人做出损害商家利益之事时也要制止。如矢代仁商店的店规就规定："主人品行不端之时，或作出有违家法之事时，人人应直抒己见，并在形成一致意见之后提交给主家，若意见不被接受，则可多次提出。"③

商家还将道德修养作为奉公人思想教育的重要内容之一，着力培养奉公人勤俭朴素、不耽于游乐、团结协作的精神。商家的经营与衣食、采买等日常生活几乎都由奉公人来安排，他们掌握着商家经营、生活、消费的重要环节。把住奉公人这一关，才能做到真正的"俭约"④。因此，很多商家家训都强调节俭。如《住友总手代勤方心得》中就强调"俭约乃一贯提倡之德目，今后须继续强调之"⑤。外与商店的《心得书》也强调"俭约乃守家之根本"⑥。商家为了使奉公人能专心于经营，制定了各种规则以禁止其游乐。《住友长崎店家法书》中就规定"不许以接待客人为借口，用店里的钱来游玩。即使是接待重要客人，也坚决不许将妓女叫到店里"⑦。有的商家强调狎妓之害："古今世上无湿病之妓女甚少，近世无病者则更为稀少。年轻人不考虑后果而与娼妇交媾必得病，重者会立刻残废。"⑧此外，很多商家在家训中都强调严格禁止博弈等。如京都老店向井家规定"博弈乃天下禁止之事，参与者等同于贼和无赖"⑨。有些商家甚至禁止奉公人下棋和阅读与经营无关的书。白木屋在家训中写道："对于商人来说，闲暇或夜间阅读无关之军书或女孩阅读绘草

---

① 吉田豊『商家家訓』徳間書店、1973 年、100 頁。
② 吉田豊『商家家訓』徳間書店、1973 年、124 頁。
③ 京都府『老舗と家訓』、1970 年、172 頁。
④ 程永明：《日本商家家训》，社会科学文献出版社，2019 年，第 134～135 页。
⑤ 吉田豊『商家家訓』徳間書店、1973 年、116 頁。
⑥ 京都府『老舗と家訓』、1970 年、203 頁。
⑦ 吉田豊『商家家訓』徳間書店、1973 年、107 頁。
⑧ 京都府『老舗と家訓』、1970 年、211 頁。
⑨ 京都府『老舗と家訓』、1970 年、148 頁。

纸，是浪费时间，下围棋或玩双六也是徒费夜晚大好时光的行为。"①商家为了家业的延续和发展，还特别强调团结协作的精神。伊藤家家宪就强调了"家内和合"的重要性，"一家之人应保持和睦，一人忍耐则家合。家内不和乃贫困之源"②。而外与商店的店规也明确规定"朋辈之间决不可发生口角"③。

除思想道德的教育外，商家还重视教授奉公人文化知识和培养基本的经营能力。对于丁稚，商家主要教授其习字和打算盘。如株式会社矢代仁所藏的《定》规定，"闲暇之时，大家应该教授子供（即丁稚）习字和打算盘"④。株式会社象彦所藏之《见世者常常用闻心得之事》也规定："每晚应教授小者（即丁稚）习字和打算盘。"⑤等到丁稚晋升为手代后，商家则教授其记账、货币鉴定、票据的写法、商品知识和交易方法。如以经营铜矿而发家的住友家规定："对铜之贩卖与精炼之法毫无知晓，碌碌无为度日，皆不用心所致。今后手代亦须进入炼铜所，学习关于铜的知识，可就此突然向手代提问，故平日要认真学习。"⑥

可见，在职业教育学校尚未出现的情况下，商家通过制定家训和店规的形式向奉公人灌输忠诚、守法的观念，并注意提高其道德修养，同时让年长的奉公人教授文化知识和商业经营的技巧，从而使奉公人制度具有了培养商业经营者的特点。

（五）商家的别家制度

商家为了维持和发展家业，强化市场竞争力，常允许部分奉公人建立依附于自己的别家。有些商家甚至将建立别家视为对祖先的孝行。如京都象彦家在《家训——亭主之心得》中强调："善守先格、任用勤快仁义之人、建立众多的别家乃是对先祖尽孝。"⑦

别家制度是指商家给忠诚且有工作业绩的奉公人一定的资金以及印有商家标志的暖帘，准许其开店经营，建立本家的分支机构，或允许晋升为番头的奉公人搬

① 組本社『商売繁盛大鑑』（第二巻）、同朋舎、1980年、59頁。
② 吉田豊『商家家訓』徳間書店、1973年、239頁。
③ 京都府『老舗と家訓』、1970年、203頁。
④ 京都府『老舗と家訓』、1970年、175頁。
⑤ 京都府『老舗と家訓』、1970年、179頁。
⑥ 吉田豊『商家家訓』徳間書店、1973年、114頁。
⑦ 京都府『老舗と家訓』、1970年、125頁。

日本江户时代商家奉公人制度研究

离主人家，娶妻生子，终生为主人服务。别家可以分为以下三种：用获得的资金作为本钱开始经营自己的生意；经营自己的生意，同时去主人家上班；升任番头的奉公人从主人那里获赠房屋和生活用品，建立家庭，作为"通勤别家"每天去主人家上班，其子孙也代代服务于主人家。中等经营规模的商家常常建立的是前两种别家，而大商家出于集中资本的需要大多只是给予番头级别的奉公人"通勤别家"的称号，让其终身服务。别家与商家家业继承人以外的家族成员建立的分家，同本家组成了商家同族团，与本家结成主从关系基础上的模拟血缘关系。可以说，商家通过别家制度创造出许多从属于自己的中小商人群体，同时也建立了终身雇佣制的雏形。

一些商家在家训中对奉公人建立别家的问题进行了具体规定。如三井规定，"结束奉公的奉公人独立从事营业活动时，都可以从大元方处获得屋号的使用权和印有商家标志的暖帘"①。《吉村家永代定目》也规定："支配人不间断地奉公八年，依定法可令其独立。"②京都老店千吉家的店规也规定："忠诚奉公者可允许其建立别家、别宅。"③鸿池、住友、下村等大商家都拥有别家，最多的时候达到几十家。

但实际上，真正能够获得本钱和暖帘从而建立别家的奉公人并不多。很多商家都规定，自动离职或因为作出损害商家利益之事以及患病而被解雇的奉公人没有建立别家的资格。而且因为恶劣的生活条件和繁重的劳动，很多奉公人在工作期间死亡。不仅如此，由于别家的经营状况会直接影响到主家的利益，所以商家一般都要进行严格的考察才允许有资格的奉公人建立别家。《大丸下村家家训》就明确规定："必须对支配人进行充分考察之后，才能允许其建立别家，另行开设店铺。然自始至终对其进行考察实为难事，常有中途出现心术及品行不端者，忘却主人之恩，肆意鄙视他人者亦有之，此乃心之浮华所致，较身之浮华更为可恶，让此等人担负领导之责，则家风必乱。今后，应常观其意志及行动，对言行不一、不诚实者要尽速放弃日后让其建立别家之想法。"④

能够坚持到最后，"善始善终达于别家者，十人中不过二三"⑤。但是对于生活在严格的等级制度下，既无显赫的家族出身又无资金的商家奉公人而言，在商家奉

---

① 『三井事业史』本編1、三井文庫、1973年、259頁。
② 组本社『商売繁盛大鑑』（第一卷）、同朋舍、1980年、248頁。
③ 京都府『老舗と家訓』、1970年、244頁。
④ 组本社『商売繁盛大鑑』（第二卷）、同朋舍、1980年、261頁。
⑤ 『商家心得草』、『日本経済叢書』卷7、日本経済叢書刊行会、1914年、576頁。

公几乎是唯一能够立身处世的道路。能够被主人认可圆满结束奉公，从而分得印有主人家标志的暖帘，拿到寄存在店里的工钱和作为本钱的"元手银"，开始自己的独立经营，是奉公人最大的梦想和目标。

别家虽然在形式上是独立的，但实质上仍受本家的制约。如有的商家要求奉公人在建立别家之后须向主家交一份别家保证书，保证不经营与本家一样的生意，遵从本家的指示，与本家共盛衰。[①]有些商家还规定别家的主人必须定期拜访本家，在节庆之日为本家献礼。如千吉家的店规规定，"（别家的家长）在三月十五日和九月十五日要到本家来拜访，不可迟到"[②]。千吉家甚至还对别家向本家之献礼做如下规定："家督：银一匁、婚礼：银一匁、安产：银一匁五分⋯⋯"[③]有的家训对手代、番头建立别家后的结婚问题也有规定，如《住友家总手代勤方心得》规定："手代建立别家之时，有关娶妻之事须与本家商量，不得随意行之。"[④]甚至别家的家业继承人也必须由本家指定。江户时代的奉公人都是在从本家独立出来之后才被允许结婚，很多别家的建立者死时，其子尚未成人，所以家业继承人多为本家选派的奉公人。更为重要的是，商家一般都强调别家要维护本家的利益，与本家要互相扶助。外与商店的《心得书》就规定："别家不可怠于尽忠，不可忘记永久守护本家之身份。"[⑤]可以说，商家建立别家的目的并不是给予奉公人独立的机会，而是让非血缘关系者融入别家这一同族集团中，使其发挥活力和协调能力，从而实现本家的永续和繁荣。正如江户时代出版的《商家见闻集》一书所言："别家乃本家之枝叶，维护根基乃天理，木枯之时舍去枝叶以保护根干为自然之理。"[⑥]

可以说，别家制度一方面给予奉公人以梦想，成为其勤奋工作的动力，另一方面也将奉公人束缚在商家组织中。

---

① 足立政男『老舗と家業経営』広池学園事業部、1974 年、337–338 頁。
② 京都府『老舗と家訓』、1970 年、第 230 頁。
③ 京都府『老舗と家訓』、1970 年、第 230 頁。
④ 吉田豊『商家家訓』徳間書店、1973 年、第 123 頁。
⑤ 京都府『老舗と家訓』、1970 年、第 211 頁。
⑥ 足立政男『老舗と家業経営』広池学園事業部、1974 年、375 頁。

三、商家奉公人制度的特征

商家构建的奉公人制度，将奉公人束缚在与主人结成的主从关系和模拟血缘关系之中，使之为自己服务。这种制度，具有组织结构的相对合理性、封闭性和家族主义的特征。

（一）合理性

如前所述，江户时代的许多商家已经制定了明确的奉公人招募原则，构建了丁稚—手代—番头三级管理体系，确立了以年功主义基础上的能力主义为标准的逐级晋升体制。这样的组织体系排斥血统主义，重视工作经验和能力，并且分工明确，结构合理，具有一定合理性。

商家建立组织结构合理的雇佣制度，是出于维持和扩大经营的需要。随着经营规模的扩大，商家需要招募奉公人参与经营。因此必须加强对奉公人的管理，构建合理的雇佣管理体系。

以人力资源管理的视角看，商家奉公人制度的合理性体现在以下三方面。第一，录用制度的合理。商家对聘用人员进行全面测评，通过初选和终选，实现员工个人与工作岗位的匹配。第二，培训制度的合理。对员工进行有计划有目的的教育培训，提升其技能水平和职业素养。第三，绩效管理的合理。商家采用科学的方法，通过对员工的综合素质、态度行为和工作业绩的全面监测与考核评定，不断激励员工，调动其积极性、创造性，挖掘其潜力，将年功主义与能力主义巧妙结合。

可以说，商家奉公人制度在一定程度上否定了以家族成员为经营者的传统经营模式，为近代企业经营组织的出现做了准备。

（二）封闭性

奉公人的招聘与录用、教育与培训、晋升与淘汰等大多根据商家内部的规则和惯例运作，而较少受外部世界的影响。而且奉公人被束缚在商家组织之内，难以自由流动。

商家奉公人制度的这种封闭性是由多种因素造成的。其中，江户时代的商业技术的特殊性是重要原因。每个商家经营的商品种类不同，记账方式不同，每个商家要求店员掌握的技能和技巧也各不相同。而且在职业学校不存在的情况下，商家奉公人只能通过长期的经营实践不断积累经验和技巧，并传授给其他奉公人。因此，商家多采取番头或手代向丁稚教授商业知识的内部教育方式，并按照工龄和能力选拔经营管理者，而很少从外部雇入管理者。

商家为了确保人材不流失而制定的各种限制奉公人流动的政策也是封闭性出现的主要原因。奉公人被录用之前要递交担保书，并找人担保，其逃离商家时，担保人和父母要负责将其找回；在奉公期满之后必须按照商家的要求与之续约；主人在允许奉公人建立别家之前，一般都要求其一直住在主人家，即实行所谓"住込（住宿）"制度；大部分商家还规定，奉公人在雇佣期内不得随意请假和辞职。如三井家在 1714 年规定，所有店员在没有确实理由的情况下请假，不予批准，即使理由合理，也要进行慎重考虑，并被停止发放 1~2 年的工钱。上述种种限制规定，使其只能依存于商家。此外，商人的行会组织——"株仲间"①也规定奉公人不可以随意更换主人，雇主也不可以从其他商家挖人，这在一定程度上也限制了奉公人自由流动。这些因素的综合作用造成了商家奉公人制度的封闭性。

（三）家族主义

奉公人制度不仅包含家训、家规、管理模式等正式制度，也包含文化传统、人际关系准则等非正式制度。其中，家族主义、家族制度是日本传统文化的重要组成部分，影响着商家的人力资源管理。

奉公人按照模拟血缘关系与主人结成亲子关系，作为准家族成员从属于主人，并为主人服务；一部分忠诚而有能力的奉公人可以从主人那里得到资金和印有商家标志的暖帘，建立本家的分支——别家，成为同族团的一员，也可以掌握商家经营

---

① 株仲间是江户时代的工商业者为了垄断某一地区某一行业的经营和生产而组成的行会组织。最初是一种自发成立的组织，享保改革之后通过向幕府缴纳固定的营业税"运上金"和临时性税收"冥加金"的形式获得了幕府的承认。田沼意次掌权时期，幕府出于增加税收和控制工商业者的目的而进一步承认了株仲间的存在。天保改革时，幕府大老水野忠邦认为株仲间对流通领域的垄断导致物价上涨，遂解散了大部分株仲间。水野忠邦下台后，株仲间又大量出现。1872 年，明治政府下令解散株仲间，很多株仲间改组为商业组合。

的大权，与主人保持终身的主从关系和模拟血缘关系。

商家奉公人制度的家族主义特点源于日本传统的家族制度。日本传统的"家"是以家业为中心、以直系的纵式延续为原则的制度，家业的延续重于血缘关系的延续。因此，为了维持和扩大家业，日本传统的"家"常常吸收不具有血缘关系的人。江户时代的商家在组织结构上也采取了日本传统的"家"模式，与奉公人结成了模拟血缘关系。

另一方面，商人特有的家业观也使得商家奉公人制度具有了家族主义的特点。如前文所述，商人的家业是其经营的店铺和生意，扩大经营、增加财富是其延续和发展家业的手段。在这种家业观的驱动下，商家不断扩大经营规模，雇佣许多不具有血缘关系的奉公人，并且让其参与经营，甚至将日常的管理业务委托给番头和支配人等高级奉公人。特别是三井、鸿池等大商家雇佣的奉公人近千人，经营的店铺达数十家。如何管理和控制奉公人以使之忠实于自己，就成为商家需要解决的问题。在人们依存于"家"而生存的江户时代，有效而可行的手段就是让奉公人完全从属于商家，与之结成模拟血缘关系，向其灌输"家"观念。

概而言之，家族主义从以下三方面影响着商家奉公人。首先，约束奉公人的行动，使之更加严格地遵守各种店规，生产经营更为规范，更少发生违规、腐败行为；其次，减轻奉公人利己的心态，激发奉公人对合作的渴望、对商家经营的关心；最后，将商家的利益与奉公人的目标相统一，协调商家长远目标与奉公人个人短期行为的冲突。

结　论

江户时代的商家不是现代意义上的企业，而是以家业为中心的经营体和"家"共同体。商家奉公人和主人之间是一种建立在模拟血缘关系基础上的主从关系，而非现代意义上的雇佣关系。而且商家并不向丁稚支付劳动报酬，仅仅提供衣食和住宿以及若干零花钱。一言以蔽之，商家奉公人制度是建立在人身依附关系基础上的，而非劳动买卖关系之上的，具有明显的非近代性。商家奉公人很难从商家独立出来，其建立的别家也是使用本家提供的资金和暖帘，依附于本家的分支机构。

虽然江户时代的商家作为经营组织没有从"家"制度中分离出来，但与农民社会和武士集团相比，更重视生产和销售，更具有类似近代企业的特征。商人社会，雇佣意识也较为突出。到了明治时代，中小商家仍然延续着传统的经营方式，奉公人制度也基本保持不变；一些大商家成功地转型为近代企业之后，虽然进行了各种近代化改革，但企业的经营者和高级职员大多仍是过去的奉公人，奉公人制度的影响依然存在；新成立的近代化大企业，经营管理者多是招募来的各类学校毕业生，雇佣制度多是欧美式的，但为了提高经营管理层的企业忠诚心，经营者开始宣扬家族主义和主从情谊，并建立了优厚的福利制度。可以说，商家奉公人制度影响着近代的企业雇佣制度的形成。经过不断的改革和完善，以年功主义基础上的能力主义为原则的晋升制保存了下来，别家制度也变成了终身雇佣制度。

（作者：吴佩军，华南师范大学外文学院副教授；徐峰，北京师范大学大学外国语言文学学院博士生、盐城工学院外国语学院讲师）

"新时期日本古代史研究的方法与课题研讨会暨南开大学日本研究院日本古代史研究中心成立大会"会议综述

王玉玲

2022 年 5 月 14 日，由南开大学日本研究院与中国日本史学会共同主办的"新时期日本古代史研究的方法与课题研讨会暨南开大学日本研究院日本古代史研究中心成立大会"以线上、线下结合的方式顺利召开。来自北京大学、中国社会科学院、清华大学、浙江大学、东北师范大学、浙江工商大学、复旦大学、山东大学、四川师范大学、上海师范大学、北京理工大学等高校与科研单位的专家学者受邀出席会议，祝贺日本古代史研究中心成立，并围绕新时期日本古代史的研究方法及课题进行了深入的交流与探讨。

开幕式由日本研究院院长刘岳兵教授主持，由王玉玲副教授就日本古代史研究中心的成立趣旨进行了说明。王玉玲副教授在介绍日本研究院历史沿革的基础上，结合新时期中国日本古代史学者队伍不断更新、壮大的现状，阐明了南开大学日本研究院成立日本古代史研究中心的初衷。为给从事日本古代史研究以及对日本古代史感兴趣的学者、研究生群体提供一个展示自身研究成果、切磋交流、加强合作的平台，进一步推进日本古代史研究的发展，研究中心将立足日本古代史研究，以习近平总书记构建中国特色哲学社会科学的指导思想和基本原则为指导，以发展具有中国特色的日本研究为宗旨，以促进不同学科、领域的交流与合作，带动优秀研究成果的产出为方针，力争为我国日本研究人才的培养以及日本研究事业的发展贡献力量。为切实地贯彻、践行此宗旨、方针，古代史研究中心将在继承南开大学日本研究院优良学术传统的基础上，通过不定期举办线上、线下的学术讲座、学术研讨会等方式，为青年学者们提供一个展示自身成果、交流学术心得、共享学术信息的平台。

中国日本史学会会长杨栋梁教授，中国日本史学会古代史分会会长、清华大学刘晓峰教授先后致辞，对日本古代史研究中心的成立表示祝贺。南开大学日本研究院院长刘岳兵教授代读了日本古代史权威学者、88 岁高龄仍然笔耕不辍的天津社会科学院研究员王金林先生的贺信。

刘岳兵教授代表日本研究院聘请李卓教授为日本古代史研究中心名誉主任、王玉玲副教授为主任；聘请王金林先生和北京大学宋成有教授、中国社会科学院徐建新教授、东北师范大学周颂伦教授为研究院客座教授兼日本古代史研究中心顾问；聘请刘晓峰教授、浙江大学王海燕教授和浙江工商大学江静教授为研究院客座教授兼日本古代史研究中心研究员。

主题报告环节由南开大学日本研究院赵德宇教授主持，与会专家就日本古代史

"新时期日本古代史研究的方法与课题研讨会暨南开大学日本研究院日本古代史研究中心成立大会"会议综述

研究的学术史、现状和未来进行了深入探讨。宋成有教授从日本近代史的研究视角回溯日本古代史,分析了新世纪以来日本古代史研究的新局面,如新世纪中日关系的发展变化推动了日本史研究的新发展;日本史研究群体实现世代更替,第四代扛起大梁,取得了很多研究成果。但新局面之下也存在"喜忧参半"的问题,如日本史研究的传统中存在"应急偏多,从容之作比较少"的倾向;学术研究的外部环境充满挑战性;学术传统的断档问题,尤其是海归青年学者有必要在回国后适应、了解中国的学术现状,实现学术的再转型。而从近代史的视角回溯古代史是具有意义的,因为在普通意义上,历史的发展过程中存在连续性和变异性的互动关系;在特殊意义上,日本历史有其特殊性,而在教学实践意义上,把握日本近代史离不开古代史。基于此,宋成有教授向日本古代史研究中心以及新一代青年学者提出了几点希望:希望南开日本研究院日本古代史研究中心作为国内首个日本古代史研究中心,可以构筑起中国日本古代史教学、科研的平台,凝聚国际力量,真正发挥引领学界的积极作用;希望青年学者们借鉴国外史学的研究方法,抵制浮躁、浮夸、浮华的"三浮"风气,砥砺前行,创造研究佳绩。

徐建新教授从史料、方法、观点三个角度对新时期中国的日本古代史研究进行思考,指出了当下日本史研究史料的多样化和数字化趋势。徐建新教授引用钱乘旦老师的"发生过的是过去,被记录下来的是历史",认为历史是过去流传下来的文献、文本,即带领研究者走进历史的唯一桥梁就是史料。当下,史料的范围不断拓展,青年一代学者对史料的解读能力也有所提高,史料的数字化与检索的便捷化程度不断提升,史料研究呈现细分化和精细化的趋势。在谈到研究方法与研究视角时,徐建新教授援引日本史老前辈万峰先生的观点,提出研究日本史应该具备5方面的知识和能力:第一,包括通史和专门史的日本历史知识;第二,世界通史的知识;第三,外语能力;第四,论文写作能力;第五,史学理论知识和运用能力。此外,在信息化的时代,还应具备利用各种信息化手段进行研究的能力。从观点的角度来看,徐建新教授认为中国的日本史研究应具备中国学者的视角以及中国的问题意识、世界史的问题意识和理论动机的问题意识这3个问题意识。

刘晓峰教授从口头传统与文字传统的关系,探讨日本古代神话成文化的过程,以及汉字和汉字背后的中国文明对日本古代神话系统产生的深远影响。他介绍了《古语拾遗》的成书背景及其强调口头传承的特点,通过《古语拾遗》序文中"上古之世,未有文字,贵贱老少,口口相传,前言往行,存而不忘"的表述,指出古代日本历史上曾存在漫长的口头传统。而当来自大陆的文字体系进入日本后，出现了以口头叙事为存在样态的日本神话，如何与新的文字表述体系结合的问题。《古事记序》体现了单纯的日本古代语言系统与中国文字的碰撞：一是语言上，二是内容上。伴随《古事记》《日本书纪》的成书以及权威化，口头传承失去了叙述上的权威性，不得不承认和借用文字的力量，用以"故实"和"根源"补遗"国史家牒"的形式，并期冀借助文字传诸久远。在这一大背景下发生的日本古代神话从口头传播到被文字整理记录的过程，同时也是这一神话系统在汉字与汉字背后的中国文明的影响下被重新编码的过程。

王海燕教授结合自身的研究课题，介绍了日本古代灾害史研究的学术史、研究现状及有待解决的问题。王海燕教授梳理了 20 世纪 50 年代以来日本学界的灾害史研究历程，指出早期的研究成果主要集中于自然科学领域，也就是以自然科学的研究方法研究历史灾害发生的机理以及受灾情况，从而找出来如何应灾，如何防灾，如何对当代的应灾、防灾提供一个有益的参考。从 20 世纪六七十年代以后，随着欧美学界环境史研究的兴起，日本学界也相继展开了环境史的研究。与之相关，80年代以后在日本的人文社会科学领域，关于历史灾害的研究进展非常显著，著述数量也开始增多，研究水平也有大幅度的提高。进入 90 年代，日本学者将日本灾害史的研究视角归纳为两大类：一个是从史学的视角将灾害作为解答历史整体群像的历史事件，注重灾害对社会的冲击以及给社会结构带来的变化；另一个就是从防灾的视角，通过探讨历史上灾害发生的机理及受灾状况，归纳出具体的防御自然灾害的方法，为当代日本的防灾措施提供参考意见。在此基础上，王海燕教授提出了几点有关灾害史研究的思考，认为可以以史学与考古学为出发点进行研究，在重视突发性灾害现象的同时，不应忽视常发性灾害的存在与影响。

李卓教授首先说明了中国学界与日本学界对"古代"的不同界定，提倡按照中国的分期方法将日本明治维新以前的历史时期统称为古代。在此基础上，李卓教授回顾了改革开放以后，尤其是 21 世纪以来，中国日本古代史研究事业的发展历程和成就，分析了 21 世纪以来日本古代史研究事业快速发展的原因，认为新世纪以来的日本古代史领域具有以下 6 个方面的特色：第一，通史性的著作增加，且古代史占很大比例；第二，研究领域不断拓宽；第三，近世史研究成为热点；第四，中世史研究开始升温；第五，古代史研究资料集从无到有；第六，青年学者崭露头角。但日本史研究中仍存在着明显的"厚今薄古"倾向，李卓教授希望今后有更多的青年学者参与进来，进一步拓宽研究领域，改变断代研究布局有欠均衡的局面，确立日本史研究在整个世界史研究体系中应有的位置，建立在国际日本学研究中的话语体系，发表更多高水平论文。

下午，研讨会分4组进行线上讨论，来自全国各地高校、研究机构的30余名学者就自身研究作了报告，报告主题涉及日本古代各个时期的政治、宗教、社会、思想、外交等诸多领域。

第一分科会中，浙江工商大学的李国栋教授围绕绳纹·弥生时代的上限、早期绳文·弥生人的来历、神武天皇的即位年等问题进行报告，并参考学界的已有观点及自身包括田野考察在内的研究工作，对以上问题提出了新观点。河南大学王方博士就儒学在日本的早期传播、日本的科举考试、日本科举体制下的大学寮教育、日本奈良平安时代的社会道德教化四个问题分别进行了论述，并总结了此四者间彼此联系、相互促进的辩证关系。东北师范大学孙志鹏副教授对日本"近世"概念的形成过程进行了梳理，指出将"近世"视为现代社会基础的不确之处，并提出了摆脱"近代"概念、就日本看日本的新命题。山东大学王慧荣副教授对《孝经》在日本的传播情况、在教育中的地位、对文学艺术的影响和因之而产生的意识形态引导政策进行了梳理，并对其各环节的特点进行了总结，得出了日本当时对《孝经》的理解重点——"忠孝并重"乃至"忠先于孝"。南开大学王凯副教授对日本古代王权继承中的祖孙关系与"拟制祖孙"进行了论述，指出了在当时的特定历史环境与政治背景下形成"祖孙相继"的必然性，同时论及这种祖孙相继现象对当时日本的政治稳定和社会治理所形成的积极影响。北京联合大学章林副教授概述了律令制对女王婚姻的制度性规定，指出基于当时特定的政治背景与政治目的，这种规定经常在实际的联姻中被打破，分析了这种妥协的原因和内涵。山东大学姜金言博士后分阶段论述了上皇制的发展与变化，认为藤原氏及与之相关的摄关政治与上皇制的发展紧密相连，并评价了上皇制度与外戚摄关政治的历史意义与此二者之间的联系。

第二分科会首先由南开大学刘雨珍教授主持。浙江工商大学姚琼副教授介绍了日本古代仁王会的发展与特征，通过对日本平安时代仁王会的举行目的和内容的分析，结合平安时代禳灾仪式的发展特点，并将之与唐代朝廷举办的仁王会进行对比，总结了东传至日本的仁王会在平安时代的发展特点及其原因。北京理工大学的小池直子老师介绍了正仓院文书中的《晋书》，推定其为唐修《晋书》，并分析了《晋书》在书写场所、完成以及报告场所等方面的特点。浙江大学张美侨博士后介绍了《大般若经》传入日本以及实践的过程，指出《大般若经》的传入处于唐朝与朝鲜半岛关系紧张的时期，其实践主要是诵读消灾，并通过诵读场所、次数、目的的演变对《大般若经》在佛经信仰中的发展进行了分析。华中师范大学占才成副教授分析了《古事记》编纂的问题，认为在《日本书纪》成书不久后又编纂新史书是壬申之乱后天武天皇向世人表明其皇位正统性的必然选择，并且日本古代的修史观深受中国影响。清华大学博士研究生曾堰杰同学从解构绘画与政治权力的关系层面来观察东亚政治人物，指出日本与东亚绘画产生交流后，其独特的艺术形式与当时的宫中仪式有机结合，逐渐显示出了本朝意识，成为了统治阶层以文治国的具现，而日本对于人物画的认识则来源于中国的画论。浙江大学硕士研究生张艺瀚同学通过考察作为御愿寺的嘉祥寺、贞观寺的建立过程，分析了日本 9 世纪的政治权力，认为承和之变之后文德天皇在建立寺院、祭祀等问题上表现出了对正统性的重视。

　　第三分科会中，上海师范大学康昊博士分析了日本历史学在 20 世纪 70 年代的转向情况，考察了社会史在日本产生和发展的历程，认为日本的社会史热潮是战后历史学发展脉络上的产物，并重点分析了日本现代历史学形成的背景和特点。关西大学东西学术研究所准研究员陈路老师从重犯检断与检断系在厅官人的出现、检断系在厅官人出现的时代背景、检断系在厅官人与武家势力的崛起、重犯检断与镰仓幕府的成立四个方面分析了检断权在武士崛起及武家政权成立过程中产生的历史作用。南开大学博士研究生殷晨曦同学利用《愚管抄》对慈圆的摄关思想进行了详细分析，理清了慈圆心中"摄关政治"的样态、慈圆如何将个人思想与历史相融合等问题，认为慈圆的思想中存在强烈的摄关家意识。南开大学王玉玲副教授对日本中世时期一揆的发展始末进行考察，认为一揆是中世时期各个社会阶层民众实现特定目的时常用且有效的斗争手段，是中世时期具有时代标志意义的社会现象，不仅是日本中世民众生活的部分剪影，更是同时期社会特性的直观表现。复旦大学钱静怡副教授通过对中世时期总村法的考察，分析了日本中世总村法的形成过程及其内容所呈现的具体功能，认为总村"自治性"的一面在其后的德川幕府时期得以传承，显示了日本中、近世转型中的连续性面相。山东大学胡炜权副教授对"台湾远征"的概念问题以及岩生成一和学界的两次"台湾远征"论点进行了阐释，指出了岩生研究存在的若干问题，认为所谓的"远征"言过其实，既不算是海外扩张，也不算是外地探索，而且不能证明当时的丰臣政权和德川政权有计划染指台湾岛。

　　第四分科会中，郑州大学郑辟楚博士从江户时代基层社会的角度考察了近世日

"新时期日本古代史研究的方法与课题研讨会暨南开大学日本研究院日本古代史研究中心成立大会"会议综述

本如何维持和平局面，认为统治者的高压政策不足以维持长时间的和平，而柔软灵活的身份制度、村落共同体对小农经营的维持以及官民对抗中形成的动态平衡，是江户时代社会维持整体和平的重要因素。河北社会科学院许益菲博士以《鹦鹉笼中记》的作者朝日重章为例，考察了元禄时代儒学在日常生活中的地位，认为虽然幕府推崇儒学，但元禄时代的日常生活中，儒学义理和世俗人情之间的冲突普遍存在，儒学并没有融入民众的精神世界。广东技术师范大学黄薇姗博士通过朱舜水与小宅生顺的笔谈记录《西游手录》，考察当时两人之间儒学思想的授受关系，指出朱舜水的回答并不一定植根于其真实的认知，更多地是基于自身"授者"的视角。黄淮学院王起博士考察了《兵法神武雄备集奥义》"兵源篇"的内容，重点关注山鹿素行"阴阳即兵源"和"道法兼备"的思想，并指出了历代学者对"兵源"的误读，主张重新评价"兵源篇"的定位。北京理工大学何鹏举副教授以山片蟠桃的《梦之代》为中心，分析了山片蟠桃思想的特质和内在的种种矛盾，并指出其局限性在于没有产业思维以及"儒体兰用"的立场。

各分科会结束后，王玉玲副教授主持了会议总结与闭幕式。东北师范大学周颂伦教授为大会做总结发言，在对会议报告做出高度概括和评价后，认为目前古代史领域中缺少对古代史起始时期的研究以及通史性的古代史著作，建议以"去中国化"为主线对古代史进行研究。浙江工商大学江静教授对大会报告做出了非常精辟的总结与高度的评价，认为此次会议的参会论文不仅涉及领域广、题材丰富，而且研究方法、视角多样，突破了目前学界既有的研究框架，表现出了生机勃勃的活力。南开大学李卓教授总结了会议规模、参会学者的特点，对于学者的积极参与和学界的热烈反应表示既意外又欣喜，希望《南开日本研究》以及日本研究院丰富的藏书资源能够为学者提供研究便利。另外，李卓教授回应了周颂伦教授提出的关于以"去中国化"为研究线索的问题，指出日本自平安时代开始就已经和中国文化渐行渐远，呈现出"去中国化"的趋势，并倡议重视对日本特殊性及两国差异的研究，重视古代史研究。她鼓励青年学者们勇于创新，不断推出高水平的研究成果，为中国日本古代史研究事业的发展贡献力量。三位专家的精彩总结再次带动了与会学者的热烈讨论，最后会议在一片惜别声中顺利闭幕。

（作者：王玉玲，南开大学日本研究院副教授）

政治与社会

论日本对缅甸的政府开发援助——以经济方略为研究视角

国晖

内容摘要 日本于1954年以战后赔款的方式对缅甸展开政府开发援助，而后共经历了四个阶段，即1954—1988年的持续援助期、1988—1989年的暂停中止期、1989—2012年的无日元贷款援助期和2012—2021年初的全方位援助期。日本对缅甸的援助采取的是经济方略模式，希望借政府开发援助的经济工具获取缅甸对日本的支持，实现日本追求的政治大国梦想。但受限于国际环境以及缅甸自身的国家利益，日本政府开发援助并未达到预期设定的国家目标。梳理日本援助缅甸的历史经验教训，以期对中国对外援助工作具有一定的启示作用。

关键词 日本政府开发援助 经济方略 缅甸

Japan's Official Development Assistance to Myanmar

——Based on the Perspective of Economic Statecraft

Guo Hui

Abstract: Japan launched Official Development Assistance (ODA) to Myanmar in the form of post-war reparations in 1954, and then it went through four stages, that is, continuous assistance period from 1954 to 1988, suspension period from 1988 to 1989, no yen loan period from 1989 to 2012, and all-round assistance period from 2012 to early 2021. Japan's ODA to Myanmar adopts the mode of economic statecraft, hoping to obtain Myanmar's support, and realizes the dream of Japan as a political power. However, limited by the international environment and Myanmar's own national interests, Japan's ODA did not achieve the expected national goals. Through sorting out the historical experience and lessons of Japan's ODA to Myanmar, this paper aims to have a certain enlightenment effect on China's foreign aid work.

Key Words: Japan's ODA; Economic Statecraft; Myanmar

从地缘位置上讲，日本是东方国家，但日本却自诩西方国家已久，自明治维新起日本便用西方思想武装自己、用西方体制完善自己，在短短的几十年内成为了资本主义强国。二战后日本被美军占领，在此期间，日本不仅在经济发展方面得到了美国的大力扶持，在治国经略方面也深受美国影响，这使得日本在实现经济腾飞以后，如法炮制了美国的经济方略，使政府开发援助成为日本经济方略的重要工具之一。本文将以经济方略模式为理论视角探讨、研究日本在战后不同时期对缅甸展开政府开发援助的路径变迁、特点及影响。

一、经济方略模式

在国际关系研究中，经济方略是对国家整体战略政策把控的方式之一，无论是对内经济方略还是对外经济方略，都是为了维护国家利益而存在的。本文所指的经济方略属于对外经济方略模式。现存资料中比较系统地阐述经济方略（Economic Statecraft）的著作是美国学者大卫·鲍德温（David Baldwin）在 1985 年出版的《经济方略》一书。他在综合整理古代与中世纪经济方略思想的基础上进一步得出结论：

论日本对缅甸的政府开发援助——以经济方略为研究视角

一国（sender）政府通过使用经济工具来影响目标国（target）的国家行为，以此达成一国外交目标的方式称为经济方略。[1]经济方略是外交政策的制定者在国际舞台上对其他国家或非国家行为体施加影响的手段。[2]因此，这一模式的关注重点在于如何影响或改变目标国的外交态度或方针政策。为达到这一目的，多种经济方式可以备选成为经济工具来影响目标国家的行为或意志。鲍德温指出，无论是优惠关税、补贴、政府开发援助、投资担保和对外国投资税收优惠等积极经济制裁，还是禁运、抵制、黑名单、剥夺所有权、惩罚性税收、暂停援助、以及资产冻结等消极经济制裁，[3]都属于经济方略中的有效工具。判断经济方略是否成功的标志在于是否达成了既定的外交目标。

二战结束后，日本一直将政府开发援助视为本国对外交往最重要的经济工具。虽然在《旧金山合约》签订后，日本恢复了名义上的外交权，但依然被束缚在日美同盟框架下，这便为日本的政府开发援助创造了一个机会，即成为日本与国际社会交往的官方渠道，但也曾被国际社会普遍认为仅仅是帮助日本获取经济利益的经济外交模式。实际上，日本政府开发援助在将近七十年的执行过程中虽然执行了很多关于经济外交的任务，但它在本质上是日本深谋远虑的经济方略模式，因为相对于经济外交而言，经济方略看起来更像是与硬实力相关联，是具有强制性的影响手段，[4]经济方略强调依托经济工具的重要性，同时，也可将其理解为代表国家行为体使用经济领域的政策工具来处理国家事务的策略、方法和技巧。[5]

二、日本援助缅甸的发展与变迁

"经济巨人、政治矮子"几乎成为日本战后经济崛起后的国际固有印象，这也使国际社会曾经产生过错觉，认为日本政府开发援助是以发展本国经济为目标。实际上，日本从未放弃过争做世界政治大国的梦想，在战后一定时期内无法将这一梦想付诸实践，只是因为其受制于现实。这一点仅从日本对缅甸的援助便可窥见一斑。

[1] David Baldwin, *Economic Statecraft*, (Princeton University Press, 1985), pp.2–4.

[2] David Baldwin, *Economic Statecraft*, p. 343.

[3] David Baldwin, "The Power of Positive Sanctions", *World Politics*, Vol.24, No.1, (1971), pp.19–38.

[4] Aditi Lalbahadur, "Economic Statecraft in South Africa's Regional Diplomacy", *South African Journal of International Affairs*, Vol. 23, No. 2, (2016), pp. 135–149.

[5] 张发林：《经济方略与美元霸权的生成》，《世界经济与政治》，2022 年第 1 期，第 110 页。

1954 年，日本对缅甸以战争赔款的形式展开援助工作，尽管因缅甸内政原因有过中断，但总体而言日本对缅甸的援助呈现出持续性较长、目的性较强的双重特点。本文将日本对缅甸的政府开发援助划分为 4 个阶段，逐层辨析其援助缅甸的经济方略模式。第一阶段是 1954—1988 年，第二阶段是 1988—1989 年，第三阶段是 1989—2012 年，第四阶段是 2012—2021 年初。

（一）以战争赔款为基点构建的持续性援助——1954—1988 年

日本与缅甸之间的关系往往脱不开"特殊"两个字，一方面因为缅甸是日本在战后进行政府开发援助的第一个国家，另一方面则因为缅甸与英国殖民者抗争的多名军官曾受到日本的大力帮助与支持，[1]比较知名的如昂山（缅甸前国务资政昂山素季的父亲）以及吴奈温（缅甸前最高国家领导人），这使得日本与缅甸两国高级领导人之间有着无法割裂的亲密关系。综合这两点来看，日本对缅甸的政府开发援助在这一阶段所体现的经济方略特点是以政治互信为基础、借助高层之间的特殊关系渗透影响力，依托政府开发援助这一经济工具，在援助缅甸的同时也获取了缅甸国内的部分资源和市场，更重要的是以缅甸为杠杆，打开整个东南亚的广阔市场、获取东南亚丰富的资源。

二战的失败导致日本国内经济一落千丈，迅速恢复国力是日本政府迫在眉睫的任务。国内资源贫瘠、国土面积狭小、国内经济结构遭遇重创，这三点使得日本认识到只依靠国内力量是无法恢复国民经济的，与外界建立经贸关系才是重建经济的突破点。1950 年日本加入科伦坡计划，该计划由英联邦国家发起，旨在通过以资金、技术、教育及培训援助的形式促进南亚、东南亚地区的社会经济发展，具有重要的战略意义。1951 年日本与 48 个二战战胜国签署了《旧金山合约》，[2]该合约第 14 款规定了日本战后赔款的细则，大部分亚洲国家都根据这些细则向日本提出了战后赔偿要求。经过与这些国家的协商，日本最终确定了赔偿形式：赔款、赠予、

---

① Donald Seekins, "Japan's 'Burma Lovers' and the Military Regime", *Asian Perspective*, Vol. 24, No.4, (2000), pp.315–334.

② 在《旧金山对日和平条约》（*Treaty of Peace with Japan*）签订时，中国被美国、英国、法国等国排除在外，未参与此次合约的签订，是故中国政府自该和约签订至今从未承认过该合约的合法性。

论日本对缅甸的政府开发援助——以经济方略为研究视角

贷款。[①]这些形式构成了日本政府开发援助的基础，换句话说战后赔款是日本政府开发援助的雏形。缅甸成为了这种援助模式下第一个被日本援助的国家。1954 年，日本与缅甸签署了《战争赔偿和经济合作协议》，明确了日本需向缅甸提供 720 亿日元战争赔偿和 180 亿日元贷款的细则；同年，日本与缅甸签署了和平条约，至 1957 年日本已向缅甸援助 4570 万美元。[②]但日本对缅甸从赔款完全转向经济援助是从 20 世纪 60 年代开始的。[③]吴奈温成为缅甸最高国家领导人以后，日缅关系持续升温，日本对缅甸的援助急剧加速。据统计，从吴耐温开始执政到 1988 年，日本对缅甸提供政府开发援助总额为 21 亿美元，其中包括贷款 4000 亿日元、无偿援助 950 亿日元。[④]另据统计，1970—1988 年外国援助缅甸物资共计 41.92 亿美元，其中 19.4 亿美元来自日本，几乎占比近半数。[⑤]概括而言，在这一阶段，日本对缅甸有求必应，高额的政府开发援助为日缅两国的双边关系打下了坚实的基础，缅甸也成为日本通往东南亚的大门，加速了日本对其他东南亚国家赔款和与这些国家建立双边关系的进度。

（二）为推进民主进程而中止的援助——1988—1989 年

战后的 30 多年中，日本实现了经济的迅速腾飞、跻身世界经济大国，被公认为"经济的奇迹"。[⑥]恢复经济的目标业已达成，"重建世界政治大国"也被日本政府提上国家日程。为尽早实现这一梦想，日本政府把在国际社会树立大国形象、支持世界和平作为自身执政方针的重要内容，并希望通过政府开发援助完成这样的目标，尽快得到国际社会的认可。但是爆发于 1988 年的缅甸军事政变打乱了日本政

---

① Kazuhiko Togo, *Japan's Foreign Policy, 1945–2009: The Quest for a Proactive Policy*, (Brill, 2010), p. 319.

② 韩召颖、田光强：《试评近年日本对缅甸官方发展援助政策》，《现代国际关系》，2015 年第 5 期，第 34 页。

③ David Steinberg, "Japanese Economic Assistance to Burma: Aid in the 'Tarenagashi' Manne," *An Interdisciplinary Journal of Asian Studies*, Vol.5, No.2, (1990).

④ Patrick Strefford, "Japanese ODA Diplomacy towards Myanmar: A Test for the ODA Charter", *Ritsumeikan Annual Review of International Studies*, No.6, (2007).

⑤ Patrick Strefford, "How Japan's Post–war Relationship with Burma was Shaped by Aid", *Asian Affairs*, Vol. 41, No.1, (2010), p.40.

⑥ Chalmers Johnson, *MITI and the Japanese Miracle: the Growth of Industrial Policy,1925–1975*, (Stanford University Press, 1982).

府开发援助的既定节奏。

1988 年是缅甸历史上的一个分水岭。缅甸最高国家领导人奈温在 1987 年 9 月宣布推行不顺应民意的货币改革：把面值不能被 9 整除的钞票全部废除，只留下 45 元和 90 元面值的钞票流通。随之而来的是 1988 年 3 月学生的抗议和军政府的暴行，直到 9 月 18 日国防部长苏貌将军率领的军队接管政权，长达近半年的国内不安局面才得到控制。这导致了西方社会对缅甸军政府的强烈谴责，随即以美国为首的西方国家暂停了对缅甸的国际发展援助。为表明同样的政治立场，日本也于此时暂停了对缅甸的政府开发援助，并对缅甸军政府施加影响和压力，这一系列举措表明日本急于通过鲜明的政治立场在国际社会树立大国形象，希望借此制裁手段同西方社会一道督促缅甸民主化改革的进程。

（三）无日元贷款援助——1989—2012 年

1989 年 1 月 7 日裕仁天皇逝世，日本政府邀请缅甸军政府参加裕仁天皇的葬礼，这一外交行为可以表明日本政府已经在事实上默认了苏貌政权的合法性地位。1989 年 2 月，日本在西方社会中最先承认了缅甸军政府的执政地位。日本政府对于这样的对外政策调整给予了三点理由：一是苏貌将军的改革有效控制了缅甸的政局；二是缅甸当前的局势表明其既愿意也能够遵守国际法；三是很多社会主义国家和东南亚国家都已经承认了缅甸军政府的政权。[①] 自此以后，日本援助缅甸最具特色的一段历程也开始了：为期 23 年的无日元贷款的政府开发援助（1989—2012）。这一时期日本的外交更多地希望向国际社会展示负责任的大国形象、树立大国地位，日本希望对缅甸的政府开发援助有助于实现这样的国家目标。

日本在 2005 年至 2012 年期间（后又延续）通过技术援助支持了 "缅甸重大传染病控制项目"，该项目旨在通过帮助其构建医疗和政府机构人员的能力，有效防止这些疾病在缅甸传播。因为疟疾和结核病是缅甸境内死亡的前两大原因，此外还有 33 万多人感染了艾滋病毒，所以缅甸迫切需要制定这 3 种传染病的防治措施。在防治结核病方面，该项目支持结核病患者的诊断和治疗，为实验室技术人员提供

---

① Oishi Mikio and Fumitaka Furuoka, "Can Japanese Aid be an Effective Tool of Influence? Case Studies of Cambodia and Burma", *Asian Survey*, Vol.43, No.6, (2003), pp. 890–907.

论日本对缅甸的政府开发援助——以经济方略为研究视角

指导，为公民提供参与性健康教育方案，并加强与私立医院、药房和社区的联系。针对疟疾的治疗，该项目有助于以社区为基础的抗疟疾措施（早期诊断和治疗）的落实，分发蚊帐和诊断包，遏制对已有的主要治疗药物产生耐药性的疟疾疾病，改善治疗效果。关于遏制艾滋病毒的发展，该项目提供验血技术指导，对献血者和其他人进行教育，帮助他们提高发现疾病的能力和管理分析数据的能力。在 2005 年全球抗击艾滋病、结核病和疟疾基金（全球基金）的支持被暂停后（2011 年恢复支持），缅甸无法向国民提供治疗药物。为此，日本与全球基金进行了合作，吸收了通过上述项目获得的知识和经验，并为发放治疗药物而建立了有效的管理体系。日本以这种与全球基金合作的方式为缅甸提供防治传染病的更好措施。①诸如此类的技术援助，或出于人道主义动机的援助，不仅可以一定程度地改善缅甸国内民生发展，也有利于日本向国际社会展示自己的新形象、收获国际社会的好感。

（四）全方位的援助——2012—2021 年初

2011 年日本外务大臣玄叶光一郎访问缅甸，访问期间日缅双方就 2012 年启动《日缅投资协定》达成共识，为日本重启对缅甸的日元贷款援助打下伏笔。2012 年4 月，缅甸总统吴登盛访问日本期间，日本政府宣布重启对缅甸的日元贷款项目。此后，日本前首相安倍晋三于 2013 年回访缅甸，这也是时隔 36 年日本时任首相首次造访缅甸，访问期间日本政府做出决定：向缅甸提供 910 亿日元的政府开发援助，包括 510 亿日元贷款和 400 亿无偿援助资金，同时为其免去 2000 亿日元的债务。随后在 2014 年，日本前外务大臣岸田文雄访问缅甸期间又带去了日本政府准备的80 亿日元无偿援助资金。同年年末，安倍首相与缅甸总统吴登盛会谈时指出日本会追加 260 亿日元贷款支持缅甸的基础设施建设。②另据统计，自缅甸民选政府上台以来，日本向缅甸提供了 8 笔贷款，总金额高达 3130 亿日元；免除债务 3160 亿日元；共提供 161 笔无偿资金援助和 4 笔总额为 8.33 亿日元的紧急援助资金。③

---

① Ministry of Foreign Affairs of Japan, *White Paper on Development Cooperation 2012- Japan's International Cooperation*, (Tokyo, 2012), p.95.

② 《安倍访东盟再撒金元，援助缅甸菲律宾基建》（2014 年 11 月 13 日），中新网：https://www.chinanews.com.cn/gj/2014/11-13/6770996.shtml，2022 年 5 月 12 日。

③ 转引自韩召颖、田光强：《试评近年日本对缅甸官方发展援助政策》，《现代国际关系》，2015 年第 5 期，第 35 页。

　　自此，日本重新考虑自身与缅甸的经济合作政策，并决定重新为缅甸提供广泛的支援，以促进缅甸的改革进展。此后，日本政府积极向缅甸提供各种形式的援助，以此来改善民生，这些措施包括提供地区性援助，提供法律和司法援助系统来开发和人力资源，以及助力基础设施发展等。譬如，2014 年 5 月，蒂拉瓦经济特区（Thilawa Special Economic Zone）A 类区租赁权开始出售。2015 年 9 月，日本政府副首相麻生太郎出席了蒂拉瓦经济特区启动仪式，以此为契机，日本还将继续支持该经济特区周围的基础设施的建设。截至 2016 年 8 月，已有 39 家日本公司在经济特区开展业务。这是日本"优质基础设施"的成功范例，日本认为这是用"投资"获得世界信任的重大收获。此外，安倍晋三在缅甸前国务资政昂山素季于 2016 年 11 月访问日本期间宣布，日本将在 2016 年起的 5 年内，在公共和私人层面向缅甸援助 8000 亿日元。这是基于日本的公共和私营部门政策，既为巩固缅甸的民主化、民族和解和经济发展提供全面支持，同时也将作为"日缅合作计划（Japan–Myanmar Cooperation Program）"①的一部分。并且日本将在该 5 年内向缅甸少数民族地区提供 400 亿日元，以支持缅甸的民族和解进展。安倍政府同时承诺，日本计划每年进行 1000 人规模的交流和人力资源开发，以帮助缅甸的国家建设。②

　　为树立负责任的大国形象，日本政府在启动日元贷款项目以后，也积极投身于和平解决缅甸的少数民族地方武装问题。2012 年 10 月，日本财团特别邀请了 10 家民地武领导人参加在东京的"日本财团缅甸少数民族支援会议"，讨论如何向这些积极促进缅甸民族和解问题的"功勋"民地武组织给予援助奖励。同年年底，日本政府缅甸民族和解特使兼日本财团会长笹川阳平与缅甸总统府部部长吴昂敏共同向新孟邦党赠予了价值 7 万美元的援助物资，这也是缅甸政府首次允许外国机构向其境内的民地武直接提供大规模援助。③2014 年初，日本政府再次宣布将在未来 5 年内出资 100 亿日元支持缅甸少数民族，以改善当地民生，扶持缅甸国内经济发

---

　　① 所谓的"日缅合作计划"是指该方案从 9 个对缅甸发展至关重要的部门提取了需要优先处理的问题：（1）农业和农业基础设施；（2）人民群众普遍接受的教育，符合产业政策的就业；（3）城市制造业积累与产业发展；（4）加强运输基础设施；（5）以能源合作促进工业发展；（6）城市发展/城市交通；（7）合作改善金融部门（政策性金融/民间金融）；（8）使电信、广播和邮政服务成为连接人们的工具；（9）改善与人民生活直接相关的卫生部门工作。

　　② Ministry of Foreign Affairs of Japan, *White Paper on Development Cooperation 2016– Japan's International Cooperation*, (Tokyo, 2016), pp.123–124.

　　③ 毕世鸿：《缅甸民选政府上台后日缅关系的发展》，《印度洋经济体系研究》，2014 年第 3 期。

论日本对缅甸的政府开发援助——以经济方略为研究视角

展。自 2017 年以来，日本更加注重为缅甸提供人道主义援助。譬如，缅甸西部的若开邦州约有 70 多万人流离失所，而日本一直在为这些流浪者和当地居民提供人道主义援助，如食品、营养、保护、住所维修以及保健和医疗。同时在该州北部，日本还着重支持小规模基础设施的建设和职业培训，使这些流浪者能够尽早返回家园。①但自 2021 年 2 月 1 日以来，缅甸军方扣押时任总统吴温敏、国务资政昂山素季和一些高级官员，后民选政府被军政府代替，缅甸的政治转型再次遭遇险阻，自此日本又一次暂停了对缅甸的政府优惠贷款。

三、经济方略的成败辨析

如前所述，经济方略注重两个结果：经济工具的影响力和发起国达成的外交目标。通过以上四个阶段的阐述可以看出，日本对缅甸的政府开发援助无论在经济方面还是政治方面、无论是政府间还是民间，都已经发挥了一定的影响力，那么日本是否通过援助达成了自己的外交目标？换言之，判断经济方略成功的关键点就在于外交目标的实现。本文的这一部分将从经济收益和政治收益两部分检验日本经济方略的成果。

从经济收益的外交目标来看，日本政府开发援助的经济方略是比较成功的。作为外资，日本本国的众多企业成功进入缅甸。据资料显示，日立集团在缅甸设置了集团分公司，松下公司在仰光设立了分公司，雅马哈在缅甸成立了摩托车销售公司，第一交通产业和三菱汽车在缅甸设有子公司，五十铃、铃木汽车、马自达等企业均在缅甸销售汽车，东芝集团以及日本电信运营商 KDDI 也在缅甸开展通信业务。②不仅如此，日本还把援助的基础设施在建设后期的大部分维护权收为己有，这就保证日本企业可以合理合法地靠出口零部件继续在缅甸获取经济利益，也使得日本的部分工业在缅甸获得一定程度的发展。尽管日本战后在资源、土地、劳动力方面都较为缺乏的情况下迅速成长为经济强国，这一问题仍需从利弊两方面来看待。日本如果无法找到后备资源库和广阔的国外市场，或是无法转移国内工业到国外以获取廉价劳动力，日本经济发展或许将再遭重创。而缅甸无疑为日本提供了一个促进本国

① Ministry of Foreign Affairs of Japan, *White Paper on Development Cooperation 2019– Japan's International Cooperation*, (Tokyo, 2019), p.92.

② 毕世鸿：《缅甸民选政府上台后日缅关系的发展》，《印度洋经济体系研究》，2014 年第 3 期。

经济发展的机会。一位美国学者曾指出：东南亚是日本政府开发援助的首选区域，并且它的核心地位一直延续至今。[①]因此，日本重视缅甸的部分原因也来自其在东南亚各国构建起来的桥梁作用。此处以日本援助泰国为例进行延展解析。缅甸是战后与日本签订赔偿协议的第一个国家，而泰国则是签订准赔偿协议[②]的二战受害国之一。日本对泰国的赔款援助如法炮制了对缅甸的手法，利用贷款、赠予等多种援助方式让日本企业堂而皇之地进入泰国境内，以期获取经济利益，使得泰国经济也成为日本经济的重要组成部分。[③]

从政治收益的外交目标来看，日本政府开发援助的经济方略是喜忧参半的。如前文所述，日本与缅甸维系着长久的特殊关系，这种特殊关系尤其存在于高级领导人层面：为了实现推翻英国殖民统治的目标，1941 年，在日本军方的"帮助"下，30 名缅甸独立运动人士秘密前往当时由日军占领的中国海南岛，接受军事训练，后来这些缅甸人成为了缅甸独立运动的中坚力量，史称"三十志士"，其中包括昂山和奈温。1962 年奈温推翻吴努政权成为缅甸最高国家领导人，之后缅甸与日本的关系越发密切，从政府层面来看，日本企业能够通过援助进驻缅甸也源于奈温的支持。并且日本对缅甸的援助涉及方方面面、深入民间，这一原则自始至终从未改变。因此，从"民心所向"的角度来评价日本政府开发援助的政治收益是相对可观的。有学者针对"中日对缅甸援助后的民间印象"进行调研，发现日本的政府开发援助在缅甸民间印象的分数上是享有一定优势的。[④]而且日本通过援助为缅甸培养了大量的留学生、技术人员，这些援助从教育层面和精神层面让缅甸人民深刻记住了日本援助的情谊。所以说，在民间外交的政治收益方面，日本政府通过援助确实收获了累累硕果。但是从政府层面而言便不太尽如人意了，尤其是民选政府上台以后，在一些国际争端问题上缅甸并未站在日本一方，即使有美国的推动作用和所谓昂山素季"亲美"的事实存在，缅甸也始终站在了中立的角度上，未能推动日本在

---

① David Arase, *Buying Power: the Political Economy of Japan's Foreign Aid*, (Boulder, 1995), p.6.

② 日本学者山本刚士就赔偿和准赔偿的区别写道：赔偿是日本对战时的军事侵略做出的赔偿，而准赔偿则是日本与交涉对象国在是否赔偿这一点上未能达成一致，对象国认定是赔偿，日本则认为是带有强烈的赔偿性而提供的无偿资金。引自山本刚士：《日本的经济援助：其轨迹和现状》，（社会思想社，1988 年），第 66 页；转引自张光：《日本政府开发援助政策研究》，（天津人民出版社，1996 年），第 70 页。

③ David Arase, *Buying Power: the Political Economy of Japan's Foreign Aid*, p.93.

④ 罗圣荣：《1988 年以来中日官方对缅甸援助比较与启示》，《深圳大学学报》（人文社会科学版），2018 年第 1 期。

论日本对缅甸的政府开发援助——以经济方略为研究视角

几十年的援助战略中获得政治上的胜利。无论是日本想要成为联合国常任理事国，还是希望在钓鱼岛问题上得到明确支持，亦或是日本企图在南海问题上横插一脚，缅甸都没有从正面积极地回应过日本。日本政府长期援助并未收到实质性的政治回报，在其成为政治大国的道路上缅甸也并未带来加分项。从这一点来看，不得不说政府开发援助是日本经济方略的失败。

此外，从政治目标上谈，近些年日本多以维护国家安全为名义，遏制中国崛起。譬如，日本在《国家安全保障战略》《防卫计划大纲》《中期防卫力量整备计划》中公开表示中国的崛起严重威胁了日本的国家安全。而日本积极采取的政府开发援助措施，意在深化与缅甸的双边关系，希望通过缅甸牵制中国进入印度洋。日本企图利用"金元外交"获取缅甸对其政治上的支持，但是并未达到理想化程度，因为让缅甸在中日之间做出抉择并不符合缅甸的根本国家利益。首先，在西方国家于1988年对缅甸军政府实行制裁以来，中国在缅甸最困难的时期给予了大量经济上的对外援助和政治上的鼓励支持，缅甸无论从民情还是国情这两方面都对中国充满了感激。其次，西方援助在1988年的撤出为中国进入缅甸国内市场提供了机遇，无论是对外援助还是直接投资贸易，中国对缅甸的意义都是极为深远的，并且这两者的总量也远远多于日本。因此，背离中国不符合缅甸国家的利益选择。最后，尽管缅甸是世界上最不发达的国家之一，但缅甸位于东南亚、南亚和东亚的交汇处，战略位置突出，一直以来都是强国逐鹿的要塞之地。周旋于大国之间、从多方获取利益对缅甸来说更为有利。

四、结论与启示

综合本文前三部分的阐述可以看出日本对缅甸的政府开发援助是"日本式的经济方略模式"。日本根据自身所需的外交目标不断调整对缅甸的援助战略，以期从经济、政治两方面得到缅方的积极回应。但事与愿违，日本在经济方略的成果收益上并没有得到令日本政府满意的答案。不可否认，缅甸充当了日本在东南亚地区有效的"后方加工厂"角色，为日本在通往西方资本主义强国的道路上添砖加瓦。但是，缅甸国内不稳定的局势和政府对自身利益的考量都导致其没有给日本的外交目标强有力的支持。究其原因有以下几点：首先，缅甸并非沿海国家，在关于海域问题的国际争端上缅甸对日本的支持与否其实并不能产生实质效果。相反，缅甸若在海域争端问题上积极地站在日方立场，会把自己置于不利地位。尤其从缅甸对中国经济与政治的依赖性而言，保持中立、站在东盟的角度上、坚持以国际法为准则判断评估事态发展才是缅甸的正确选择。所以缅甸不可能在海域争端问题上给日本满意的外交回报。其次，尽管日本对缅甸援助时间长，对缅甸具有特殊的国家意义，但是日本也并非始终保持对缅甸援助与经贸合作的第一大国位置，相反，缅甸与中国自 1988 年以来外交关系日趋良好。加之缅甸地理位置更靠近中国，与近邻亲密交往不失为明智之举。最后，尽管日本对缅甸有着特殊感情，但与美协调一直是日本在"日美同盟"中遵从的国家战略信条之一，因此，日本对缅甸的外交政策势必受到美国的影响。

面对缅甸经济上的部分回报和政治上的暧昧回应，日本在未来对缅甸援助的策略调整仍然是一个艰巨的任务。综合来看，日本既需要看清自身问题，也需要看清缅甸问题。首先，日本想回到国际社会正常国家的位置不能仅依靠大规模的政府开发援助交换受援国的支持，而是需要切实向世界展示一个和平与负责任的大国形象。其次，日本应当尽量避免看美国脸色行事，也应当避免蓄意挑起与中国的争端。只有基于公正、平和的政治心态，日本才能冷静地看待其援助缅甸的问题。尤其东盟发展迅速，缅甸又是东盟的重要成员国，如果日本不能恰到好处地处理援助缅甸问题、与美中之间的多边关系问题，可能会引发整个东盟的"不适感"，最终"竹篮打水一场空"。最后，从缅甸自身来谈，从民选政府上台和民选政府再次被军政府替代，缅甸的政治转型再次成为世界关注的焦点，也成为世界民主改革的重镇。缅甸未来的不确定性不仅需要日本积极应对，也需日本根据国际形势与周边局势及时调整战略决策。

日本援助缅甸的问题也对中国援助缅甸产生了些许启示。日本在战后短暂的国际援助史上占有举足轻重的位置，它利用援助打开了经济与外交的新思路，也在短短几十年中曾一度跃居世界第一大援助国的位置。对于我国对外援助工作而言，虽然起步于日本的同期，但是日本的援助方式依然对中国具有重要的借鉴意义。譬如，从完善援助机制、建立法治规范来谈，2018 年 4 月中国首次建立起了对外援助独立的行政系统——国家国际发展合作署，从此以后中国的对外援助有了新起点，但是从援建法治建设方面依旧可以从日本那里学到一些经验，比如日本外务省早在

论日本对缅甸的政府开发援助——以经济方略为研究视角

2003 年 8 月 29 日就颁布了《日本官方发展援助宪章（修订）》。[1]又如，在援助的影响力渗透方面，中国既要重视在受援国官方产生的影响，也要重视在受援国民间发挥的作用，这样才能更好地提升中国对外援助在国际社会的影响力，让世界更好地了解中国对外援助。

无论如何总结与预测，前路漫漫，日本若想在援助缅甸的道路上驾驭好经济方略模式，就必须符合自身与缅甸的双方利益。将"国家利益"置于政府开发援助首要任务的日本在未来如何继续援助缅甸，我们拭目以待。[2]

（作者：国晖，南开大学日本研究院博士研究生）

---

[1] 韩永红：《对外援助国外立法文件编译》，知识产权出版社，2020 年，第 246 页。

[2] 安倍晋三在 2013 年明确提出日本政府开发援助必须维护日本的国家利益，这是政府开发援助关系国家利益问题首次被日本内阁在公开场合提出。

平成日本的社会遗产：阶层与流动

李　征

内容摘要　平成日本30年为令和日本留下了特征显著的社会遗产，在社会阶层方面，传统的阶层划分依然能反映出日本的现实，以收入与财产为标准的资本家阶层、新中间阶层、劳动者阶层及旧中间阶层的划分依然在发挥效力。这说明马克思主义理论依然具有生机。平成末期，日本的资本家阶层略有壮大，新中间阶层保持了群体地位、数量与财富的稳定性，而劳动者阶层分化较为明显。限于日本特殊的雇佣制度，正式雇佣与非正式雇佣成为劳动者阶层分化的屏障。中间层以下的日本社会阶层下移明显。贫困人口数量与收入均呈恶化倾向，特别是女性贫困与在深刻老龄化社会影响下的老年贫困成为难以逆转的社会趋势。日本社会阶层差距的分化是在国际分工日益深刻的影响下的产物，这既缘于日本经济增长乏力，也与产业、商品全球化趋势有关。

关键词　社会阶层　贫困群体　女性　中间阶层　家庭收入

平成日本的社会遗产：阶层与流动

Heisei Japan's Social Heritage: Class and Mobility

Li Zheng

Abstract：Heisei Japan has left a very significant social heritage for Reiwa Japan for 30 years. In terms of social class, the traditional stratification theory still reflects the reality of Japan. The division of capitalist, the new middle class, working class and the old middle class based on income and property is still effective. This shows that Marxist theory still has vitality. At the end of Heisei, the capitalist class in Japan grew slightly, the new middle class maintained the stability of group status, quantity and wealth, and the differentiation of the working class was more obvious. Limited to Japan's special employment system, formal employment and informal employment have become barriers to the differentiation of the working class. The Japanese social stratum below the middle class has obviously moved downward. The number and income of the poor population tend to deteriorate, especially the female poverty and the aged poverty in the aging society have become an irreversible social trend. The differentiation of social stratum gap in Japan is the product of the increasingly profound international division of labor, which is not only due to the weak economic growth in Japan, but also related to the trend of industrial and commodity globalization.

Key Words：Social Class; Poverty Group; Female; Middle Class; Family Income

平成日本在 2019 年落下帷幕，对于研究者而言，30 年的平成时代也确立了一个完整的时代。日本步入平成时代之后，从 20 世纪 90 年代的泡沫经济崩溃开始，企业大量破产倒闭，银行、债券、地产均遭遇下滑，这种连带性的影响一直持续到今天，日经指数在 1990 年 3 月达到 38957 的最高点后再未恢复到如此高位。所谓"失去的几十年"开始成为流行语。而在社会层面，日本也由"一亿总中流"社会进入了"格差社会"。"格"即等级，"差"乃差距，"格差社会"就是指阶层固化、贫富差距日益扩大的社会。经济大国日本，在其国民的高收入和高消费水平、繁荣的国际都市、现代化的商业模式背后，存在着巨大的生存压力、大量失业和流浪人员、阶层固化和加剧的不平等、逐渐缩小的社会保障网以及生活于其阴影之下的弱势群体。

对于平成时代的全面评价目前还为时尚早，但对于现今日本的社会结构，尤其是以阶层为中心的社会考察，是可以展开讨论的。特别是在当前的国际环境下社会普遍樊篱滋生、阶层固化、贫者恒贫，赢家通吃的时代更是如此。这种变化自有国际大背景，也是日本较为独特的社会结构所致，更受日本传统文化思想影响。日本在 20 世纪六七十年代创造的所谓"一亿总中流"社会已然不在。平成日本在其最后的 10 年，较为充分地体现出了社会阶层固化明显、贫困问题频生、医疗保障资源紧张及各方面都受老龄化影响的后劲乏力的态势。

日本在战后为实现自身发展，从 1955 年开始，每 10 年进行一次全国范围的较为细致的调查研究，内容就是探明社会结构，即社会构成部分，其最重要的体现就是社会阶层。[1]最近一次为 2015 年的第 7 次社会调查。该调查对于长期考察社会而言，兼具学术性、社会性与现实性。本文以日本"社会阶层与社会流动调查研究会"[2]收集数据探寻日本社会不平等的机制及其变化情况。

日本社会学工作者对日本社会阶层的考察有着丰富的成果。[3]国内关于日本社会阶层的研究也有较好的基础。[4]然而对于平成时代，即 30 年来日本阶层结构变迁研究，不论在理论还是现实方面，都还有"不解渴"的问题。进入所谓"后工业"并"后发达"时代的日本，其结构变迁值得更多的关注与讨论。

一、平成末期社会阶层划分及特征

令和日本社会中"前社会"所形成的阶层依旧存在。按照桥本健二的阶层分析

---

①日本在社会阶层考察时也多用"阶级"一词，"阶层"与"阶级"的讨论在两国都是学术界的热点问题。一般非言，强调政治属性的社会构成多用"阶级"概念，其内在逻辑是社会冲突论理论，其代表者为马克思，另一种为强调社会性的属性概念，多强调社会功能论，其代表者为马克斯韦伯。本文在论述中并未严格区分，但不论"阶级"还是"阶层"概念，都已弱化了政治冲突理论的属性。

② National Survey of Social Stratification and Social Mobility，简称"SSM 调查"。

③代表性人物：东京大学富永健一的《日本的阶层结构》、一桥大学渡边雅男的《现代日本社会结构的阶级分析》等著对战后日本社会进行了细致的研究；早稻田大学桥本健二的《阶级社会》《现代日本社会的阶级构造与阶级流动》《阶级社会：现代日本格差之问》等均有较详实研究，为该领域的代表性人物；橘木俊诏的《日本的贫富差距——从收入与资产进行分析》，特别是其关于经济、阶层、学历为主题的系列著作，为研究日本社会，特别是新世纪以来日本社会阶层的重要成果。另外，三浦展的《下流社会：新阶层集团的出现》，社会活动家大前研一对以阶层为表述的包括日本社会经济、社会形态的考察也有系列的论述。

④李国庆的《国民皆中流：历史背后的日本社会阶层流动》从日本高度均等化的社会流动机制以及促进日本社会均等化的主要机制对日本的中流社会进行了细致研究；王伟的《平成时期日本的社会变迁——从瓦解走向重构》从日本战后社会结构形成到平成时代有了较大的变迁，包括以老龄少子化的结构失衡到泡沫经济崩溃后出现的收入差距问题而导致差距扩大、贫富分化，中流社会演变为"格差社会"的研究；崔健的《论现代日本的阶级（阶层）与经济差距的关系》从经济收入差距的表现到日本阶层固化的分析；总的来说，对日本社会结构，特别是阶层结构的研究，取得了相当的成果。

平成日本的社会遗产：阶层与流动

法，日本目前社会分为：资本家阶层、新中间阶层、旧中间阶层与劳动者阶层四种，应该说桥本健二的分析框架与理论大体沿袭了马克思主义与新马克思主义的理论，尤其是新马克思主义者赖特的阶级理论。除了传统的有产者与无产者外，还有介于两者中间的群体，按马克思的定义，即为小资产阶级，或社会学通常所指的中间阶级。马克思对于中间阶级的理论描述前后有所不同。在早期，马克思认为中间阶级一定会趋于消亡，因为两极分化是一个不可逆的过程。后来马克思又对其自身理论有所调整，对中间阶级保持了一定程度的乐观。新马克思主义者如赖特、伯恩斯坦的中间阶级理论更符合 20 世纪整个资本主义国家的发展过程，甚至对于中间阶级的构建成为拯救资本主义世界的重要突破。

当今日本的阶层构造，按从事工作的资本性质分为资本主义模式生产与所谓的"单纯商品生产"，资本主义模式生产就是传统的资方、中间者与劳动者三个阶层。资本家阶层就是企业经营者、所有者（完全或不完全）。新中间阶层则为被雇佣者，多为专业技术岗位及管理岗位，甚至包括一部分上层管理岗位。其他的被雇佣者则为劳动者阶层。而"单纯商品生产"则为含家庭经营在内的自营业者（多为 5 人以下）。资方直接或间接与新中间阶层及劳动者阶层发生雇佣关系，而农工商家等自营业者则独立于雇佣体系之外，不直接产生雇佣关系，因此有别于前者。值得注意的是，桥本的理论将女性单独作为一个视角，他提出作为劳动者阶层的女性，其从事的工作大多是单纯事务性工作，而伴随着日本经济下滑，女性就业率呈上升趋势，因此作为新中间阶层的性质更为明显。从表 1 可以看出，资本家阶层约占总就业人口的 4%，属于社会上游食利阶层。而作为传统的中间力量的中产阶层，大约能占33%，这个比例有明显的萎缩迹象，劳动者阶层则超过六成，为就业人口的大多数。在劳动者阶层里，又有正式雇佣与非正式雇佣之分，非正式雇佣包括非常勤职、小时工及其他兼职工作。①

①在日本兼职有パート与アルバイト两种说法，是与正式雇佣相对应（含合同制、劳动派遣）的工作方式。一般情况下，这两种工作时间比正式雇佣少，也称短时间工作者，但现实中也有并不低于正式雇佣时间的工作。アルバイト源于德语 Arbeit，本意"勤劳"，但并非仅指短时间、短期限的工作，而是多指学生在业余时间为赚取生活费之常见语。后来"勤劳"之意变淡，更多指与主业对应的工作，以学生和自由职业者为对象，在周末或自选工作时间工作用语。パート一词源于英语 part time job，指区别于 full time job 之意，多用于全职家庭主妇在家庭之外的工作。比正式雇佣工作时间短。两者在法律上无区别，与正式雇佣、契约社员等雇佣形态一样，称为"劳动者"。但日本《劳动法》规定凡每周所定工作时间相比较少的为パートタイム劳働者（短时间工作者），无アルバイト说法。

表 1 日本阶层分类与特征

	资本家阶层	新中间阶层	正式雇佣劳动者阶层	非正式雇佣劳动者阶层	旧中间阶层
人数（万人）	254	1285	2192	929	806
占就业者的百分比	4.1	20.6	35.1	14.9	12.9
女性比例	23.6	32.6	33.7	55.1	33.8
企业规模 30人以下	73.8	16.1	28.9	33.2	100.0
30–300人	21.6	30.2	30.1	26.8	—
300人以上	4.0	33.2	35.0	37.2	—
公职人员	0.6	20.6	6.0	2.7	—
平均年收入（万日元）	604	499	370	186	303
家庭年收入（万日元）	1060	798	630	343	587
贫困率	4.2	2.6	7.0	38.7	17.2
"零资产"家庭比	3.5	5.9	14.5	31.5	11.1
受过高等教育人口比	42.3	61.4	30.5	27.7	27.2
工作内容满意比	47.7	37.8	32.3	26.3	41.4
生活满意比	45.1	36.3	35.6	18.6	32.5
自认为生活水准高占比	56.2	42.8	26.5	11.9	31.0
认为生活幸福的人口比	67.9	64.1	52.6	38.4	53.4
工会加入率	—	28.9	38.9	13.8	—
自民党支持率	47.4	27.5	24.1	15.3	35.5
无党派支持率	35.1	56.6	61.3	67.9	46.0

资料来源：橋本健二『現代日本の階級構造と階級間移動』、133 頁。2015 年 SSM 調査研究会、http://www.l.u-tokyo.ac.jp/2015SSM-PJ/03_05.pdf[2020-12-05]。

（一）地位稳固的资本家阶层

资本家阶层在日本约有 254 万人，占总就业人口的 4.1%，其中大部分都是中小企业的经营者，从业人数不足 10 人的占比 42%、10~30 占比 32%。平均个人年收入 604 万日元。从一般人对资本家的理解，这个收入并不高，甚至偏低。理由

平成日本的社会遗产：阶层与流动

主要在于：第一、大部分企业为中小以及小微企业，上表是经营规模 30 人为限的，若以 30 人以上为统计口径，收入则为 861 万日元。这也是日式经营的特点，即不盲目追求规模大而专注于企业生产的专业性与独特性，这是我国所推崇的工匠精神的体现。另外一个理由在于其统计数据包含了女性在内。即在同样的小微企业中，丈夫作为经营者，妻子作为参与者的形式体现了日式经营中女性对家庭的支持与付出。资本家阶层家庭平均总资产为 4863 万日元，约合 240 万人民币，低于中国城镇平均家庭资产。①日本资本家阶层总资产中金融资产为 2312 万日元，相比其他阶层具有压倒性优势。总资产在 1 亿日元以上的占比 16.4%。拥有股票、债券的比例为 41%，比其他阶层平均的 16% 有十分明显的区别。其中家庭奢侈品、高档乐器、家电、休闲运动会员、古董艺术品等持有率也较高。该阶层对工作内容满意度为 47.7%。在政治倾向中，该阶层自民党支持率为 47.4%，接近半数。因此该阶层为日本社会最顶层。虽然阶层内部存在差异，特别是净高值资产阶层与普通的雇佣资方处于不平衡状态，但总体上，该阶层属于经济富裕、生活满足、政治保守的阶层。

（二）界限明显的两个中间阶层

按照雇佣劳动的形态，日本的中间阶层被分为新中间阶层与旧中间阶层。新中间阶层人数为 1285 万人，占就业人口的 20.6%，同样是被雇佣阶层，在大型企业工作的人数比低收入阶层多，其中在 30 人以下小企业工作的人数仅占 16.1%，个人年收入为 499 万日元，其中正式雇员比非正式雇员高 129 万日元，平均家庭年收入为 798 万日元。平均家庭资产为 2353 万日元（约六成有不动产），家庭中高档乐器、电器、奢侈品等距前者略低。类似于现代"轻奢"型家庭。较独特的是，该阶层笔记本电脑、移动电子设备等 3C 产品及网络连接率比资本家阶层要高。该阶层学历最高，受过高等教育的人占比 61.4%。在其阶层意识中持"比起其他人更好"观点的人占 42.8%，在回答"是否幸福"的问题中回答"是"的占 64.1%，为前一阶层所不及，更与其他阶层有很大区别。拥有较富裕生活的新中产阶层政治上并不

① 据中国人民银行调查统计司城镇居民家庭资产负债调查，2019 年中国城镇居民家庭户均总资产为 317.9 万元（其中七成为不动产）。

保守，自民党支持率为 27.5%，民主党及共产党支持率也比其他阶层高。该阶层成员中近三成加入了工会组织。这一阶层学历高、知识储备紧跟时代，享受时尚及最新移动互联成果较高。

旧中间阶层多为自营业者，类似于我国的个体或稍有规模的个体工商业者，总人数为 806 万，占就业人口的 12.9%。个人年收入为 303 万日元。旧中间阶层实际同资本家阶层有相似的家庭结构，区别在于女性在旧中间阶层中居完全的弱势地位。按其劳动所得，收入不到 100 万日元的占 34.7%，当然在统计中有一部分群体未明确回答。尽管一起操持家业，但因为本身家庭经营的规模就很小，很难再区分出女性劳动的市场回报与收入。该阶层的家庭年收入为 587 万日元，接近正式雇佣劳动者收入水平，但其内部的差异较大。该阶层家庭总资产为 2917 万日元，紧随资本家阶层之后。该阶层高档家电等用品持有率较低，而运动休闲、文玩古董等持有率较高，体现出特殊的审美与品味，可以视为资本家阶层的延续。因为是自营经济体，具有较高的经营自主性，又被称为所谓"一国一城之主"。该阶层工作满意度为 41.1%，也是紧随资本家阶层之后。但是生活满意程度却不尽然，这体现了其阶层较为特殊的心理。旧中间阶层在近 20 年间，其收入一直呈下滑状态，在正式雇佣劳动者阶层之后，其整体社会地位也体现了下层特征。该阶层自民党支持率占 35.5%，政治上倾向保守，与资本家阶层共同成为自民党的政治基础。比起 20 世纪日本经济腾飞时代曾占六成的支持率，很明显有下滑的现实。从这点可以看出与资本家阶层的差异性。旧中间阶层作为传统的中产阶层的主力军逐渐呈现规模缩小、影响力减弱的倾向，不论在其收入方面还是其阶层心理，都体现了独特性的特点与变化。[①]

（三）日益分化的劳动者阶层

劳动者阶层可以分为正式雇佣劳动者阶层与非正式雇佣劳动者阶层，或称为劳动者上层与劳动者下层。

日本正式雇佣劳动者数量为 2192 万人，占就业人口的 35.1%，为最大就业群

---

① 橋本健二『現代日本の階級構造と階級間移動』、137-138 頁。2015 年 SSM 調査研究会、http://www.l.u-tokyo.ac.jp/2015SSM-PJ/03_05.pdf[2020-12-05]。

平成日本的社会遗产：阶层与流动

体。该阶层就业企业从小微企业到大企业兼有，个人年收入为 370 万日元（男性 421 万日元，女性 293 万日元）。家庭收入中，男性正式雇佣劳动者家庭收入为 596 万日元，女性正式雇佣劳动者家庭收入为 687 万日元。这种家庭收入非常显著地区别于其他阶层，不仅是因为夫妻双方都工作，更因为女性为正式雇佣的家庭其配偶也多为正式雇佣。该阶层的家庭总资产为 1428 万日元，相比资本家阶层略少，其原因在于住房拥有率低。另外高档乐器、奢侈品等拥有率与新中间阶层及旧中间阶层也有较大差别。尽管如此，该阶层工作生活的满意度也很高，与新中间阶层差别不大。觉得"比其他人过得好"的占 26.5%，认为"自己幸福"的占 52.6%。而在政治倾向上，该阶层自民党支持率与在野党支持率均较低，而不支持任何政党的占比高。参加工会的比例为 38.9%。该阶层在现有的资本主义体制下，虽然幸福感并不突出，但因能确保收入与较好的生活水准，属于大体满足的阶层。

非正式雇佣的劳动者阶层有时也称劳动者下层，人数为 929 万，占总就业人口的 14.9%。值得注意的是，近 20 年来该阶层是唯一正增长阶层。这也说明中下层的比例有明显扩大趋势。该阶层的另一特点是女性的比例高于男性，为 55.1%，为唯一一个女性多于男性的阶层。在所从事企业规模上，与正式雇佣者幅度相当。在职业种类中，从事制造业的男性占 57.9%，其余多为服务及零售等职业。该阶层女性多从事事务性、服务行业等种类，如商品仓储、零售、餐饮服务、营运贩卖、驾驶、理货、介护、收银、保洁等。

在收入方面，非正式雇佣劳动者的个人平均年收入为 186 万日元，家庭年收入为 343 万日元。其中 63.8% 不到 350 万日元，24.1% 不到 200 万日元。非正式雇佣劳动者阶层贫困率为 38.7%，在所有阶层中排名第一且为排名第二的旧中间阶层的两倍以上。其中女性高达 48.5%，而在女性中丧偶女性又高达 63.2%。该阶层家庭总资产为 1119 万日元，其中大多数为拥有住房者，无房者为 315 万日元。该阶层高档用品、奢侈品拥有率十分低。

另外，该阶层的另一特征为独身男性与丧偶女性较多。有配偶的男性仅占 25.7%，未婚者占 66.4%。非正式雇佣劳动者，尤其是男性，结婚困难程度大。该阶层女性中，从事小时工的女性、家庭主妇及丧偶女性在年龄序列上呈正向上升趋势，未婚女性的比例非常低，而已婚女性如果丧偶则进入该阶层的概率陡升。该阶层工作满意度为 26.3%，生活满意度仅有 18.6%，在所有阶层中垫底。可见不论工作内容还是生活水平，该阶层均体现出暗淡的色彩。在被问及"是否幸福"时，其肯定回答仅占 38.4%。该阶层有较强的不满情绪，对生活境遇感到不满与遗憾。

因此，劳动者下层在政治上体现出一定程度的激进倾向，也是各个阶层中唯一一个对自民党有强烈反感的阶层。自民党及其他政党的支持率均垫底，而支持无政党的占比 67.9%。该阶层加入工会的比例仅为 13.8%，也为最低值。该比例比前 10 年已有所上升，2005 年劳动者下层工会参加率仅为 3.7%。[①]按一般道理，工会组织正是该阶层最值得信任的组织，但却出现了相反的结果。由此可以看出，工会组织"变质化"，社会信任度降低，工会组织开始脱离最为基础的劳动者群体。非正式雇佣劳动者阶层不论收入还是生活水平都为各阶层之底，甚至游离在传统意义上的家庭组织之外，多数成员对社会抱有较强的不满，为其阶层特点。

二、平成 30 年阶层间的流动

从雇佣关系看，日本社会整体上资方优势明显且较为稳定，而社会的中坚力量中层有分化的倾向，其中，中间阶层的上游部分依然保持了阶层优势地位，而中下层则呈现下移的倾向，日本的贫困人群数量有所增加。

金融资产是家庭重要的资产形态，并且是高级资产形态。对于家庭而言，相对于金融资产，人们更乐于积累不动产，因此，资产形态也能非常清晰地展现出社会各阶层的分布及变化。日本平成末期，以金融资产衡量阶层呈现如下特征。根据野村综合研究所的研究报告，在 2015 年，以纯金融资产量看，日本的富裕阶层中（主要是资本家阶层），超富裕阶层的家庭共有 7.3 万户，资产总量为 75 万亿日元；富裕阶层为 114 万户，资产总量为 197 万亿日元；准富裕阶层为 315 万户，资产总量为 245 万亿日元；大众上层为 360 万户，资产总量为 282 万亿日元；大众层[②]为 4173 万户，总资产为 603 万亿日元。[③]相比 2013 年，富裕阶层增长了 20.0%，超富裕阶层增长了 35.2%，两者合并增长了 20.9%。自 2000 年以来，2013 年为峰值，合计

---

①橋本健二『現代日本の階級構造と階級間移動』、135-137 頁。2015 年 SSM 調査研究会、http://www.l.u-tokyo.ac.jp/2015SSM-PJ/03_05.pdf[2020-12-05]。

②日语表示为マス層，是根据英语 mass 一词而来，指金融资产不到 3000 万日元的家庭。日本人中有近 8 成属于该阶层，但是在该群体中，1600~3000 万日元之间占多数。

③野村総合研究所レポート『日本の富裕層は 122 万世帯、純金融資産は 272 兆円』、1 頁。https://www.nri.com/-/media/Corporate/jp/Files/PDF/news/newsrelease/cc/2016/161128_1.pdf?la=ja-JP&hash=B499D3C35D67A64F1857F241DD23FE76096A1BF[2020-12-20]。

户数共为 100.7 万户，增长了 21 万户。超富裕层与富裕阶层数量增加。2013 年，纯金融资产在 5000 万到 1 亿的准富裕层与不到 5 亿的富裕层资产快速增加，许多富裕层因此晋升至超富裕层。而仅仅两年之后，数据又有了新的变化。富裕层与超富裕层合计数量都有所增加，到 2017 年达到 127 万户，比 2015 年增加了 0.1 万户。超富裕户数由 7.3 增长到 8.4 万户，增长了 15.1%，而资产量增长了 12%。富裕层户数增长了 3.5%，总资产增长了 9.1%，不如前者明显。准富裕层最为稳定，不论户数还是资产总量，都无明显变化。与之对应的是，大众上层数量从 680 万户增加到 720 万户，增长了 5.9%，资产总量增长 13.5%。大众层户数增长了 11.6%，资产总量增长了 7.2%，户数增长幅度高于财富增长幅度。因此可以反应出如下阶层变化。

（一）富者恒富，上游稳定

以平成 30 年为例，从资本家阶层 6%～8%的占比（30 年平均）可以看出，资本家阶层大体体现了阶层数量的稳定，即占少数优势资产人的数量稳定。但是从该阶层所拥有的资产比例可知，日本的富人群体资本量的增长倾向十分明显。如果排除雇佣形态，单纯从存量财富持有的角度分析，可以看出，按照存量财富的人口比例，富人的财富有上升趋势。在增长量上，超富裕层不论数量还是资产量，都最为明显。尤其是富裕层中，以 3.5%的户数增长占有了 9.1%的资产增长，财富的集聚趋势明显。

从 2013 年起，日本实施遗产继承税改革，富裕层与超富裕层保有资产的增加与生前赠与有直接关系。根据调查问卷，企业所有者的高净值资产阶层在规避遗产税上进行生前赠予，不论是"偶尔赠与"，还是"曾赠与过"，合计比例高达 43%，而"正在考虑赠与"的与"有些关心赠与事宜"的占 33%，总计 76%。[1]即富裕阶层因生前赠与的法律有效地保存了财富，使得资产在代际传递中保持了较大的完整

---

[1]野村総合研究所レポート『日本の富裕層は 122 万世帯、純金融資産は 272 兆円』、3 頁。https://www.nri.com/~/media/Corporate/jp/Files/PDF/news/newsrelease/cc/2016/161128_1.pdf?la=ja-JP&hash=B499D3C35D67A64F1857F241DD23FE76096A1BF[2020-12-20]。

性。富裕层与超富裕层持有的纯金融资产的增加，与经济形势看好以及股市活跃有关。并且金融市场呈现繁荣的景象，与富裕阶层用于投资的收益有所增加以及前述的富裕家庭传递财富中规避不利法律规则有直接关系。皮凯蒂在《21 世纪资本论》中提到，自 20 世纪 80 年代开始，资本主义国家的不平等再次加剧，其根本原因在于资本的收益率超过生产的收益率，即所谓的"不平等的结构问题"。换言之，马太效应导致的结果显著。

而新中间阶层在 30 年甚至更长的时段内一直保持了稳定的状态，不论是从雇佣形态看，还是从金融资产量看，阶层数量与财富拥有量都处于较为优势的地位。而且新中间阶层的阶层再生产也是处于最优位的，与之对应的是劳动者阶层的稳定性。劳动者阶层的稳定性在于本身就处于社会中最不利地位，受自身能力与客观环境制度的双重制约，通常难以改变。但新中间阶层在对子女教育的代际跨越与阶层传递方面做了最明显的努力。这也是以日本为代表的整个东亚模式的体现，即"不能输在起跑线"的中产阶层教育恐慌。因此这群人有着较体面的工作与相对丰厚的收入，既注重子女教育，又有较好的社会发展前瞻性，能与时代接轨，成为传统意义中最为典型的中产阶层群体。

（二）劳动者阶层分化

日本原有的劳动者阶层或社会下层有壮大倾向。"アンダークラス"一词开始流行。[①]该词本为英语 underclass 一词音译，富于创造力的日本民族依然未能找出一个更好的译法。在日本非学术用语中也使用"下流社会"一词，未能避免社会学类属表述与歧视用语的双重矛盾。2005 年三浦展新书《下流社会》销量 80 万册，成为当年畅销书。以前人们熟知的"中流社会"解体，"格差社会"开始广泛被人们

---

①该词为 Myrdal（1962）使用，指永远的失业者、不可能就职者及不完全雇佣者，与国民全体中间脱离者，之后成为城中村、即与高档社区对应的平民社区或庶民区的居住者，也指少数贫困层。当指少数贫困者时，通常指贫困阶层使用，多指失业者及不安定雇佣者。Crompton（1993）提出，因各种理由在生产、分配、交换为主的过程中无法支撑正常生计的持续贫困状态，也是充满竞争的资本主义社会的最一般且必然的存在。

平成日本的社会遗产：阶层与流动

接受，该词被评为 2006 年年度流行语大奖的获奖词。①从社会阶层来看，非正式雇佣与正式雇佣并无本质差别，只是日本受限于此前的终身雇佣体制而产生的副产品，即劳动派遣是在原有的制度框架下不能解决劳动力缺乏与用工成本高昂的矛盾而采取的"非体制"做法，但因为市场需求巨大，一个临时政策因此变为一个普遍现象大量存在于日本就业市场中。

这一制度产物的直接后果就是该阶层的分化且下移。社会阶层整体下移是日本社会结构中的重要趋势，这种趋势在平成初期就已显露，并且在可预见未来内难以改观。其最直接表现就是中间阶层萎缩，贫困阶层开始壮大。日本在 20 世纪六七十年代创造的所谓"中间肥大型"的一亿中产一去不复返了。安倍晋三在《迈向美丽之国》一书中提到，与过去"一亿总中流"的日本相比，"格差社会"已经是不可否认的事实。在理论上，正式雇佣与非正式雇佣劳动者阶层同属劳动者阶层，都是被雇佣阶层，但却被区别开来，实则是在制度框架下的阶层分化。这既是以收入为类别的分化，又是日本独特的雇佣制度的分化，因为雇佣制度人为地将被雇佣者区别开，使得阶层流动与阶层跨越变得更为困难，同时"劳动者阶层"成为贫困群体的主力人群并由此产生一系列的社会问题。值得一提的是，上述的各阶层都有贫困群体，资本家阶层 4.2%，新中间阶层 2.6%，正式雇佣者 7.0%，旧中间阶层 17.2%，而非正式雇佣劳动者阶层占比 38.7%，占将近四成，加上有萎缩趋势的旧中间阶层，两者总和占半数以上。

劳动者阶层的下层属性十分明显，从学历看，劳动者阶层中退学者占比 12.0%，是其他阶层平均值的 2.5 倍，是资本家阶层的三倍，新中间阶层的四倍。在当前日本社会，不能说退学者就难以出人投地，但从概率来看，完成完整的学校教育后实现社会晋升的概率要大得多。因此，总体而论，近 10 年乃至更长一段时期，日本

---

①其所对应的词为"一亿总中流"，在收入层面，从 20 世纪 90 年代起，尤其是后半段起，各式各样的因职业种类形成的、以收入为主要特征的"格差"开始趋向于两极分化，大量普通雇员开始为非正式员工，即"劳动派遣"员工所代替，同时伴随着并不想成为正式员工的自由职业者（包括部分工作时间、工作场所自由或相对自由）的增加，也包括虽然是公司正式雇员但却因为收入低而被称为"穷忙族"群体开始受到社会的关注，"格差社会"一词高频出现于日本社会，而该词的提出者为东京学艺大学的山田昌弘教授。除"格差"一词之外，通常也用 A 组与 B 组之称，在日本就变成了"胜利组""失败组"及日本自己创造的"等待组"（日语为フリーターやニートのこと），分别指所谓成功人生、失败人生与"佛系人生"。德国学者将其称为"三分之一社会"与"三分之二社会"，包括我国台湾地区的个别学者也有使用。但是较通用的还是英国学者使用的 underclass 一词。

社会的显著特征是一直且持续的劳动者阶层分化。劳动者阶层本就是金字塔最下层，它的分化直接会影响社会的稳定与传统框架的结构性秩序。

三、阶层变动趋势：贫困群体增加

作为发达国家的日本依旧为贫困问题所困扰。诚然，日本的贫困通常指相对贫困。世界各国在计算贫困率与贫困人口时一般有不同的参照标准。日本划定贫困线通常按照收入线的比例制定，贫困线标准为国民可支配收入平均值的一半，即以家庭为单位的收入低于社会平均家庭收入的一半就是贫困。

表 2　平成时期日本整体贫困率

	1991	1994	1997	2000	2003	2006	2009	2012	2015
相对贫困率%	13.5	13.8	14.6	15.3	14.9	15.7	16.0	16.1	15.6
未成年贫困率%	12.8	12.2	13.4	14.4	13.7	14.2	15.7	16.3	13.9
平均比例	11.6	11.3	12.2	13.0	12.5	12.2	14.6	15.1	12.9
单亲家庭率	50.1	53.5	63.1	58.2	58.7	54.3	50.8	54.6	50.8
完整家庭率	10.7	10.2	10.8	11.5	10.5	10.2	12.7	12.4	10.7
中间值（万日元）	270	289	297	274	260	254	250	244	245
贫困线（万日元）	135	144	149	137	130	127	125	122	122

资料来源：笔者根据厚生劳动省官网资料制成，https://www.mhlw.go.jp/toukei/list/dl/seigo_g_171005.pdf。

日本贫困率的状况，如表 2 所示：以 2015 年为例，贫困线（可支配收入的中间值的一半）为 122 万日元，总体占人口比为 15.6%。针对不同家庭成员构成又可以细分：有未成年子女的家庭贫困率为 12.9%。其中家庭中有父母和其他长辈健在的为 10.7%。最为严重的是单亲家庭，竟然达到 50.8% 的程度，即每两户就有一个贫困家庭，问题较为严重。

全员家庭、工作家庭及子女的相对贫困率有上升倾向，高龄家庭相对贫困率长期处于高位。根据"国民生活基础调查"，全员家庭的相对贫困率大体维持在 15%。

从不同年龄段看，17 岁以下的未成年人贫困率及 18～64 岁的成年相对贫困率自 1985 年以来呈上升趋势。未成年人贫困率在 2015 年达到 13.9%，成年人贫困率为 13.6%。

（一）女性贫困

一般来讲，女性贫困多指单身女性贫困，或带有未成年子女的单亲女性家庭贫困。女性贫困问题甚至高于单独作为性别区分的男性贫困。因为女性承担家庭的色彩更重，在日本更是如此。女性贫困不仅会影响女性本身社会地位及生活质量，同时还会影响整个家庭，特别是未成年子女。陷于贫困中的女性往往无力顾及子女教育乃至生活起居，使得贫困产生了代际传递，影响深远。

在就业方面，女性贫困多源于非正式雇佣。在非正式雇佣劳动者中，男性非正式雇佣贫困率为 33.3%，即每三个人中有一人贫困。而女性非正式雇佣贫困率则更高，到 2015 年达到 48.5%。2014 年日本 NHK 播出了介绍女性贫困的纪录片，名为《看不见未来的深刻年轻女性的贫困：新的连锁冲击》，介绍了当今日本单身女性中有三分之一的人年收低于 114 万日元，仅能勉强度日。其中 15～34 岁为贫困高发年龄段。此外，饭岛裕子在 2016 年发行的新著《日本：贫困女性》阐述 "性别格差" 这一问题，从另一个角度揭示出日本男女地位差的真实表现。而上述贫困问题仅限于对劳动者的调查。此外，日本 65 岁以上的单身女性相对贫困率高达 46.6%（2012），且占总人口比例不断上升。女性的贫困问题主要体现在性别所造成的收入差。从 20 岁到 70 岁六组年龄段，男女平均薪值差分别为 75 万、204 万、320 万、371 万、190 万、145 万日元，平均薪值差为 245 万日元。[①]

从上面数据可以看出，在 30 岁年龄段，"性别格差" 开始显著体现，40～60 岁之间的女性收入几乎是男性的一半。就业女性之所以收入相对于男性少，一般认为有下述两点原因：第一，在非正式雇佣方面，女性比男性多，女性在就业形式中就处于弱势地位；第二，有高薪管理岗位的职位女性从业少，职业上升空间逼仄。换言之，在高薪技术岗、管理岗位中，女性受着一定程度的压迫与歧视。这与日本

---

① 国税厅等「平成 29 年分民間給与実態統計調査」、8 頁。
https://www.nta.go.jp/publication/statistics/kokuzeicho/minkan2017/pdf/001.pdf[2020–12–15]。

女性社会地位有直接的关系，因为结婚、生育等原因，女性主内的社会氛围使其在职场中难以发挥与男性同等的优势。在当前日本社会文化环境中，这种现象短期难以改观。

　　另外，贫困女性在不同年龄段呈现的特点及产生原因也不尽相同。20 岁年龄段女性贫困的主要原因是非正式雇佣多，在专门学校、短大及大学毕业后难以从事正式雇佣的工作，即便能从事正式雇佣工作，因为结婚、生育等原因也通常会退居非正式雇佣的队伍。另一个重要的特点即 20 岁是贫困的分水岭，20 岁因收入低陷入贫困的女性，其余生能够改变的机率会小很多，大概率其贫困会持续至整个后半生。30 岁年龄段女性贫困原因主要有下述三点：第一，离婚，特别是成为单亲母亲；第二，配偶因伤病原因无法工作，即女性作为家庭经济的承担方导致贫困；第三，丧偶，失去家庭重要劳动力。根据 2016 年日本全国家庭调查，离婚并成为单亲母亲而陷入贫困的概率超八成。成为单亲母亲的女性平均年龄为 33.8 岁，其子女平均年龄为 4.47 岁。陷于养育未成年子女的困境，女性经济生活十分艰难。而在 40 岁年龄段的贫困女性中有相当一部分继承了前述原因。除上述原因外，该年龄段女性还多出子女教育花费，此外还有部分人因自身健康问题导致医疗费用增加。另外，在就业方面，因失去年龄优势 40 岁女性多从事非正式雇佣，生活难有起色。在 50 岁年龄段贫困女性中，多是由离婚及自身健康原因所致。①

　　日本企业文化一直倾向于把女性划为"二流劳动力"，尤其是中老年女性，名义上是兼职，却要忍受着工作时间长、工资低、非正式雇佣、福利低的待遇，简直可以称为"全职的兼职"。与欧美国家相比，日本的男女工资差距也比较大，虽然第一份工作的收入差距在不断减小，正式雇佣女性的收入只有男性的 60%，如果算上兼职，则约为男性的 50%（30 人以上的公司），有些行业甚至只有 40%。

　　女性贫困除了经济问题外，还连锁产生了一系列的社会问题。数据表明，轻度抑郁患者数量每年都在增加，尤其是在 1986 年《男女雇佣机会均等法》实施之后，增长更为显著，女性患者数量超过了男性。"少子化社会到来的影响及应对措施"研究发现，与国外相比日本更具结婚生育的社会压力。比如，"即便结了婚也不一定非得要孩子"这个问题，赞成的比例分别为：美国 85.9%，法国 77.5%，德国 70.8%，

---

①gooddo 株式会社「独身女性の貧困が深刻化し非正規雇用の生活で老後への不安も拡大。対策や支援団体はあるのか？」https://gooddo.jp/magazine/poverty/woman/[2020−12−05]。

而日本只有 22.2%，差距悬殊。在日本社会，大家普遍认为婚后生孩子"理所当然"。在是否认可未婚妈妈的态度上也有类似倾向，持认可态度的，法国有 60.8%，美国有 31.1%，而日本仅有 10.9%。这种想法造成的影响也会呈现在其他数据上，比如非婚生子女在新生儿中的比例，法国有 28.2%，美国有 25.7%，瑞典甚至达到了 51.8%，而日本仅仅只有 1%。[1]

（二）老年贫困

日本的老龄化问题既是日本的严重社会问题，也是发达国家的普遍问题，而在发达国家行列，日本的老龄化人口比例走在各国的前列，据最新数据显示，日本 65 岁以上老年人占总人口的 29.1%，可谓"一骑绝尘"。由老龄化引起的一系列社会问题正在加速反映于日本的方方面面。老龄化与贫困问题并非一个问题，但现实情况是老龄人口与贫困有着十分明显的正相关性。在各年龄段的人口比例中，老年贫困率最高。

表 3　日本老年人的月收入统计

	人数	男性（%）	女性（%）
不到 5 万	99	27.3	72.7
5～0 万	300	25.7	74.3
10～20 万	650	42.5	57.5
20～30 万	521	55.5	44.5
30～40 万	183	55.7	44.3
40～60 万	98	66.3	33.7
60 万以上	71	66.2	33.8
总计	1922		

资料来源：内閣府ホーム「平成 28 年　高齢者の経済・生活環境に関する調査結果」、https://www8.cao.go.jp/kourei/ishiki/h28/sougou/zentai/index.html[2020-11-20]。

从表 3 可见，调查者总计 1922 人，月收入不到 10 万日元的占 20.8%，超过 1/5，

---

① 斎藤茂男：《妻子们的思秋期》，浙江人民出版社，2020 年，第 216 页。

10 万~20 万日元的为多数，占比 33.8%，而 20 万~30 万日元的占 27.1%，30 万~
40 万日元的占比 9.5%，40 万日元以上的占比 8.8%。即全日本一半的老年人口收入
低于 20 万日元，年收入低于 240 万日元——日本平均家庭收入的中间值。而且这
一群体中女性比例突出的高。在月收入不到 10 万日元的群体里女性超过 7 成。该
收入也仅能满足最基本的日常生活。战后日本厚生省曾发布过一个生活标准，规定：
"维持国家所规定的国民健康和最低限度的文化生活所必要的费用和生活水准"。[①]
而在相对较高收入的老年群体里，女性占比也较低。所以可以得出结论：高收入的
老年人口女性占较少比例，中等收入老年人口男女基本持平，而在低收入老年人口
中，女性占大多数。

除了收入，有无"足够的储蓄"也是至关重要的问题。日本老年人口家庭中，
有储蓄的占 77.9%，无储蓄的占 16.8%，包括有储蓄在内，储蓄不到 500 万日元（平
均两年的平均家庭年收入）的占 39.5%，不到 200 万（不足一年平均家庭年收入）
的家庭占 30.3%，不足 100 万日元的家庭占 24%。100 万日元对于有较高生活成本
的日本社会而言实在微不足道，只要碰上一笔大开支就难以为继。

2014 年日本 NHK 纪录片播出题为《老后破产》的系列节目，部分老年人的实
际情况为公众所知，引起很大反响。日本的老龄人口是贫困化最为严重的一个群体。
那些所谓的中产阶层即便年收 400 万日元，依然有可能沦为贫困老人，即所谓"下
游老人"。根据藤田孝典在《下游老人》中的定义：收入少到"没有"；储蓄几乎没
有；可依靠的人几乎没有。2015 年日本独居老人数量为 600.8 万人，其中男性 188.9
万，女性 411.9 万，女性是男性的两倍多。预计到 2030 年，日本独居老年人口将达
到 729.8 万，其中男性 243.3 万，女性 486.5 万。[②]从日本老年人群的高贫困率看，
贫困线似乎是单独为老年人准备的。因此，藤田提出日本"全民晚年总崩溃"的概
念并非危言耸听。

老年贫困人口的增加有以下几方面原因：第一，患病或遭遇事故而支付高额的
医疗费，即身体原因；第二，子女是所谓"穷忙族"或啃老族。日本平成 30 年因
为经济增长乏力，社会环境相对宽松，年轻一代有相当一部分群体失掉了其父辈的
奋斗精神，有一批足以引起社会学家关注的所谓"平成废宅"的低收入、低就业群

---

① 厚生労働省『平成 29 年版厚生労働白書』、4 頁。https://www.mhlw.go.jp/wp/hakusyo/kousei/17/dl/
all.pdf[2020-12-14]。
② 藤田孝典：《下游老人》，褚以炜译，中信出版集团，2017 年，第 17 页。

平成日本的社会遗产：阶层与流动

体，这些人在一定程度上也将其父辈拉入到贫困之中。另外，老年人口的社会抚养比也在持续严重化，即就业人口/非就业老年人（除去正在就业的老年人）的比例从平成元年的 5.8 降至 2021 年的 1.36，[1]即不足两名就业人口抚养一名老年人。

在此种压力下，日本老年人口就业率全球最高。基于现实生活困难，2013 年日本老年综合就业人口的比例为 20.1%，高于第二名美国的 17.7% 及第三名加拿大的 12.5%。[2]而在就业老年人口中，60～64 岁、65～69 岁、70～74 岁、75 岁以上这几个年龄段的老年就业率分别为 68.8%、46.6%、30.2% 和 9.8%。[3]即有近七成的 60 岁以上老年人在工作，近一成的 75 岁以上的高龄老年人仍然在工作。即便如此，依然难以在群体上改变老年贫困的现实问题。前日本首相麻生太郎在国会发言提到"日本老人早归西，日本经济才有救"这样的惊悚言论可以揭示其内心的真实想法。老年群体的贫困原因为老人人口数量增长，社会抚养比加重。同时受日本经济增长乏力、增量不足的影响，与分配失衡有重要关系，这一趋势在未来一二十年难以改善。

结　语

日本社会在经历平成 30 年的所谓"低增长"后，出现了后发达社会存在的问题。该问题即为经济增长乏力，社会结构开始板结，阶层跃迁困难，隐藏在发达与繁荣背后的问题开始显现化与明朗化。2016 年日本提出"1 亿总活跃计划"，其暗指就是解决"1 亿不活跃"问题，即解决经济增长与分配不均的重要命题。安倍政府特别提出："社会保障的机能之一就是所得再分配机能，换言之，修正由市场分配造成的'格差'，即收入差距在确实存在的前提情况下，世界各国经济发展继续的过程中会产生怎样的变化，并且变化的起因为何，经济成长与所得格差的关系是经济学的主要论题"。库兹涅茨曲线理论（Kuznets curve）认为，经济发展过程中，主要产业由农业向工业迈进，劳动生产率低的行业向劳动生产率高的行业转移过程中不可避免地会有较大的收入差距，但在这之后可享受的经济成果会惠及更多的人

---

① 厚生劳働省『平成 29 年版厚生劳働白書』、21 頁。https://www.mhlw.go.jp/wp/hakusyo/kousei/ 17/dl/all.pdf[2020-12-14]。
② 藤田孝典：《下游老人》，褚以炜译，中信出版集团，2017 年，第 157 页。
③ 胡澎：《日本老年雇佣制度的经验与启示》，《人民论坛》，2020 年第 3 期下，第 129 页。

口，并在民主化与法律制度完善的过程中，收入差距会减小，这一差距由大到小的过程，又被称作"倒 U 曲线"。该理论在许多国家中的确得到了较好的实例验证，即因发展问题产生的副产品——收入差距扩大会因继续良好发展而自然解决。在欧洲、美国等均有体现。当然，其前提条件也是不可或缺的，是否具有广泛的指导价值也有不同意见。但实际上，自 1980 年代以来，世界主要发达国家，特别是经合组织国（OECD 国），收入差距并未如理想中的减少，反而又进一步扩大了。

日本社会的"格差"问题，也并非是日本所独有的问题。自 20 世纪 80 年代以来，主要资本主义国家都有财富集中化的倾向，特别是新技术革命带来的深刻社会变革至今尚未展现全貌。虽然不论是人均预期寿命，还是各项社会发展指标，日本都排在世界前列，但在所谓"高位停滞"的影响下，社会整体的阶层呈下移的趋向。贫困问题，特别是老龄人口的贫困问题，始终是困扰日本社会的现实困难。据共同社报道，日本 2020 年新生儿人数为 84.5 万，低于 2019 年的约 86.5 万，是连续第五年创新低。在介护人口需求大量增加的同时，新生人口不足，导致日本经济增长乏力。同时，在经济发达、社会稳定、相对富裕的成长环境下，青年人的进取心也不断下降。因为制度制约且上升空间逼仄，日本有"昭和养鬼，平成养豚"的说法，就指当今日本青年人的上进心不足、对生活期待值降低，"断舍离""小确幸"思想弥漫于日本青年群体中，社会变成"低欲望社会"，所谓"年青人草食化"。按照大前研一的说法：日本年轻人向内、向下、向后，胸无大志，不想有责任，不想承担责任，不想扩大自己的责任，不想出人头地，视结婚为重荷，将按揭买房视为被套牢，只关心三米以内的事情。这种氛围为社会发展新增了阻力。平成 30 年继承并演化成了当今日本社会的阶层问题是日本政治、经济、外交的基础，短时间内难有大的改观。令和日本已经起航，在平成日本的社会遗产中，阶层的变化与流动值得持续关注。

（作者：李征，辽宁大学日本研究所助理研究员）

历 史 教 育

明治前期日本历史教育的演变*

臧佩红

　　内容摘要　明治初期，日本政府便将"历史教育"作为"忠君爱国""扶翼皇运"的首要途径之一，在先后颁布实施《学制》《教育令》《小学校令》的过程中，不断加强了学校的历史教育。明治前期的历史教育已经具备了"皇国""军国"的基本要素与根本目的，成为日后"皇国主义""军国主义"历史教育的前奏及准备。明治前期的历史教育有利于培养出甘心服从"皇国"对内统治、能够参与"军国"对外侵略的国民，但却与近代以来"民主""和平"的世界大势背道而驰，其最终的结局必定是失败。

　　关键词　明治前期　历史教育　皇国主义　教育敕语

---

　　*本文系国家社科基金一般项目"第一次世界大战后日本的'教育备战'体制研究"（22BSS021）的阶段性成果。

The Evolution of Japanese History Education in the Early Meiji Period

Zang Peihong

Abstract: In the early Meiji period, the Japanese government regarded "historical education" as one of the primary means of "loyalty to the Tenno and nation" and "supporting the empire". In the process of successively promulgating and implementing the *School System*, *Education Decree* and *Primary School Decree*, school's history education had been continuously strengthened. The history education in the early Meiji period already possessed the basic elements and fundamental purposes of the "Nation of Empire" and "Naiton of Military", and it became the prelude and preparation for the history education of "Imperialism" and "Militarism" in the future. History education in the early Meiji period was conducive to cultivating citizens who were willing to obey the internal rule of the "Nation of Empire" and participate in the foreign aggression of the "Naiton of Military". However, it runs counter to the general trend of "democracy" and "peace" in the modern world, and its outcome must be failure.

Key words: Early Era of Meiji; History Education; Imperialism; Imperial Rescript on Education

明治初期，日本政府便将"历史教育"作为"忠君爱国""扶翼皇运"的首要途径之一。因此，明治政府在先后颁布实施《学制》（1872 年）、《教育令》（1879 年颁布，1880 年、1885 年修改）、《小学校令》（1886 年颁布，1890 年、1900 年修改）的过程中，均重视并不断加强了针对普通国民的历史教育。[①]

一、《学制》下的历史教育

明治初年，日本政府采取"文明开化"政策，在教育领域也强调个人、实用。1872 年 9 月 4 日（旧历 8 月 2 日），明治政府为颁布实施《学制》而率先公布了第

---

① 由于小学教育关乎全体国民的历史认识问题，因此，本文仅考察日本明治初期小学阶段的历史教育。

明治前期日本历史教育的演变

214 号太政官布告,明确宣布了新政府的教育方针与理念:第一,教育的目的是"为个人",即规定"人人……自立其身、治其产、昌其业而遂其一生,……此为设立学校之缘由","学问应谓立身之财本";第二,教育的内容是实用性的,即规定"日用、常行、言语、算术等,从士、官、农、商、百工技艺到法律、政治、天文、医疗,凡人之经营之事,皆不得不学"。[①]

基于上述教育目的及教育内容,日本政府规定的小学历史教育内容相对比较简略。

1872 年 9 月 4 日(旧历 8 月 2 日)颁布的《学制》中规定:四年制下等小学(6—9 岁)不设历史课,四年制上等小学(10—13 岁)在下等小学课程的基础上增设四门必修课,其中首列"史学大意"、各年级每周 2—6 课时不等。[②]1872 年 10 月 10 日(旧历 9 月 8 日),文部省颁布《小学教则》,其中规定上等小学由低年级到高年级的历史课教学要求为:

第 7 级:"史学轮讲 一周 4 课时[③]使学生独立阅读《王代一览》并轮讲";

第 6 级:"史学轮讲 一周 4 课时 使学生独立阅读《国史略》等,并加以解说";

第 5 级:"史学轮讲 一周 6 课时 同上一级";

第 4 级:"史学轮讲 一周 4 课时 使学生独立阅读《万国史略》等并轮讲、同上一级";

第 3 级:"史学轮讲 一周 2 课时 使学生独立阅读《五洲纪事》等并轮讲、同上一级";

第 2 级:"史学轮讲 一周 2 课时 同上一级";

第 1 级:"史学轮讲 一周 2 课时 同上一级"。[④]

1873 年 5 月 19 日,文部省修改了《小学教则》,将上等小学的"史学轮讲"改为"历史轮讲",而且上等小学第 7 级至第 1 级的"史学轮讲"的周课时量分别减为 2、2、4、2、2、1、1。[⑤]历史课的课时量有所削减,由于每周的上课时间由 6

---

① 教育史编纂会『明治以降教育制度発達史』(第 1 卷)、竜吟社、1938 年、276–277 页。

② 教育史编纂会『明治以降教育制度発達史』(第 1 卷)、竜吟社、1938 年、283–287 页。

③ 该级习字一周 2 课时,算术、理学轮讲、读书作文、地学轮讲均每周 6 课时。教育史编纂会『明治以降教育制度発達史』(第 1 卷)、407 页。

④ 教育史编纂会『明治以降教育制度発達史』(第 1 卷)、竜吟社、1938 年、407–414 页。

⑤ 教育史编纂会『明治以降教育制度発達史』(第 1 卷)、竜吟社、1938 年、440 页。

日减为 4 日，各门课程的授课时数均随之减少，如上等小学、下等小学各级的算术课均由每周 6 课时减为 4 课时。[①]

由上述内容可见，《学制》时期的历史教育具有如下两个特征：

第一，历史教育尚未具备全民普及性。即从普及范围来看，历史课仅作为高等小学（5~8 年级）的必修课，而作为义务教育的下等小学（1~4 年级）并未开设历史课，因此历史教育的普及范围并非是全民性的。

第二，外国历史颇受重视。即从教育内容来看，有关日本历史、外国历史的比例大体相当，甚至是外国历史的内容多于日本历史。

二、《教育令》下的历史教育

1879 年，明治政府反思《学制》时期的教育"专尚智识才艺，驰于文明开化之末……而以仁义忠孝为后"，于是废除了《学制》，并于 1879 年 9 月新颁布了《教育令》。在此之前，日本政府于 1879 年 8 月以天皇名义颁布了《教学圣旨》，其中规定教育的首要目的是"明仁义忠孝"，进而将"历史教育"列为培养"忠孝"的首要途径，规定："故准当前小学设立绘图，揭古今忠臣、义士、孝子、节妇之画像照片。幼年学生入校之始，先向其出示此画像，说谕其行事之概略，首先使其脑髓感觉忠孝之大义，然后使其知诸物之名状，则后来养成忠孝之性，于博物之学中不误本末。"[②]

基于上述"仁义忠孝"的教育目的，《教育令》下的历史教育，开始尤为凸显日本、天皇，旨在"培养学生尊王爱国之志气"。

因此，在 1879 年 9 月颁布的《教育令》中，"历史"被列为小学中等科（4~6 年级）的必修课：

第三条　小学教授儿童普通教育，其课程包括读书、习字、算术、地理、历史、修身等之初步，可根据当地情况加设画画、唱歌、体操等，又加设物理、生理、博物等之大意，特别为女子开设裁缝等课程。[③]

继而，文部省于 1881 年 5 月 4 日公布了小学的教学大纲——《小学教则纲领》，

① 教育史編纂会『明治以降教育制度発達史』（第 1 巻）、竜吟社、1938 年、418、439 頁。
② 宮原誠一ほか『資料　日本現代教育史』（4 戦前）、三省堂、1974 年、26-27 頁。
③ 教育史編纂会『明治以降教育制度発達史』（第 2 巻）、竜吟社、1938 年、162 頁。

明治前期日本历史教育的演变

其中规定小学各年级的课程设置为：

> 小学初等科开设修身、读书、习字、算术之初步，以及唱歌、体操。但唱歌应待教学法完备后方开设。

> 小学中等科继小学初等科之修身、读书、习字、算术之初步以及唱歌、体操之后，增加地理、历史、图画、博物、物理之初步，特别为女子开设裁缝等。

> 小学高等科继小学中等科之修身、读书、习字、算术、地理、图画、博物之初步以及唱歌、体操、裁缝之后，增加化学、生理、几何、经济之初步，特别为女子开设家事经济之大意、以取代经济等。

> ……

小学之学期为：初等科、中等科各三年，高等科二年，共计八年。[①]

即规定小学中等科（4~6 年级）开设"历史"必修课。"日本历史"课从 5 年级下学期开始至 6 年级结束，共教授 3 个学期：

5 年级下学期教授"建国之初至平氏之末的历史"；

6 年级上学期教授"从追捕源赖朝到丰臣秀吉之末的历史"；

6 年级下学期教授"德川家康成为将军至现今的历史"。[②]

而且 1881 年《小学教则纲领》中首次规定了各门课程的具体内容，其中对"历史课"的总要求为：

> 第 15 条　历史　在中等科讲授历史，教授日本历史之重要事实，包括建国体制、神武天皇之即位、仁德天皇之勤俭、延喜天历之政绩、源平盛衰、南北朝两立、德川氏之治绩、王政复古等，以及其他古今人物之贤否、风俗之变更等大要。凡教授历史之时，务须使学生了解历史沿革之原因与结果，尤应培养尊王爱国志气。[③]

上述"历史课"的具体内容，加之其背后的出台过程，反映出《教育令》下的小学历史教育具有如下四个特征：

第一，历史教育受到天皇的格外重视。

上述历史教育大纲的出台，经历了一个较为复杂的过程。按照当时的教育行政惯例，文部省制定出教育改革方案后，首先供天皇内览，在接受天皇的裁定后，方

---

① 教育史编纂会『明治以降教育制度発達史』（第 2 巻）、竜吟社、1938 年、252 頁。
② 教育史编纂会『明治以降教育制度発達史』（第 2 巻）、竜吟社、1938 年、256 頁后附"课程表"。
③ 教育史编纂会『明治以降教育制度発達史』（第 2 巻）、竜吟社、1938 年、254 頁。

予以颁布实施。因此,《小学校则纲领案》也上奏了天皇。天皇对该教则的意见为:

> 大体颇善,但观历史之处,神武天皇东征、南北朝之乱、保元平治之乱、前九年后三年之役、源平之乱、维新之役等,多揭战争、战乱、战役等事项加以教授。勿论,我国之历史多有战争,诚无可奈何。然如斯战争记事不断之教育,岂无使后世子孙思乱之虞? 有无更温和之写法? 在古代之王政时代,似有诸多治绩吧? 上述事宜亦予以综合考虑,如何?①

据日本学者海后宗臣考证:"在明治时代曾多次颁发有关教育基本方针的敕语、敕谕等,但天皇向文部省下达内旨,要求修改具体教材内容的,仅有 1881 年的教则纲领一例。"②

第二,有关"日本历史"的教育内容,突出特点是避免记述战乱、强调天皇治绩。

有关日本历史上之战乱,根据天皇的上述旨意,原方案中的"神武天皇东征"改为"神武天皇即位","源平之乱"改为"源平之盛衰","南北朝之乱"改为"南北朝两立","江户时代"记为"德川氏之治绩","维新之乱"改为"王政复古",原因是"罗列国内的争乱作为历史素材,会在学生中间培养思乱之心,故予以删除"。③

有关天皇的历史,虽然取消了此前按照历代天皇名编纂日本历史的形式,改为纪事本末体的方式,但并非不重视天皇的历史,而是根据天皇的旨意,增加记述了仁德天皇爱民的政治与勤俭、延喜·天历时代的善政与繁荣等内容。④海后宗臣指出:"(《小学教则纲领》)特别规定为了培养尊王爱国之志气而教授历史,是我国历史素材观不得不关注的归宿,成为决定此后历史素材之性质的基本方针。……要求历史从建国体制开始,教授天皇善政之事例;要求教授以天皇为中心的国家发展;要求学生了解历史人物之贤否、理解风俗之演变、知晓沿革之原因与结果、培养尊王爱国之志气……。这些政策显然均是使历史素材有益于国民思想的形成。"⑤

第三,小学历史教育中取消了"外国历史"。

上述《小学校则纲领》中规定小学仅教授日本历史,取消"外国历史"(该原

---

① 教育史編纂会『明治以降教育制度発達史』(第 2 巻)、竜吟社、1938 年、257–258 頁。
② 海後宗臣『歴史教育の歴史』東京大学出版会、1969 年、5 頁。
③ 海後宗臣『歴史教育の歴史』東京大学出版会、1969 年、55–56、58 頁。
④ 海後宗臣『歴史教育の歴史』東京大学出版会、1969 年、55 頁。
⑤ 海後宗臣『歴史教育の歴史』東京大学出版会、1969 年、56、58 頁。

则一致沿用至 1945 年日本战败）。对此，新就任的文部卿福冈孝悌于 1881 年 12 月 17 日对府知事、县令训示教育行政工作时提道：

> 初等小学的学期缩短为三年，应简化必修课，修身课加重，并增加礼仪，省略地理、历史等课程，增加读书、习字、算术等课程；外国历史从小学教则中完全删除，要知晓教授本邦历史之宗旨，培养学生尊王爱国之志气。①

1882 年 2 月，天皇命令其侍讲元田永孚起草了《关于学制规则的敕谕》（共三条），并下发给新继任的文部卿福冈孝弟，其中第三条为："亡虑从来偏于欧美之学风，洗除之，小学历史课中不用我国史以外之汉洋（书籍）尤宜。"②

可见，缩短学期、削减课时只是一个表面原因，而"培养学生尊王爱国之志气"才是取消外国史的根源。取消外国历史，反映了日本战前历史教育的排他性。

第四，确定了小学历史教育的学年配置。

1881 年《小学教则纲领》公布之前，历史教育内容仅仅作为"读物"被列于课程中，而 1881 年《小学教则纲领》之后，历史课则作为一门独立的课程，在小学五年级下学期、六年级全学年教授，从而明文确立了此后小学开设历史课的学年配置。

三、《小学校令》下的历史教育

1886 年，明治政府废除《教育令》，相继颁布了《帝国大学令》《小学校令》《中学校令》《师范学校令》等。此一时期，日本政府在教育政策中进一步强调"皇国"。时任文部大臣森有礼在 1887 年提出的《阁议案》中写道："教育目的应以何等方法实现乎？回顾我国万世一王，与天地同无极限，上古以来耀威武之处，且一度未曾遭受外国之屈辱；而人民护国之精神、忠武恭顺之风，亦祖宗以来渐磨陶养之处，而不至于坠地。此乃一国富强之基所无二之资本、至大之宝源。促进人民之品性、实现教育之目标即在于此，别无他求。"③基于这一认识，森有礼主张"应盛行国风教育"："国风教育即谓彰明国体、辨日本国民应保持之品位资质、使之自然产生忠爱慎重之念。……在学校平常讲话中，述说自历史上本邦建国优秀于万国之处，以

---

① 宫原诚一ほか『資料　日本現代教育史』（4 戦前）、三省堂、1974 年、86 頁。
② 教育史编纂会『明治以降教育制度発達史』（第 2 卷）、竜吟社、1938 年、267 頁。
③ 大久保利谦『森有礼全集』（卷一）、宣文堂書店、1972 年、345 頁。

及列朝天子抚育之深厚，使之铭印于学生头脑；纪元节、天长节等大节日时，应举行祝贺仪式，表达崇敬欢戴之意。"①

由上可见，日本政要认为"一国富强之基"在于国民"护国之精神""忠武恭顺之风""忠爱慎重之念"，而其培育途径，仍然首推"历史"。于是，日本政府在该时期更加重视学校的历史教育。

1886 年 4 月 10 日，日本政府公布的《小学校令》（共 16 条）中规定："小学之课程及其程度依据文部大臣之规定"。②同年 5 月 25 日，文部省公布了《小学课程及其程度》，其中规定普通小学 4 年、高等小学 4 年，其课程设置分别为：

> 普通小学课程包括修身、读书、作文、习字、算术、体操；另可根据当地情况增加图画或唱歌中的一门或两门。

> 高等小学课程包括修身、读书、作文、习字、算术、地理、历史、理科、图画、唱歌、体操、裁缝（女生）；可根据当地情况增加英语、农业、手工、商业中的一门或两门，唱歌但缺无妨。③

也就是说，"历史"被列为高等小学的必修课，即小学生从 5 年级开始必修历史课。同时，规定"历史"与"地理"一道，每周合计授课 4 学时（其他课如修身1.5 学时，阅读、作文、习字共 10 学时，算术 6 学时）。④

上述《小学课程及其程度》中，同时规定了"历史教育"的具体内容：

> 历史要教授建国之体制、神武天皇之即位、王朝之政治、藤原氏之专权、霸府之创立、德川氏之治绩、王政维新、外国交通贸易及世态文物、人情风俗之变迁等重要事项，以及忠良贤哲之事绩。⑤

继而，1886 年《小学校令》规定小学开始采用"检定"教科书。因此，文部省于 1887 年 4 月 28 日公布了《小学校用历史编纂宗旨书》⑥，详细规定了小学历史教科书的"编纂宗旨"（1 条）、"编纂体裁"（14 条）、"编纂目录"（共 12 篇、77目）、"册数页数"，也就规定了小学历史教育的具体内容。其中开篇即规定小学历史教科书的"编纂宗旨"为："小学历史教科书在于使学生知晓本邦历史之大体，

---

① 佐藤秀夫『教育の文化史』（1 学校の構造）、阿吽社、2004 年、180 頁。
② 教育史編纂会『明治以降教育制度発達史』（第 3 卷）、竜吟社、1938 年、38 頁。
③ 教育史編纂会『明治以降教育制度発達史』（第 3 卷）、竜吟社、1938 年、39 頁。
④ 教育史編纂会『明治以降教育制度発達史』（第 3 卷）、竜吟社、1938 年、40 頁。
⑤ 教育史編纂会『明治以降教育制度発達史』（第 3 卷）、竜吟社、1938 年、41 頁。
⑥ 教育史編纂会『明治以降教育制度発達史』（第 3 卷）、竜吟社、1938 年、712–717 頁。

明治前期日本历史教育的演变

故编者编纂时应着力揭示有关王室之隆替、时势变迁之著名紧要事迹，兼注意文化之进退、制度之沿革等。"

从历史教育的内容来看，在有关"神"的记述方面，《宗旨书》所规定的"编纂体裁"（14条）中，要求首先记述"纪元前之略说"，但并未规定其具体内容。在有关"皇"的记述方面，除了"编纂宗旨"中要求揭示"王室之隆替"外，在"编纂体裁"上，要求"在各篇末分载历代帝王之系表及在位年数、年号""适时插入明君良相、英将贤妇、硕学高僧之美行善言，着力于使学生自然产生爱慕之念""在教育小学生背诵历史时，不可忘记要使其自然产生尊王爱国之情感，故苟有足以达到此目的者，应用意记之。然亦不可因此而陷于虚张空造或甚于毁誉褒贬，以致有害事实"；在"编纂目录"中，列有"地理政体帝室之略说""神武天皇""神功皇后及三韩""仁德天皇""醍醐天皇""后三条天皇""白河天皇""后醍醐天皇""勤王论""政权返上""王政维新"。在有关对外战争之"军"的记述方面，"编纂目录"中列有"神功皇后及三韩""蒙古来寇""朝鲜征伐""美舰渡来""台湾征伐"。

除了上述历史教育的目的进一步强调"尊王爱国"之外，在1886年《小学校令》之下，小学历史教育的一个突出的新特点便是"强制性"：

第一，教育内容的强制性。该时期的小学历史教科书开始实施"检定制"，因此，上述《小学校用历史编纂宗旨书》中所列"编纂目录"的内容，是任何想要获得文部省批准、被用于实际教学的历史教科书都必须记述的，缺一不可、毫无例外，从而使历史教育的内容具有强制性。

第二，教学方式的强制性。上述《小学校用历史编纂宗旨书》的"编纂体裁"中明确要求："在教育小学生背诵历史时，不可忘记要使其自然产生尊王爱国之情感"，可见，小学生接受历史教育的方式，是强制性的"背诵"。

第三，接受历史教育的强制性。1886年《小学校令》第3条明确规定："儿童学龄为6岁至14岁的8年间，父母及监护人等有使其学龄儿童获得普通教育的义务。"也就是说，6岁至14岁的少年儿童必须接受日本政府所规定的历史教育内容，从而怀有政府所要求的"尊王爱国之感情"。1886年，日本义务教育的平均就学率为46.33%（男生61.99%、女生29.01%），此后的就学率逐年提高。[①]也就是说，随

---

① 日本义务教育的男女平均就学率：1894年为61.72%、1904年为94.43%、1914年为98.26%、1931年为99.54%、1937年为99.60%、1941年为99.72%、1945年为99.79%。文部省『日本の成長と教育——教育の展開と経済の発達』帝国地方行政学会、1962年、180頁。

着义务教育的不断普及，"尊王爱国"的历史教育也必然向全体适龄小国民普及。

四、修改《小学校令》下的历史教育

1890 年 10 月 30 日，日本政府以明治天皇的名义，公布了规定日本教育之根本的《教育敕语》，宣布教育的根本目的为"一旦缓急，则义勇奉公，以扶翼天壤无穷之皇运"。[①]在该教育目的中，既有"皇运"这一"皇国"的终极目的，也有"缓急""义勇"这一"军国"的军事内容。

为了贯彻上述两方面的目的，日本政府先后于 1890 年、1900 年两次修改了《小学校令》，对小学的历史教育内容也做出了相应的改革。

1890 年 10 月 7 日，日本政府修改了《小学校令》，首次以敕令的形式规定了小学教育目的："小学之目的，在于注意儿童身体之发达、教授道德教育与国民教育之基础、传授生活必须之普通知识与技能。"（第 1 条）该令的起草者江木千之针对"国民教育"解释称：

> 有关一国特性之教育，即国民教育，必须在全国普及。……我帝国纪元以来历经 2500 余年之沿革，其语言、习俗、风气、制度、国体等，皆无不存本邦特有之性质。而尤其宇内无比者，乃是拥有奉戴万世一系之天皇这一最大荣誉与最大幸福。……国民教育之目的有如前述，今须奏其实效。使小学生会本邦之语言文学，通晓本邦之沿革，了解本邦之地势物产，习染本邦之风气，习惯本邦之习俗，理解本邦之国歌，明了本邦之建国体制。凡此，须努力形成适应本邦特性之素质。即小学所教授之读书、习字、作文、历史、地理等，不仅应成为知识教育之素材，亦须视为国民教育之一大要具。[②]

可见，"历史"被视为"国民教育"的"一大要具"，而"国民教育"之最大特征是"奉戴万世一系之天皇"。因此，"历史"便成为宣扬"奉戴万世一系之天皇"的最重要工具之一。

同时，1890 年修改的《小学校令》中规定小学的课程设置为：

> 普通小学（学制 3 年或 4 年）的必修课为修身、读书、作文、习字、算术、

---

① 佐藤秀夫『続現代史資料（10）教育　御真影と教育勅語 3』みすず書房、1996 年、425 頁。
② 江木千之翁経歴談刊行会『江木千之翁経歴談』（上）、大空社、1987 年、99–100 頁。

明治前期日本历史教育的演变

体操，另可根据当地情况加设日本地理、日本历史、图画、唱歌、手工等课程；高等小学（学制为 2 年或 3 年）的必修课为修身、读书、作文、习字、算术、日本地理、日本历史、外国地理、理科、图画、唱歌、体操。[①]

1891 年 11 月 17 日，文部省颁布了《小学教则大纲》，其中规定"历史教育"的宗旨、内容、教学方法为：

　　　　日本历史之宗旨，乃在于使学生知晓我国国体大要、培育作为国民之志操。在普通小学课程中，讲授日本历史时，应从乡土史开始，逐渐讲授建国体制、皇统之无穷、历代天皇之圣业、忠良贤哲之事迹、国民之勇武、文化之由来等概略，使学生知晓从建国之初至今之事历大要。

　　　　高等小学依据前项并扩充之，稍详细讲授建国之初至今之事历。

　　　　讲授日本历史，应尽量出示图画等，使小学生容易想象出当时之实际状况，关于人物之言行等，参照修身课教授之格言等，使学生辨别正邪是非。[②]

在上述 1890 年修改的《小学校令》之下，小学历史教育出现了如下四个突出特点：

第一，在课程名称方面，将原来的"历史"改为"日本历史"。如前所述，1881 年《小学教则纲领》时，曾刻意取消了小学课程中的外国历史，在此又进一步在名称上强调"日本历史"，虽然做法不同、名称略改，[③]但其根本出发点都是为了凸显"日本"，旨在培养学生的爱国意识。

第二，在教育内容方面，一是列出了"皇统之无穷"的条目，旨在强调"皇统"的无限性，以加强"皇国主义"教育；二是列出了"国民之勇武"的条目，旨在贯彻 1890 年《教育敕语》中的德目"一旦缓急，则义勇奉公"，凸显了历史教育中的"军国主义"性质。

第三，在课程设置方面，首次将"日本历史"课列为初等小学选修课。1879 年《教育令》、1886 年《小学校令》均规定："历史课"均为小学五、六年级必修课；小学一至四年级不开设"历史课"。而 1890 年修改的《小学校令》中规定初等

---

① 宫原誠一ほか『資料　日本現代教育史』（4 戦前）、三省堂、1974 年、129 頁。

② 宫原誠一ほか『資料　日本現代教育史』（4 戦前）、三省堂、1974 年、135 頁；神田修、山住正己『史料　日本の教育』学陽書房、1986 年、210 頁。

③ 日本政府于 1926 年 4 月修订《小学校令》，进一步将小学历史课程的名称由"日本历史"改为"国史"。

小学（3~4 年）"可……加设……日本历史"，即规定可在小学 5 年级之前开设"历史"选修课。这表明小学实施历史教育的低龄化，反映出日本执政者试图加强小学历史教育的意向。

1900 年 8 月 20 日，日本政府再次修改了《小学校令》，其中规定初等小学 4 年、高等小学 2~4 年，其课程设置分别为：

> 初等小学课程为修身、国语、算术、体操。根据当地情况可增加图画、唱歌、手工之一门或数门。……高等小学课程为修身、国语、算术、日本历史、地理、理科、图画、唱歌、体操，并为女子开设裁缝。①

1900 年 8 月 21 日，文部省公布了《小学校令施行规则》，其中规定：

> 日本历史之目的，在于使学生知晓国体之大要，同时培养作为国民之志操。
>
> 日本历史应讲授建国之体制、皇统之无穷、历代天皇之圣业、忠良贤哲之事迹、国民之武勇、文化之由来、与外国之关系等大要，使学生知晓从建国之初至今之事历大要。
>
> 讲授日本历史，尽量出示图画、地图、标本等，使小学生容易想象出当时之实际状况，特别要与修身课之教授事项相联系。②

从上述 1900 年修改的《小学校令》内容来看，小学的历史教育具有两方面特征：

第一，在课程设置上，不再将"日本历史"列为初等小学（1~4 年级）的选修课；"日本历史"仍规定为高等小学的必修课，即在小学 5 年级及其以上必修。

第二，在具体内容上，新加入了"与外国之关系"的条目。这是因为日本在 1894 年甲午战争获胜，为了与列强为伍、经营海外殖民地，日本政府急需培养"膨胀性大国民"，于是要求在历史教育中加入与外国相关的内容。

结　语

综上所述，日本政府在明治前期所推行的小学历史教育，具有如下五个方面的明显特征：

---

① 教育史编纂会『明治以降教育制度発達史』（第 4 卷）、竜吟社、1938 年、49 頁。
② 教育史编纂会『明治以降教育制度発達史』（第 4 卷）、竜吟社、1938 年、63 頁。

明治前期日本历史教育的演变

第一，历史教育的内容始终以皇室为核心。例如，在 1872 年《学制》之下，首先要求学生学习《王代一览》；1879 年《教育令》之后，则明令要求教授"建国体制、神武天皇之即位、仁德天皇之勤俭、延喜天历之政绩……南北朝两立……王政复古""王朝之政治""王政维新""皇统之无穷、历代天皇之圣业"等内容。小学历史教科书的"编纂宗旨"中首先要求"编者编纂时应着力揭示有关王室之隆替"。

第二，历史教育的内容中颇具军事色彩。在 1886 年《小学校令》颁布之后，日本政府便明文要求小学历史教育中必须教授有关对外战争的内容。1890 年颁布《教育敕语》、修改《小学校令》之后，进一步明确规定历史教育必须教授"国民之勇武"。

第三，历史教育的内容具有排他性。小学的历史教育在 1872 年《学制》时期尚且要求教授《万国史略》《五洲纪事》等外国历史内容，但到了 1881 年，日本政府则明文规定小学历史教育中只教授日本历史，而排除了"外国历史"的全部内容。

第四，历史教育的形式凸显了强制性。1886 年以后，日本政府要求历史教科书采用"检定制"，教育内容必须是政府所规定的，反映了教育内容上的强制性；1886 年之后，日本政府明文规定要求"小学生背诵历史"，呈现出学习方法上的强制性；1886 年《小学校令》明确规定："6 岁至 14 岁的……学龄儿童有接受普通教育的义务"，从而使得全体小日本国民接受政府所规定的历史教育本身成为一种强制性的义务。

第五，历史教育的目的是为了培养"皇国民"。日本政府先于 1879 年将"历史教育"列为培养"忠孝"的首要途径，又于 1881 年规定了历史课"尤应培养尊王爱国志气"，进而于 1887 年规定所有通过政府审定的小学历史教科书都要使学生"自然产生尊王爱国之情感"。换言之，历史教育的目的便是培养"尊王爱国"的皇国臣民，而且是具有"勇武"精神的皇国臣民。

由上可见，日本明治前期针对普通国民的历史教育，已经具备了"皇国""军国"的基本要素与根本目的，成为日本政府 1903 年以后借"国定制"大力推行"皇国主义""军国主义"历史教育的前奏及准备。日本明治初期推行的历史教育政策，有利于培养出甘心服从"皇国"对内统治、能够参与"军国"对外侵略的国民。然而近代以来西方主要国家呈现出"民主"的发展趋势，世界一体化发展也需要一种"和平"的基调，而日本在明治前期所推行的历史教育，显然与近代以来上述"民主""和平"的世界大势背道而驰，其最终的结局必定是失败。

（作者：臧佩红，南开大学世界近现代史研究中心、日本研究院副教授）

日本近代以来世界史教育发展演变探析[*]

李 超 徐新博

内容摘要 日本的世界史教育可以分为二战前"万国史""三分科制"、二战后"理念重建"三个不同时期。19世纪末，日本由外国史简单叠加而成的"万国史"教育开启科学化探索，逐渐从模仿走向了自立。20世纪初，"万国史"教育走向分裂并由此进入所谓"三分科制"时期，很大程度上沦为服务于军国主义对外扩张的工具，并一直持续到战争结束。二战后，真正意义上面向全球化理念的世界史教育得以建立。经过多轮改革，其中关于地球居民、全球环境、重视邻国等历史观念的塑造培养，正在受到越来越多的重视。通过考察可知，日本世界史教育三个时期的特征虽然不同，但彼此间的联系不容忽视。从孤立到开放是其演变过程所呈现的总体特征，这也可视作近代以来日本国民历史观念变化的一种体现。

关键词 日本 世界史教育 万国史 三分科制

* 本文系国家社科基金青年项目"战后琉球法律地位研究"（批准号18CGJ027）、苏州科技大学科研启动资助项目"二战后琉球统治权问题研究"（批准号332112605）的阶段性研究成果。

日本近代以来世界史教育发展演变探析

On the Development and Evolution of World History Education in Japan since Modern Times

Li Chao　Xu Xinbo

Abstract: World history education in Japan can be divided into three different periods: the "universal history" and the "three-part imperial examination system" before World War II, the "conceptual reconstruction" after World War II. At the end of the 19th century, "universal history" education, which consisted of simple superimposition of foreign history, began to be scientific and gradually moved from imitation to independence. At the beginning of the 20th century, "universal history" education began to diverge and entered the period of the so-called "three-part imperial examination system," which served mainly as a tool for militaristic foreign expansion and lasted until the end of the war. After World War II, world history education, which was truly oriented toward the concept of globalization, was rebuilt. After several rounds of reform, the shaping and cultivation of historical concepts about the earth's inhabitants, the global environment, and the importance of neighboring countries received increasing attention. The examination shows that the characteristics of the three periods of Japanese world history education, though different, are linked to each other in ways that cannot be ignored. The transition from closure to openness is the general characteristic presented in its evolution, which can also be seen as a reflection of the changing conceptions of Japanese national history in recent times.

Keyword: Japan; World history education; universal history; three-part imperial examination system

从明治维新起，日本的世界史教育走过了大约一个半世纪的发展历程。世界史教育作为日本国民了解和认识世界的一扇窗户，其演变过程本身是日本近现代史的一个组成部分。考察日本世界史教育的发展演变及各时期的内容和特征，也是日本教育史研究领域的重要课题。日本学界关于本国世界史教育的分期问题，根据最近的研究成果来看，主要有两种观点：一种是划分为 6 个时期，即战前战后各分为 3

个时期，持该观点的代表性学者是茨木智志。[①]另一种是划分为三个时期，其中战前分为"万国史""三科分制"两个时期，二战后的重建改革为一个时期，冈崎胜世是主张该划分方式的代表性学者。[②]总体上看，后者得到更多学者的认同，可以说是日本学界划分世界史教育时期的主流观点。[③]

　　虽然我国学界向来重视日本教育史的研究，特别是对于教育制度、理念及相关机构发展演变的研究，已积累了丰硕成果。而且我国关于日本近代以来对其他国家认知的研究也进展很快，取得了许多成绩。[④]不过，在日本教育史领域中以世界史教育视角切入的探讨还很少见，目前一些成果的主要关注点是世界史课程教育的教学改革方面，以及明治时代世界史教育中亚洲认知及其观念的培养，缺乏对近代以来相关教育制度发展演变的全局性梳理。[⑤]鉴于此，本文在借鉴国内外学界相关先行成果和观点的基础上，以梳理世界史教育演变过程的脉络为中心，着重考察日本战前战后各时期世界史教育的内容和特征，试图探讨其中的关联性和发展趋向，希望能够为进一步认识近代以来日本国民历史观和世界观的变迁情况提供一个新的视角。

一、战前"万国史"时期：从模仿走向自立

　　1872 年，随着文部省《学制》的颁布，日本正式建立起近代意义上的学校制

---

　　① 茨木智志「歴史的展開から見た日本の世界史教育の特徴」歴史教育史研究会『歴史教育史研究』第 17 号、2019 年。

　　② 岡崎勝世「日本における世界史教育の歴史——普遍史型万国史の時代」埼玉大学『埼玉大学紀要』第 2 号、2016 年。

　　③ 关于历史教育问题的研究，日本学界专门性学术期刊有『歴史教育研究』、『歴史教育史研究』、『日本教育史研究』和『社会科教育研究』等，其中刊发的关于世界史教育分期相关论文，大多数是按战前战后三个时期的思路展开专题研究。例如，児玉康弘「世界史内容構成原理の比較研究—学習指導要領の再検討を通して」(『社会科教育研究』2011 年第 112 号)，松本通孝「大正期における＜世界史＞教科書の試み」(『歴史教育史研究』2009 年第 7 号)，田尻信壹「ESD と世界史教育—環境の視点が世界史に問いかけるもの」(『社会科教育研究』2011 年第 113 号) 等。

　　④ 国内学界在日本教育史研究领域取得的成果以专题性论著居多，通史性质的代表性著作如：臧佩红著《日本近现代教育史》(世界知识出版社，2010 年)，王桂编著《日本教育史》(吉林教育出版社，1987 年)；关于日本近代以来对其他国家的认知，以对华认识研究所取得的成绩最为突出，代表性著作如：杨栋梁主编《近代以来日本的中国观》六卷本研究丛书 (江苏人民出版社，2011 年)，杨栋梁等著《近代以来日本的对华认识及其行动选择研究》(经济科学出版社，2015 年)。

　　⑤ 相关代表性成果譬如：吴呈苓的《从组合到融合："世界史"在日本的存在与构建方式》(《全球史评论》第 19 辑)，唐剑明的《近期日本高中历史教育课程改革》(《外国教育研究》，2020 年第 6 期)，瞿亮、代明月的《明治时代日本世界史教育中的亚洲观》(《世界历史评论》，2020 年第 2 期)，康昊的《全球史在日本的兴起、实践及其特点》(《史学理论研究》，2021 年第 2 期)。

日本近代以来世界史教育发展演变探析

度。因为日本当时将世界视作万众国家的集合体，所以在新式小学课程设置中第一次出现了以国家作为单位对各国历史依次进行记述的"万国史"，这也意味着明治维新后世界史教育在日本的诞生。①

该时期的"万国史"教育以介绍西方国家历史为主，中国历史次之。这与当时"脱亚入欧"全面模仿学习西方的国策有关。课程讲授所使用的教科书，主要是文部省编译的《万国史略》。该书脱胎于《史略》，特点是明确以一个个国家为单位建构世界历史的框架，内容编排上存在类似于日本史构造的皇国思想。②该书是以美国的《巴来万国史》③一书为底本编译而成，一定程度上还带有西方自由民主的思想。同时，该时期民间可以出版"万国史"的教科书，有些内容编写随意且不乏史实性错误，而且上述《学制》过于强调西方的"个人主义"，这也与政府推行的"国家主义"思想相左。

1879 年，明治政府颁布《教育令》，取代了 1872 年《学制》，确立起以培养忠君爱国思想为宗旨的教育体制。④到 1881 年，颁布《小学教则纲领》，规定新式小学只能讲授本国史，"万国史"课程则被转移到了初等中学⑤。出现这种变动是因为小学阶段个人性格尚未完全定型，将教育内容限定为本国历史，有利于养成国民誓死效忠于国家的观念。1886 年颁布"学校令"，明确万国史在初等中学的地位，这也是政府培养国民从历史视角认识日本的世界地位，通过了解世界变迁促使国民发奋图强，以推动日本迈入世界强国之林的表现；同时这时期还建立了所谓"教科书检定"制度，规定严格审查教科书内容。另外，随着教育体系的调整，在具体教学中也出现了将"外国历史"分为"支那史"和"万国史"的做法。但从当时的社会认知来看，所谓"支那史"仍是"万国史"的一部分。

综观"万国史"时期，日本世界史教育的发展趋势，大致可以概括为在摸索中探寻符合自身需求的方向，其特征主要表现为以下两个方面。

---

① 关于"万国史"一词的来源和使用，可参见小沢栄一「近代日本史学史の研究——明治篇」吉川弘文館、1968 年、552–553 頁。

② 岡崎勝世「日本における世界史教育の歴史—"普遍史型万国史"の時代」埼玉大学『埼玉大学紀要』第 51 巻第 2 号、2016 年、29 頁。

③ 《巴来万国史》被认为是"万国史"时期日本开展世界史教育最重要的外文参考书，书名原文 "Peter Parley's Universal History, on the Basis of Geography"，作者是美国人 Goodrich, S.G, 初版于 1837 年。

④ 臧佩红：《日本近现代教育史》，世界知识出版社，2010 年，第 45 页。

⑤ 该时期也是日本教育机构频繁调整的时期，例如，1886 年规定中学分为初等中学和高等中学，其中高等中学于 1894 年调整为高等学校，初等中学于 1899 年改称为中学校。

第一，从简单模仿到世界史教育研究的本土化。一开始日本尚处于模仿欧洲的阶段，甚至历史教科书也只是欧洲历史书籍的某种翻版。所以内容上呈现出以西方国家为中心、重视白人及基督教的文明史观。这种带有资产阶级民主意识的教育，其实对刚经历改革的明治政府是不利的。于是，改变对西方教科书的简单模仿，强调历史教育中"忠孝""爱国心"等传统伦理变得尤为重要。文部省逐渐意识到不能单纯翻版外国的世界史图书，应根据国情编纂符合自身实际的教科书。因此，明治政府在 1879 年颁布了《教学大旨》和《教育令》，将"忠孝"和"为国家"作为教育目的。1886 年颁布的"学校令"增强了政府对教科书内容编写的掌控，某种程度上意味着翻版外国世界史教科书的时代终结。从此，日本学者开始自行编写适合本国教学实际的"万国史"书籍。同时受兰克学派影响，一种集研究与教学的学术机制——"官学学院史学"在刚成立不久的东京帝国大学出现，对于本国史研究的力度得到增强。此后，相关教科书的编写人员以在高校中从事历史研究的教师为主体，使世界史教育与人文科学研究结合起来。

第二，历史教育理念的科学化倾向。"万国史"教育早期阶段的教科书，是以西方著作为蓝本的仿制品，带有基督教普遍史的色彩。受宗教影响，无论是中国史还是欧洲史，均以神话作为开端。例如，《史略》中的中国史阐释，并非从"夏"开始，而是先记载了三皇五帝的事迹[1]，欧洲史的"太古"时代也是以《圣经》中的神话传说为起点[2]。日本之所以选择具有宗教色彩的"普遍史"作为"万国史"教育的内容，实际上是出于本国"皇国史观"的考虑。但受到自由民权运动的影响，与普遍史相对立的启蒙主义历史观，得到一些民间自编"万国史"教科书作者的青睐。[3]例如，天野为之编撰的《万国历史》，将国家诞生当作世界史的起点，着重叙述世界各文明之间的联系，带有启蒙主义的色彩。[4]又如，木村一步编撰的《万国历史》，对启蒙主义"人种论"思想进行修正，主张中国、日本与西方均是世界上优秀的民族。[5]到 19 世纪末，德国历史学家兰克的弟子路德维希·里斯（Ludwig Riess）被聘为新建立的东京帝国大学史学科的教授，将兰克学派的史学思想传入日本，使

---

① 文部省『史略.2 支那』文部省、1872 年、2 頁。
② 文部省『史略.3 西洋上』文部省、1872 年、4 頁。
③ 梶山雅史『近代日本教科書史研究』ミネルヴァ書房、1988 年、19 頁。
④ 天野為之『万国歴史』富山房書店、1887 年、1 頁。
⑤ 文部省編訳『万国歴史』文部省図書課、1891 年、2 頁。

日本近代以来世界史教育发展演变探析

基于史料批判的"科学史学观念"在日本生根，也客观上推进了世界史教育的科学化发展。

总体而言，日本在"万国史"时期的摸索，使作为历史教育重要内容构成的世界史教育逐渐走向本土化。但是在本土化过程中不断强化的"皇国史观"的负面作用也被放大。正如国内有学者考察后作出的评价，明治时代带有西方中心主义的普遍史和文明史被移植到国民的历史认识中，使"劣亚"成为一种全民性共识，也为接下来其沦为军国主义对外扩张的工具埋下了伏笔。[①]

二、战前"三分科制"时期：从被割裂到被异化

（一）以宣扬本国史和国体论为宗旨

甲午战争后，日本国内民族主义思潮高涨，在对外认知方面首当其冲的是，中国在日本国民心中逐渐失去了以往的特殊地位。当年有日本学者这样描述道："自19 世纪以来，中日两国先后与西方接触。然中国固守古礼，无丝毫进取之意，国力日衰以至于数次为外国所辱，有损东洋大国之体面。……而我日本三十年来物质上不断进步，精神上不断地学习，故而取得了与欧洲列国相对的地位。……日本大获全胜，掌握了东洋霸权，维护了上下三千年的传承，成为了东方文明的中心。其历史可与西方文明的历史相对立，不是日本帝国又是什么呢？"[②]这种民族主义思潮影响到日本明治后期内政外交方针的调整，其中，在教育体制领域产生的突出影响，是试图凸显日本在亚洲乃至世界范围的大国地位，直接表现为对历史教育分类的调整。

当时有名的历史学家那珂通世认为，日本开展的关于西方国家的历史教育已足够充分，而关于东亚国家及各民族的历史教育却仍然匮乏。那珂认为，设置一个不只是中国史，而是教育东亚其他国家及各民族历史的"东洋史"尤为重要。于是他向文部省提出解体"万国史"，将历史教育分成国史、东洋史、西洋史三个部分的

---

① 瞿亮、代明月：《明治时代日本世界史教育中的亚洲观》，《世界历史评论》，2020 年第 2 期。
② 大原貞馬『万国小史』富山房書店、1896 年、183–184 頁。

构想。①这种历史教育的新分类方式，即所谓"三分科制"，该提议在文部省于 1898年颁布的《初等历史科中学校教授细目》得到了确认，并在授课表中得到实际运用。②此后，日本的世界史教育从"万国史"时期进入到"三分科制"时期，这一时期从 20 世纪初持续到二战结束，总体发展特征可以说是挫折与挑战并存。

另外，日本在甲午战争和日俄战争的获胜，膨胀了其国力和自信心，引发社会各阶层群体心态上的失衡。而源于历史传统所谓"国体论"的发酵，则进一步诱使国内民族主义情绪逐渐走向极端化。这种负面思潮对于历史教育影响的直接表现，即世界史教育本身的分裂。"三分科制"的调整，在某种程度上也是日本对自身世界大国地位的重新认识和定位。1902 年，文部省颁布了《中学校教授要目》，这是日本历史教育正式实施"三分科制"的标志。

日本政府所应实施的"三分科制"，依那珂通世之见，是要改变过分注重西方历史的原有比例，加大关注中国以外亚洲诸国的力度。但与其设想不同的是，上述《中学校教授要目》中有关亚洲各国的条目反而有所减少，特别是有关西亚的内容被直接删除了很大部分。例如，相较 1898 年《初等中学历史科教授细目》，1902年《中学校教授要目》去掉了原本与西亚北亚等古代国家有关的内容。③对此，有日本学者指出："西洋史的改变只是将原有的重复部分进行整合，实质上的教学还是以西方各国的历史为主。东洋史的教育在出发点已经偏离了宗旨，这样的东洋史不过是日本关注的东洋史……而且，从三区分法确立期的 1902 年到 1911 年之间，广义东洋史无影无踪，还是原有的以中国为中心的狭义东洋史。"④到了 1911 年，日本政府再次修订《中学校教授要目》，要求以"认识我国的发展和国体的特殊"为主旨，其中在注意事项一栏中特别提到，要通过"外国历史"教育培养国民意识并拥护日本"国体"。⑤

尽管如此，该时期日本社会也有试图改变"三分科制"的呼声。例如，1914年在东京召开的第一届中学地理历史科教师协会，通过了希望合并东洋史和西洋史为世界史教育的提议，所提出的理由是，"三分科制"的做法不仅容易造成教学内

---

① 三宅米吉「文学博士那珂通世君伝」故那珂博士功績紀念会编『那珂通世遺書』大日本图书、1915 年、31 頁。
② 文部省『尋常中学校教科細目調查報告』帝国教育会、1898 年、184 頁。
③ 文部省『中学校教授要目』三協合资会社、1902 年。
④ 満井隆行『外国史の教育——その史的研究』葵书房、1966 年、204 頁。
⑤ 文部省「中学校教授要目改正」、『官報』1911 年 7 月 31 日。

容的重复，还割裂了东西洋史之间的联系，如果合并为世界史，既能节约授课时间又能将相关知识串联起来等。[①]但遗憾的是，日本政府没有采用该提议。因为区分东西洋史，某种意义上蕴含着日本意图带领东亚对抗西方的想法，可以说是出于国家对外战略的一种政治考量，以至于到了后来，无论是东洋史还是西洋史，均不免沦为服务于军国主义为对外扩张灌输国民思想的工具。

（二）沦为军国主义对外扩张的工具

1925 年，《治安维持法》出台后，军部势力得到迅速扩张，日本国内民族主义极端化倾向也愈演愈烈。另外，由于华盛顿体制下军备缩减的需要，军官和士兵大量涌入社会。于是，政府借机将军事化训练导入中等教育以上的科目学习，一种军事化的教育也逐渐走向明面化。[②]1931 年，在军部的压力下，政府颁布了《中学校令实施规则》，一方面要求加强学生的军事化训练，另一方面要求通过历史教育"了解社会变迁，特别是我国的国运、建国之本义和国体的尊贵，以此明确大义名分，培养国民精神"；其中，对于外国历史教育的要求是，"了解世界大势的变迁和主要国家的兴衰、文化的发展和我国国运有关的事迹"。[③]该举措的实施，意味着世界史教育被正式纳入了"皇国史观"之中。

1937 年，日本政府颁布《国体本意》，规定必须从教育理念的层面强调所谓"国体"的绝对性。同一年，还颁布了《中学校教授要目》，明确要求必须从本国立场出发看待世界史。[④]根据该文件的规定，学生通过历史教育要认识到日本是世界上"无与伦比"的国家，有必要自觉认识到日本的国家使命，以此坚定自己的信念；另外，要注重通过比较本国史和外国史，来凸显所谓日本国体的特殊性，等等。1943年颁布《中学校规程》，规定教育的宗旨是"修炼皇国之道，贯彻对国体至诚至忠之精神"，提出对外国史的教育要使国民"认识到国体的精髓和东亚及世界的变化，践行自己的使命"，并通过缩短教育年限的方式，更快速地培养效忠"皇国"的中

---

① 奈須惠子「中等教育における東洋史概念の展開」日本教育学会『教育学研究』1992 年第 4 号、32 頁。
② 山本正身『日本教育史』慶應義塾大学出版会、2014 年、260 頁。
③ 文部省「中學校施行規則」武藏高等学校『武藏高等学校一覧』、94-95 頁。
④ 文部省「中学校教授要目」、『官報』1937 年 3 月 27 日。

坚力量。①1944 年日本战败前夕，文部省刊行的《中等历史一》甚至在书中序文直接宣称"日本是皇国，是神国"，主张完成所谓大东亚建设的使命，可以说将军国主义思想的灌输推向了顶峰。②

　　概括而言，"三分科制"时期日本的世界史教育，与前述"万国史"时期的主要区别是，在宗旨上秉持所谓"国体"，灌输以皇国史观为基础的历史观，同时在内容上新增"东方经略""鸦片战争""中法战争"等内容，强调列强对东方的侵略，宣扬日本带领东方对抗西方的世界观。例如，有教科书对日俄战争的总结是"我国成为了世界强国"③，对吞并朝鲜的评价是："为了日韩两国人民的和平，所以合并了韩国，继承了其统治权"④。还有对于日俄战争后日本的世界地位做出这样描述："我国是除了所谓的印度、欧洲人种以外的唯一的世界强国，有着融合东西方文明的义务。"⑤可见，"三分科制"结构本身蕴含着一种对立因素，其确立之初就与甲午战争有关，而且从时间节点看，几乎每次历史教育改革均离不开战争的因素。对此有学者指出："这种三分法与当时日本的知识分子及政治家的世界观有着密切关系。这种世界观指世界由三部分组成，一部分是祖国日本，一部分是日本应该模仿并赶超的西方诸国，还有一部分是日本需要对其进行指导的东方诸国。"⑥可以说，该时期世界史教育的主要功能，是服务于军国主义对外扩张的意识形态，世界史教育已沦为向国民灌输皇权思想的工具。换言之，日本试图通过世界史教育打着带领东方对抗西方的旗号，为对外扩张寻找所谓"合理性"。该举措强化了国民对本国是所谓"东亚盟主"的扭曲世界观，也为国家走上军国主义道路起到了推波助澜的效果。⑦

---

① 文部省「中學校規程」『官報』1943 年 3 月 2 日。
② 文部省「中等歷史一」文部省 1944 年、3 頁。
③ 桑原隲蔵『東洋史教科書』開成館、1911 年、178 頁。
④ 桑原隲蔵『東洋史教科書』開成館、1911 年、180 頁。
⑤ 村川堅固『中等西洋歴史』寳文館、1907 年、284 頁。
⑥ 羽田正『新しい世界史へ——地球市民のための構想』岩波書店、2011 年、29 頁。
⑦ 松本通孝「日清・日露戦争と国民の対外観の変化——明治期中学校外国史教科書の分析を通して」青山学院大学教育学会『教育研究』第 44 号、2000 年、52 頁。

三、战后理念重建时期：面向全球化的教育革新

（一）战后世界史教育的演变历程

二战结束初期，日本在盟军占领统治下，国内社会许多领域得到大规模重建改造，历史教育领域也不例外。1947 年，战后第一份《学习指导要领》颁布，由此拉开了改革世界史教育的序幕。战后至今的改革与重建主要分为两个方面，一个是课程科目的调整，另一个是理念方针的探索。

关于世界史教育课程科目的调整。首先，根据《学习指导要领》的方针，1948年日本调整了高中世界史教育课程的科目设置，将战前"三分科制"中的东洋史和西洋史合并为"世界史"，纳入高中一门叫作"社会科"的新设科目中。[①]该举措之所以实施，是源于前一年颁布的《学习指导要领》的规定。规定强调战前各类中学要转为战后的新制高中，为了统一课程科目，零散的东西洋史相关课程被整合为授课内容范围宽广的"世界史"也就在所难免。

其次，1952 年通过修订《学习指导要领》，将整合后的世界史课程科目细分为"近代以前的社会""近代社会""现代社会"三个部分，以近代西方市民社会和自由主义为主轴，以促进学生自主学习为目的。[②]到了 1989 年，又将高中世界史课程的科目归属从"社会科"改为"地理历史科"，并拆分为"世界史 A"和"世界史 B"两门课程，前者以世界近现代史为主要内容，后者是世界通史性质的内容。

最后，是 21 世纪以来的新变动。这一时期，日本史教育和世界史教育呈现相结合的趋势，并出现了将两者合并的社会呼声。[③]经过多方博弈，日本一些高中率先设置了"历史综合"这个崭新的科目，并在 2018 年版《学习指导要领》中得到确认。与此同时，高中原本设置的"日本史 B"和"世界史 B"的课程名称被改为"日本史探究"和"世界史探究"。

关于世界史教育理念方针的探索。第一次是战后初期从"自主学习"过渡到"系

---

① 茨木智志「成立期における高校社会科世界史の特徴に関する——考察—科目の設置と文部行政による対応に焦点を当てて」全国社会科教育学会『社会科研究』第 72 号、2010 年、2 頁。

② 二战后至今由文部省发布的《学习指导要领》均可在其官网查阅，详情可参见 https://erid.nier.go.jp/guideline.html。正文中出现有关该文件的修订或颁布以公告年份为准。

③ 唐剑明：《近期日本高中历史教育课程改革》，《外国教育研究》，2020 年第 6 期，第 80~89 页。

统学习"。所谓"自主学习"，是伴随 1948 年学校世界史课程科目调整提出的理念方针。不过，因为战后初期的世界史教育缺少整体结构，使一些小问题的细节也成为被讨论的对象，所以该时期"自主学习"的实施效果被认为并不理想。[①]1956 年，随着战后社会经济的快速复苏，《学习指导要领》经过了第二次修订。[②]由此，世界史教育的理念方针从所谓"自主学习"转为"系统学习"。之所以发生转变，主要是因为随着盟军占领期结束与国内社会经济的快速发展，日本迫切需要以崭新的姿态融入国际社会，在这一过程中，有必要重新定位自身在国际社会的地位，正如有学者指出的那样："为了不使日本在世界的浪潮中迷失，我们必须要将世界史描绘出来。"[③]

第二次是从立足"文化圈"过渡到把握"地域世界"。1970 年，日本政府第三次修订了《学习指导要领》，将世界史的构成主要分为"东亚文化圈""西亚文化圈""欧洲文化圈"，并提出通过"文化圈"学习世界史的理念。[④]此后，这种立足"文化圈"进行世界史教育的理念得到增强。另外，世界史专题教育和第三世界国家的历史文化在这一时期也逐渐得到重视。不过，冷战结束后，这种立足"文化圈"理念方针逐渐淡化，另一种叫作"把握'地域世界'"的理念方针开始受到日本政府的青睐。该理念源自历史学家、教育家上原专禄，其主张世界史教育有双重目的：一个是以学习世界不同地区历史为手段，从整体上把握世界史的构造，将世界史视作一个动态发展的整体；另一个是世界史教育应该立足于解决社会问题，大致可以从生存、生活、自由平等、进步繁荣以及独立这五个方面进行学习。[⑤]可见，上原专禄强调各地区之间联系与世界史整体性的关系，所谓"地域世界"的理念，是主张把这种教育作为世界史教育的内核。

对此，日本政府于 1999 年和 2009 年对《学习指导要领》的两次修订中，均提出了世界史教育的目标是要理解"世界历史的大框架和展开"，进一步明确"从结构上理解世界历史"的宗旨。相较此前提出的立足"文化圈"理念方针，把握"地

---

① 尾鍋輝彦『世界史の可能性』東京大学協同組合出版部、1950 年、7–8 頁。

② 文部省「高等学校学習指導要領社会科編 31 年度改訂版」、1956 年、https://erid.nier.go.jp/files/COFS/s31hs/index.htm，2021 年 12 月 22 日。

③ 上原専禄『世界史講座』（第 6 巻）東洋経済新報社、1956 年、62–63 頁。

④ 文部省「高等学校学習指導要領」、1970 年、https://erid.nier.go.jp/files/COFS/s45h/chap2–2.htm，2021 年 12 月 22 日。

⑤ 上原専禄「歴史研究の思想と実践」歴史教育者協議会『歴史地理教育』第 102 号、1964 年。

日本近代以来世界史教育发展演变探析

域世界"的内涵显然更注重世界各地区之间的联系，以及对世界史整体性构造的洞察。上述第二次的转变表明，日本有意识地在世界史教育理念层面进行内涵建设，使其能够保持与时俱进，符合全球化的时代潮流。

2018 年版《学习指导要领》中的历史部分围绕着一个核心展开，即强调历史与国民自身之间的关系，直接表现在"历史综合"的标题部分。例如，内容 A "历史之门"中第一小节叫作"历史与我们"，内容 B 为"近代化与我们"，内容 C 为"国际秩序的变化和大众化与我们"，内容 D 为"全球化与我们"。这种与以往《学习指导要领》截然不同的设置，实质上是日本把自身置于世界史中进行重新定位的一种体现，反映出日本积极与世界接轨的方针。另外，在 2018 版《学习指导要领》中，日本摒弃了以往将本国史与外国史进行对立表述的倾向，而是将自身彻底"消融"在世界历史的叙事框架之中，以此彰显日本主动融入世界的理念。

（二）战后世界史教育的演变特征

自二战结束以来，日本的世界史教育经过了多轮改革，其课程设置、科目分类和理念方针等内容均被重建，从立足若干"文化圈"的学习，过渡到强调区域联系的"地域世界"教育，所关注的视角和范围越来越宽广。其在发展演变过程中形成了"培养地球居民意识""倡导可持续发展理念""重视周边国家历史文化"这三个较为突出的特征。

第一，通过世界史教育培养国民"地球居民"的意识。战后日本所谓"地球居民"的构想，最初由历史学家羽田正在《面向新的世界史——为了地球市民的构想》（岩波新书 2011 年版）一书中提出，作者主张日本的世界史教育应使国民形成"地球居民"的意识，他认为全球化背景下有必要培养具备全球视野的"地球居民"。[1]可以说，这种构想与战后长期以来世界史教育的演变趋势不谋而合。因为战后以来颁布的《学习指导要领》及其历次修订，均能看到世界史教育的目标是诸如"培养面向世界的国民"这种表述。例如，1956 年的修订提出高中历史教育课程的培养目标是，要使学生科学系统地理解世界史，使其认识到世界各民族各国家不是孤立而是在相互影响中发展起来的。1970 年的修订强调在考察各文化圈特色和差异的

---

[1] 羽田正著：《全球化与世界史》，孙若圣译，复旦大学出版社，2020 年，第 173 页。

基础上，要充分认识日本在国际社会的地位以及作为日本人应有的觉悟。^①在 2009年版高中《学习指导要领》的解说中提到，历史教育的目标是加深对日本及世界形成的历史过程和生活文化地域特色的理解认识，使日本成为面向国际社会的和平民主国家，以及培养全体国民的素质。^②另外，在关于"世界史 A"教育的目标设定中，也不难看到其对于近代史的要求，是关注"世界一体化与日本"，对于现代史的要求则是关注"地球社会与日本"^③。2018 年版《高中学习指导要领》的解说中也提到，历史教育的目标是立足广阔的视野，培养作为全球化国际社会主体的和平民主国家及社会所需公民的资质和能力，等等。^④

可知，在历次改革中，日本始终把强调世界范围内各个国家的联系作为改革的一个重点。该目标之所以如此坚定，主要因为在日本看来，如果继续沿袭战前那种严格区分本国史和世界史的做法，那么将对培养全球化背景下本国国民的竞争力不利，唯有在真正意义上的世界史教育框架内学习日本史，充分把握日本和世界的联系，才能更好地应对全球化背景下的知识能力需求。如今，"地球居民意识"的影响力正在逐步扩散，而且这种着眼于广阔视野的观念，伴随全球史在学术界的兴起日益深入人心。在战后的世界史教育中，从战后初期明显残留战前注重国别史的教育，到 20 世纪六七十年代对于文化圈的学习，直到现在强调各地区直接的联系与全球的整体性，这一趋势既是世界史教育的发展，也是当今时代主题的一种彰显。

第二，通过世界史教育倡导可持续发展理念。可持续发展是联合国提出的以培养可持续发展价值观为核心的教育理念，这是为了解决与可持续发展相关的一系列社会现实问题而实施的教育。进入 21 世纪，日本正式将可持续发展理念纳入国际课程规划，在世界史教育领域突出体现为对环境史教育的强化。^⑤2009 年颁布的高中《学习指导要领》，地理历史科的"世界史 A"和"世界史 B"的内容中首次出现了"可持续社会"一词，提出结合"地球"角度和历史观念对与全人类相关的课

---

① 前川貞次郎『新しい世界史教育の目標と内容』明治図書出版、1972 年、102 頁。

② 文部省「高等学校学習指導要領」、2009 年、https://www.mext.go.jp/a_menu/shotou/new−cs/youryou/1304427.htm，2021 年 12 月 24 日。

③ 文部省「高等学校学習指導要領」、2009 年、https://www.mext.go.jp/a_menu/shotou/new−cs/youryou/1304427.htm，2021 年 12 月 26 日。

④ 文部省「高等学校学習指導要領解説地理歴史編」、2018 年、https://www.mext.go.jp/a_menu/shotou/new−cs/1384661.htm，2021 年 12 月 26 日。

⑤ 日本国立教育政策研究所「学校における持続可能な発展のための教育（ESD）に関する研究」、2012 年、https://www.nier.go.jp/kaihatsu/pdf/esd_saishuu.pdf，2021 年 12 月 28 日。

日本近代以来世界史教育发展演变探析

题进行考察。[①]

从世界史教育的内容来看，无论是导言亦或结尾部分，均与环境主题有关。例如，"世界史 A"的"自然环境和历史"一节要求，在关注河川、海洋、草原、绿洲、森林等自然环境变迁过程中，历史性地考察自然环境对人类的影响以及人类改变自然环境的活动。又如，2018 年版高中《学习指导要领》中"全球化与我们"一节要求，增加了可持续社会的实现相关内容，要求教师与学生通过设定主题并运用各种资料进行探究，等等。

第三，通过世界史教育加深了解周边国家历史文化。冷战结束以来，国际社会由美苏两级对立朝着多极化的方向发展。这种时代潮流下，日本逐渐意识到仅仅是一味地跟随且附庸美国是行不通的，需要将注意力转移到更多国家，特别是东亚区域与自身利益关联性最大的周边国家身上。关于这点，在世界史教育中产生的相应变化，主要体现为对周边国家历史文化关注日益增多。一些有识之士将重视周边国家历史文化看作是世界史教育的重要主题。[②]近 20 年来，在有关教育内容的调整上，日本越来越强调亚洲视野下日本与周边国家的联系，以及亚洲与西方国家的关系变化。例如，2018 年版高中《学习指导要领》"现代化与我们"一节中，提到"要着眼于产业革命、中国开港和日本开国的背景及其影响，通过设定主题，比较亚洲各国和其他地区的动向，以及亚洲各国之间的联系，同时要更全面、更多角度考察亚洲和西方各国的关系变化"。相似的例子在该文件中还有很多。可以说，日本已经深刻意识到自身在亚洲的定位，以及与周边国家关系的重要性，而这也成为当前其世界史教育发展的最新特征。

结　语

二战前日本世界史教育的演变，是从最初对各国历史简单叠加的"万国史"时期，通过自身科学化的探索，逐渐发展为自成体系的所谓"三分科制"时期。二战后，经过多轮改革，其体系构造和理论方针得到大幅度调整和补充，最终摒弃了本

---

① 文部省「高等学校学习指导」、2009 年、https://www.mext.go.jp/a_menu/shotou/new-cs/youryou/1304427.htm，2021 年 12 月 28 日。

② 日本学術会議史学委員会「再び高校歴史教育のあり方について」、https://www.scj.go.jp/ja/info/kohyo/pdf/kohyo-22-t193-4.pdf，2021 年 12 月 28 日。

国史与外国史对立的倾向，积极主动地将本国史融入世界史中重新定位，强调世界各区域之间在历史发展中的联动性，并立足全球化背景培养国民"地球居民"和可持续发展等观念意识。其世界史教育中对于世界各国的认知，经历了由"分散"到"联系"再到"一体化"的发展演变，这也影响了其世界史研究从"国别史"到"区域史"再到"全球史"转型的轨迹。

　　全球化的时代浪潮仍在前进，日本对世界史教育的内涵建设也尚未止步。战后至今日本世界史教育的变化，事实上也是半个多世纪以来全球化进程加速的一个体现。全球化的不断深入，客观上促使日本有必要应对接踵而来的一系列全球性问题，其中包括环境、气候、贫困和可持续发展问题等。最后，我们也要认识到，无论是体系构造还是理论方针，在教育领域开展与时俱进的改革，均是社会思潮与时代需求的一种折射，会对国民形成开放包容的历史观产生一定影响，这也是当前各国开展面向全球化时代浪潮的世界史教育的应有之义。

　　（作者：李超，苏州科技大学历史系副教授；徐新博，苏州科技大学历史系硕士研究生）

"近代以来日本对华知行研究的实证考察与理论创新"笔谈

【主持人语】在中日古代交往史上，日本曾在唐代和明代两次向中国发出挑战，但却始终无法撼动中国在东亚的领导地位。然而步入近代后风云突变，日本成了对中华民族威胁最大、侵略最甚、伤害最深的强敌。泱泱五千年文明大国，何以被昔日的"蕞尔小国"逼入亡国灭种的险境？原因不可不察，历史的教训必须记取！

近代日本欺凌中国的一个重要根据是对中国的"深入了解"，而近代中国尝尽日本苦头的一个重要原因也正是对日本的"不知彼"。二战后，中日关系经历了从对抗到合作的转变，而今又走到了重新选择的十字路口。搞清日本这个难缠而又"搬不走的邻居"对当前的中日关系怎么看、对今后的关系发展怎么想，是我国理性制定现实对日外交战略及相关政策的先决性条件。因此，阐明不同时期日本的中国观特征，把握其中国观形成演变的规律和本质，不仅具有重大学术价值和理论价值，而且可以为我国对日战略及政策的调整提供不可或缺的参考，以便在处理今后的对日关系时知己知彼，有理、有利、有节地与日本周旋，最大限度地维护民族利益，促进世界的和平发展。

在中日学界的先行研究中，日本学界对特定时期对华思潮、特定人物中国观的微观研究相对深入、细致，但难以改变就事论事、研究碎片化的倾向，一些研究的立场和观点也明显存在问题。从 20 世纪末开始，中国学界关于日本政界、经济界以及知识界中国观的个案研究有所进展，但因前期研究积累薄弱以及资料限制等原因，整体水平亟待提升。

2006 年，杨栋梁教授领衔的南开大学日本史研究团队获得教育部人文社会科学重大课题攻关项目"近代以来日本的中国认知及行动选择研究"的立项资助。2012年，杨栋梁主编《近代以来日本的中国观》由江苏人民出版社出版，全书共 6 卷，约 200 万字。2015 年，杨栋梁等著《近代以来日本的对华认识及其行动选择研究》由经济科学出版社出版，全书 50 万字。这两部著述是国内日本史学界对近代以来日本的中国观进行全方位研究的系列成果，前者的特色是系统考察不同历史时期日本对中国的认知和态度，后者的特色则是对近代以来日本的中国认识及其行动选择进行全方位贯通的综合研究，两部著述彼此呼应，相得益彰，已在国内外学界产生了重要影响力。

两部著述时间上兼顾不同历史时期，空间上涵盖各个领域、阶层和人群，重点则在于系统考察1840年第一次鸦片战争至21世纪初日本的中国知行。与此相对应，考察的对象包括日本政界、军界、财界、知识界、民间团体等各个阶层及国民个体。

作者沿着近代以来日本对中国认识的演变轨迹，依据其独创的"中国观分析模型"，深入展开实证考察，指出了近代以来日本中国观归结为江户时代的"从尊崇到质疑"、鸦片战争至甲午战争时期的"从质疑到蔑视"、甲午战后至北洋政府时期的"从蔑视到无视"、国民革命至二战结束时期的"从无视到敌视"、日本战败投降到中日邦交正常化的"从敌视到正视"、中日邦交正常化以来的"从正视到'竞合'"等阶段性特征，进而阐明了近代日本对华认识及其行动选择的互动关系。

　　这两部著述出版后，得到学界的高度评价，也引起社会热烈反响。《世界历史》《日本学刊》《抗日战争史研究》等重要学术期刊和韩国的《中国史研究》刊载书评，予以积极评价①。人民网、新华网、中新网、搜狐网、新浪网、环球网等网站和《新华日报》等主流媒体广泛报道，人民网"强国论坛"特邀主编杨栋梁与网友交流焦点、热点问题。《近代以来日本的中国观》入选凤凰出版传媒 2012 年"凤凰之秋"十佳图书并排名第一，入选凤凰出版传媒 2012 年"好书评选"十佳图书并排名第一，入选国家新闻出版广电总局第四届"三个一百"人文社科类原创图书，2015 年获得教育部第七届高等学校人文社会科学优秀成果二等奖；《近代以来日本的对华认识及其行动选择研究》，2018 年获得天津市社会科学优秀成果一等奖。

　　我国传统的日语教育，是对学生进行日本语言、日本文学、日本社会文化等方面的教育，传授给学生们的知识，往往偏重于：日语是"暧昧性、婉转性语言"，日本文学主要讴歌"风花雪月"；日本文化是典型的"菊与刀"文化；日本有美丽的樱花和忠勇的武士；中日两国使用着共同的汉字；2000 多年以来，中国一直是日本人的老师等内容。这些知识固然必要，但却不能帮助学生把握日本和日本人的全貌，仅就错综复杂的 2000 多年中日古代关系史而言，正如杨栋梁在书中所指出的那样，那是一部由"友好"和"和谐"、"普通"和"恬淡"、"对立"和"不愉快"等不同材料编就的历史，可谓苦辣酸甜咸五味俱全，"剪不断，理还乱"。因此，有必要让学生站在高处、全视角审视日本。

---

　　① 如郑毅：《评〈近代以来日本的中国观〉》，《世界历史》，2013 年第 5 期；白春岩：《往者不可谏，来者犹可追——读刘岳兵著〈近代以来日本的中国观〉第三卷（1840—1895）有感》，《抗日战争史研究》，2013 年第 3 期；侯杰：《解析日本人心灵世界的佳作——评杨栋梁教授主编并撰写的〈近代以来日本的中国观〉》，[韩国]《中国史研究》第 86 辑，2013 年 10 月；李文：《日本国民性的历史折射——杨栋梁主编〈近代以来日本的中国观〉读后》，《日本学刊》，2014 年第 4 期；李少鹏：《探赜索隐，观其会通——读〈近代以来日本对华认识及其行动选择研究〉》，《外国问题研究》，2019 年第 3 期。

　　南开大学外国语学院日语系作为国内高校重要的日语人才培养机构，秉承南开大学"知中国，服务中国"的优良传统，为了培育具有相当人文社会科学素养的复合型日语人才，在人才培养方式、教学课程设置及授课方式方法上，不断进行创新性探索。在日本历史与文化的相关专业选修课中，要求硕博士研究生研读指定的日本研究著述并进行讨论，便是一种可行的尝试。迄今，将杨栋梁主编的六卷本《近代以来日本的中国观》作为研究生课程教材已经是第六个年头。值得欣慰的是，学生们研读了这部著作后，不仅学到了运用史料研究日本的方法，而且从另一个角度看到了真实的日本及中日关系。每次讨论课上学生发表读书报告时，总能看到他们含着的眼泪。学生们在把握中日关系所经历的"强对弱""弱对弱""弱对强""强对强"等不同"场面"及其基本原因后，提高了理性思考和认识问题的能力，增强了构筑稳定健康中日关系的使命感。

　　本栏目的三篇文章，拟从研究视角与理论方法、典型案例的实证考察深化、理论观点突破三个侧面入手，讨论《近代以来日本的中国观》和《近代以来日本的对华认识及其行动选择研究》两部著述的特色及其学术贡献。韩立红的文章指出，两部著述创造性地构建了"研究的理论模型，进而以实证研究为依据，从历时性角度出发，梳理了日本对华认识和行动选择的变迁；从共时性角度出发，动态分析了影响中日关系互动的各种变量"。刘潇的文章探讨了两部著述的实证研究深化问题，认为丛书收集和使用了大量原始资料，体现了言必有据，其中关于各种思想流派、政党或阶层对中国的认知及态度，以及内田良平、宫崎寅藏、北一辉、酒卷贞一郎、内藤湖南、橘朴、大原总一郎、稻山嘉宽、冈崎加平泰、大平正芳等典型人物中国观考察，效果尤为显著。郭金梦的文章探讨了两部著述的理论观点创新，认为其关于古代中日关系性质与特征的见解、关于早期亚洲主义的观点、关于日本对华知行规律和特点的论述等颇具新意，促进了日本对华知行研究的深化。

（本专栏主持人韩立红，南开大学外国语学院日语系教授、博士生导师）

日本对华知行研究的方法创新*

韩立红

*本文为天津市社会科学基金项目（项目批准号：TJSL 18–001）的阶段性成果。

《近代以来日本的中国观》与《近代以来日本的对华认识及其行动选择研究》，在研究的视角和方法上独具特色，这主要体现在三个方面。

一、构建"观"研究的理论模型

人文社会科学领域的"研究"，可以分为"基础研究"和"对策研究"两大类，又皆属于人类"知行"研究的范畴。那么"知"为何物，包含哪些内容，在具体的"内容"之间又存在着一种什么关系？简言之，广义的"知"就是看法，亦曰"观"。如美国人的中国观、日本人的中国观，中国人的日本观等。可以说，国内研究界与"观"相关的论文选题俯拾皆是。

两部著述指出，在"知"即"观"的范畴里，存在着"认知"和"态度"两个呈递进关系的不同场域。"认知"是认识主体对认识客体的主观判断，是解决认识主体眼中的认识客体"是什么""为什么"即何以至此的问题。例如，在"是什么"的认知上，要做出客体对象是文明、先进、富裕、强大，还是愚昧、落后、贫穷、弱小的判断。在"为什么"的认知上，要做出是因为思想进取、政治开明、技术发达、社会安定，还是因为思想保守、政治黑暗、技术落后、社会混乱的分析。"态度"则是认识主体基于对认识客体"是什么"及"为什么"的认知而产生的如何应对同一认识客体的主观立场。在这一主观立场中，又包含着认识主体直面认识客体而产生的好恶心态和政策主张的两个层面。例如，在对待客体对象的情感上，认识主体是羡慕、喜欢，还是蔑视、讨厌？在针对客体对象的政策主张上，认识主体是希望接近、亲和，还是疏远、敌视？

依据这一理论分析模型，两部著述在分析 19 世纪中叶两次鸦片战争后日本的中国观变化时指出，日本在对华认知层面上，认为曾经的文明、先进、富裕、强大的中国不复存在，现实的中国愚昧、落后、贫穷、孱弱；原因在于思想保守、政治腐败、重文轻武、家社会破坏了社会统合等。在对华态度层面上，传统的羡慕、尊崇、追赶中华情感急剧淡薄，但在对华政策主张上，直到甲午战争前夕，中日两国唇齿相依、联华制夷论与告别"恶友"、以邻为壑论之间的论战始终没有停息。

国家是国民权力的集合体，国家意识是通过国民意识的最大公约数体现的。仍以鸦片战争后"日本的中国观"为例，两部著述在研究这一问题时体现出两个特征。一是作为静态研究，在特定的时间和空间里，非常具体地从政界、军界、财界、知识界、民间团体及国民个体考察了各自的中国观。同时，在形形色色的对华观中，考察出哪些是主流，哪些是支流；哪些有客观依据，哪些是主观臆断；哪些是健康的，哪些是有害的；哪些影响了日本对华政策的制定乃至上升为国家意志，哪些只对政策制定有牵制作用或未起作用，即其社会影响限于狭小范围。二是作为动态研究，阐明了随着时间的推移各种中国观在相互博弈中怎样此消彼长，以及影响其消长的约束条件是什么。可以说，这一研究方法充分展现了理论史学和实证史学相结合的研究特点和魅力。

二、日本对华知行纵轴演变的历时性考察

历史发生在特定的时空，因此历史研究也须沿着时间的纵轴和空间的横轴进行。杨栋梁教授领衔的两部著述，前者侧重于考察日本的对华"认知"，即"中国观"，后者侧重于分析日本对华"认知"和"行动"互动关系，而在历时性把握其对华"知"与"行"上，充分体现了编年体史学研究的基本特点。

具体说来，这种纵向的历时性研究是从探讨古代中日关系的演变开始的。两部著述基于丰富的历史资料进行实证考察，对不同历史阶段的中日关系，做出了如下阐述。

隋以前中日是"宗属"关系，隋唐时期变成"对等"关系，两宋时期无邦交，元明时期"恩怨"并存，封建晚期是相安无事的"隔离"，这样的古代中日关系是无法用"友好""对立"，抑或其他定性词句简单概括的。利益是国家间关系的本质，中日古代关系也不能脱离这一法则。

1603—1840 年江户时代，日本的中国认知是一个"从尊崇到质疑"的阶段。江户时期的日本和中国没有国交关系，思想界存在儒学、国学、兰学三大学问体系，因此对华认识呈现多样化趋势。三学在自他对照观察的比较中，生成了对中国文化"从尊崇到质疑"的过程，近代日本人的各种中国认识，均可在江户时代日本知识人的中国观中找到原型。

1840—1895 年，即鸦片战争至甲午战争时期，日本的中国观是一个"从质疑到蔑视"的阶段。在两千多年的中日关系发展史上，甲午战争构成了重大分水岭，传统东亚地缘政治的中日主从位置也发生了根本性颠倒，中日两国的相互认识也随之发生了根本性改变。

日本对华知行研究的方法创新

1895—1931 年，即甲午战后至北洋政府时期，日本的中国观是"从蔑视到无视"的阶段。清朝在甲午战争中的失败，确立了日本的蔑华意识。其后这种意识随着中国国家主权的不断丧失和日本对华侵略扩张的得逞继续膨胀，发展为无视中国的状态，并带来了无视中国的"认识"和蚕食中国的"行动"。

1931—1945 年，国民革命至二战结束时期的中国观是"从无视到敌视"的阶段。北伐战争加快了中国统一的进程，也引起了日本的恐慌，九一八事变后日本建立了伪满洲国，接着入侵中国华北，到处扶植傀儡政权，1937 年挑起了卢沟桥事变，开始全面侵华，继而发动太平洋战争，直至战败投降。

1945—1972 年，即日本在第二次世界大战中战败至中日复交时期，日本的中国观是"从敌视到正视"的阶段。此间日本与中国台湾保持着"关系"，与新中国则始终处于无邦交的敌对状态。1972 年的复交结束了两国关系的敌对状态，揭开了两国关系的新一页，但是横亘在两国关系中的历史问题、台湾问题及钓鱼岛领土归属问题，并未由此止息。

1972—2011 年，日本的中国观是"从正视到竞合"的阶段。中日复交后，日本逐步改变复交前敌视中国的态度，开始全方位、多渠道地接触中国，积极探索加强两国关系的有效途径，从而迎来了中日复交后长达 20 年的健康发展局面。但是进入 20 世纪 90 年代后，随着冷战的结束和中国的崛起，中日"两强并存"态势开始出现，日本在对华政策上，愈加倾向于把中国视为警惕和防范的"竞争对手"。

从两部著述对日本对华知行变迁的历时性论述中可以看出，中日两国力量强弱及其国际地位的变化，是影响日本对华认知及其行动选择的根本性因素。

三、日本对华知行横轴互动的变量分析

两部著述在历时性考察日本对华知行变迁的同时，对不同历史空间的横轴互动变量因素也给予了极大关注。例如，在探究古代日本的对华知行及中日关系时，能够把影响日本乃至中国的其他因素充分考虑进来，特别是朝鲜问题。换句话说，古代的中日关系，不是单纯的二者关系，而是东亚语境下的中日关系，其中朝鲜始终是影响二者关系的最重要的变量。同理，近代以来的中日关系，是世界语境下的中日关系，影响两国关系的外在因素，已经远远超出东亚区域，欧美列强已经成为影

响日本对华知行及中日关系的重要变量。

基于这种认识，两部著述在探究古代日本对华知行时指出，从东亚地缘位置与文化语境来看，作为同属东亚的中国、日本、朝鲜三国均为东亚地区的主要国家，三国之间的关系历史悠久，时而密切，时而疏远，时而友好，时而争斗，其力量和地位也随着变化此消彼长。

在古代东亚三国的有限认知中，亚洲就是世界，在这个地域中，先进而强大的中国是世界中心。由于中华文明的高度发展和长盛不衰，中国成为日本、朝鲜等学习和模仿的对象。以此为基础，中国历代王朝建立的以王道思想为基础、朝贡册封为形式的华夷秩序，形成了主导古代东亚文明中心与边缘关系的体系性建构。可以说，古代日本、朝鲜都属于所谓的"中华文化圈"，具有儒学、佛教、汉字等共同的文化内容或文化符号。

在古代，东亚三国的悬殊差距，带来了中国、日本、朝鲜国家间关系的稳定。当时的朝鲜主动投入了华夷体系，日本虽然在政治层面游离于"华夷朝贡册封体系"之外，但在文化层面依然属于"中华文化圈"。三国之间在政治、安全等领域存在一些摩擦甚至冲突，但在漫长的古代历史上，日本与朝鲜半岛始终受到中国文化强烈的支配性影响。

在 15 世纪的室町时代，日本出于利益权衡，幕府将军足利义满向明朝称臣，主动加入了以大明为中心的华夷秩序。

清朝的建立带来了中国、日本、朝鲜的华夷意识的变化。这不仅使得朝鲜以中华文明继承者自居，也使得日本的中华思想膨胀，江户时代山鹿素行在代表作《中朝事实》中公开宣称"日本是中国的代表"。

19 世纪以后，随着西方列强的入侵，以中国为中心的东亚秩序走向崩溃。随着中国在鸦片战争中的失败，质疑中华、蔑视中华的态度在日本急剧抬头，"东洋盟主论"者认为日本是亚洲文明的中心。鼓吹脱亚论的福泽谕吉也称甲午战争是"文明对野蛮的战争"，日本成为"世界文明"的亚洲盟主和中心。

甲午战争以后，日本自命为东亚盟主，提出"东亚新秩序"，无视中国，敌视中国，从侵占中国台湾、占领朝鲜半岛，到侵占中国东三省，再到全面侵华，发动太平洋战争，梦想建立"大东亚共荣圈"，称霸东亚，最后归于惨败。

日本对华知行研究的方法创新

战后，在东西方两大阵营长期对立的冷战状态下，中日关系艰难前行。1972年恢复邦交以来，中日关系在经济、文化等领域堪称密切，为地区繁荣和世界的稳定做出了贡献。但是时至今日，两国在政治、安全等领域存在的摩擦和矛盾不见缓和，关系复杂而微妙，而在影响中日关系的各种变量中，总能看到外在的世界大国或区域大国的身影。

（作者：韩立红，南开大学外国语学院日语系教授、博士生导师）

日本对华知行研究的实证突破

刘　滢

杨栋梁教授领衔撰写的 6 卷本《近代以来日本的中国观》和《近代以来日本的对华认识及其行动选择研究》，堪称史论俱佳之作。其极为突出的一大亮点，是实证研究的深入和突破。本着论从史出、言必有据的原则，两部著述大量发掘并使用了日本政府公文、党派内部刊物、报刊时论文章、实地调查报告、重要人物日记和回忆录等原始文献，覆盖面广泛涉及政界、军界、经济界、知识界等社会各层面及其各种人物。这些鲜活、珍贵的史料，许多为国内学界首次使用，显著提升了这一专题研究的原创水平。

一、提纲挈领：古代日本对华知行的把握

从世界史的角度看，15 世纪末的大航海和地理大发现，标志着人类历史发展进入"近代"，但是如果从中国正史《汉书》记载的"倭人"算起，至 1853 年佩里叩关，古代中日两国的交往约有 2000 年的历史，而这段漫长的中日交流史或曰日本的对华知行史，正是影响近代以来日本对华知行的前提性基础。对此，两部著述高度重视，但在实证研究的操作上，为了把主要精力集中于"近代日本对华知行"方面，对古代日本的对华知行，采取了精选史料、凝练主题的实证方法。

关于古代日本截至德川幕府成立的对华知行，两部著述分别设专章论述，在实证上主要引证中国官修二十四史的信史资料，包括《汉书地理志》《后汉书·东夷传》《三国志·魏书》《宋书·列传魏国》《南齐书·列传东南夷》《梁书·列传东夷传》《隋书·列传倭国》《新唐书·列传刘仁轨》《明史·日本传》等，同时运用《日本书纪》《中日关系史资料汇编》的文献互证。据此，著者指出两千年的中日古代关系风云变幻、错综复杂，日本对华交往经历了主动朝贡受封、主动朝贡请封、要求关系对等乃至自成一统断绝两国邦交的过程。两国关系是一部由"友好""和谐""平淡""对立""不愉快"等不同材料混同编就的历史，是一种"剪不断，理还乱"的关系[①]。

《近代以来日本的中国观》第二卷，专门探讨了江户时期（1603—1840）即日本近代早期的对华认知演变，实证考察的主要对象是儒学、兰学、国学三大学问板

[①] 杨栋梁著：《近代以来日本的中国观》第一卷（总论），江苏人民出版社，2012 年，第 24～25 页。

块。著者认为，统治阶层与知识界主要是围绕文明观念、政治观念和外交观念，以中国和西洋为参照物，讨论和认识"大国与小国""中心与边缘""华与夷""师与生"等问题[①]。例如，在考察日本儒者的中国观时，以藤原惺窝、林罗山、中江藤树、木下顺庵、贝原益轩、林鹅峰、林凤冈、佐藤直方、室鸠巢、三宅尚斋、荻生徂徕、太宰春台、伊藤仁斋、伊藤东涯、熊泽蕃山等典型人物为"标本"，进行了不同程度的评述；在考察日本国学者的中国观时，对户田茂睡、河边长流、契冲、荷田春满、贺茂真渊、本居宣长、平田笃胤进行了思想解剖；在考察日本兰学家的中国观时，客观评介了杉田玄白、前野良泽、大槻玄泽、山片蟠桃、本多利明、佐久间象山、横井小楠的代表性观点及其影响。基于如此深细的考察，指出"三大学问板块的共同特点是都在对中国和中国文化进行重新认识和定位，不同学统对中国尤其是儒家理念质疑的程度和排斥儒家思想的依据各不相同，来自日本儒学家的质疑，基本上是源于对朱子学的批判，因而在一定程度上降低了当时的中国和中国学术在日本知识层中的形象，使中国的形象失去了昔日的光彩。但是他们对儒家思想只是做了有限度的分解，而在守护共同正统的儒学渊源上，对中国文化仍然抱有亲近感，并认为中日两国文化同源，显示出实现日中两国文化平等的诉求；国学家出于狭隘的极端民族主义心理，为了实现日本文化中心主义的目标，在感情上对中国文化进行了不讲道理的全盘否定。其诋毁中国和中国文化的根据简单粗暴，甚至荒诞无稽；兰学家们是在比照西洋社会原理的前提下，对中国的文化传统重新评价和定位的，他们对中华文化的质疑表现出一定的理性，对毫无科学根据的复古神道则进行了严厉的批判，他们在'大西洋而小日本'的思考路径下，承认日本社会已落后于西洋，并主张兼容并包地学习东西所长，为日本的发展探求新路"。这三大学问体系的不断变化和分裂，为近代以后的日本留下了一笔思想遗产。

二、鞭辟入里：近代日本对华知行的解析

关于近代日本的对华知行，《近代以来日本的中国观》的第三卷（1840—1895）实证考察了鸦片战争至甲午战争期间日本社会的中国殷鉴论、唇齿论、敌对论、亲

---

① 杨栋梁主编，赵德宇、向卿、郭丽著：《近代以来日本的中国观》第二卷（1603—1849），江苏人民出版社，2012年，第一章至第三章。

善论、亡国论等各种思潮，对近代日本中国观的原型进行了学理性分析；第四卷（1895—1945）实证考察了日本政、军、财、学、民各界对中国戊戌变法、义和团运动、清末新政、辛亥革命、国民革命、抗日战争的认知，指出该时期日本的蔑视型中国观已直线发展到"无视"和"敌视"。《近代以来日本的对华认识及其行动选择研究》则在第二至四章中，以三章的篇幅考察了日本自 1840 年第一次鸦片战争至 1945 年战败期间的对华知行。这些研究，案例典型，史料鲜活，深刻揭示了不同历史语境下各类人物的对华认识和行动主张。下面试举数例，以窥知一斑。

鸦片战争是引起日本的中国观发生重大改变的一大动因。对此，著者围绕以下人物的思想认识进行了考察[①]。例如，德川幕府时期的知名儒者古贺侗庵在《殷鉴论》中，对"唐人之失"进行了"裂眦骂詈"般的批判；在《海防臆测》中，纵论天下大势为"彼我情状，如秦镜照胆"，发出了"异日清或为太西所并有"的预言。斎藤竹堂在《鸦片始末》中指出，"鸦片之事，曲在英，直在清"。英胜清败的原因"在平日而不在鸦片之事也。"清朝的弊端在于"汉土常以中夏自居，侮视海外诸国如犬羴猫鼠、冥顽不灵之物，不知其机智之敏、器械之精，或有出于中夏之所未尝识，而汉防之术茫乎不讲"，英国的强悍则不仅在于"航海纵横，称雄西域"，从而言简意赅地点明了双方胜负的内在原因。幕末大儒盐谷宕阴在《隔靴论》中，认为西洋诸夷掌握清朝情况，"乃至文字言语、政治得失、官吏能否、戎备虚实，莫不洞悉"。反观清朝，在军备、技术方面，不知其"坚舰如山"，且"汉奸如蝇"。吉田松阴在《读筹海篇》中指出，清朝的失败"不在外夷，而在内民"。清朝"不知彼亦太甚矣"。他还在《幽囚录》中提出了日本以清朝为鉴，应对西力东渐的政策主张，及"日不升则昃，月不盈则缺，国不隆则替。故善保国者，不徒毋失其所有，且应增其之所缺。今急修武备，舰略具、炮略足，则宜开垦虾夷，封建诸侯。乘隙夺取堪察加、鄂霍次克，谕琉球朝觐会同如内地诸侯，责朝鲜纳质奉贡如古盛时"[②]。

甲午战争是近代日本确立蔑视型中国观的历史节点，对此，两部著述的实证发掘也颇多进展，浓笔重墨地揭露和批驳了陆奥宗光、福泽谕吉、德富苏峰、内村鉴三等人的"文野之战""义战"的谬论。

---

① 杨栋梁主编，刘岳兵著：《近代以来日本的中国观》第三卷（1840—1895），江苏人民出版社，2012 年，第二章。

② 吉田松陰「幽囚録」、『日本の名著 31　吉田松陰』中央公論社、1989 年、227 頁。

辛亥革命爆发、清朝灭亡以后，直到日本发动全面侵华战争，中国陷入长期内战的混乱期，此际日本的蔑视中国论演变为"中国已死"的无视中国论。对此，两部著述重点考察了日本政界、军界、学界代表性人物的中国观。例如，"支持中国革命最真诚的日本友人"①宫崎滔天的中国观，打着亚洲主义旗号、急欲扩大日本在华权益的国权主义者内田良平的中国观，日本法西斯的教祖北一辉的中国观，海军兵学校文职教授酒卷贞一郎的中国观，战前日本汉学泰斗、国策学科"支那学"创始人之一内藤湖南的中国观，近代日本民主主义的旗手吉野作造的中国观，"满洲国建设"的思想指引者橘朴的中国观等。以对民国初期内藤湖南的"支那论"实证分析为例，著者将《内藤湖南全集》中收录的《清朝衰亡论》(1912 年 3 月出版)、《支那论》(1914 年出版)和《新支那论》(1924 年出版)3 部著作，以及在《大阪朝日新闻》《外交时报》《东方时论》《神户新闻》《青年》《太阳》《中央公论》等报刊杂志上刊载的时评 43 篇，全部纳入研究视野，以内藤发表的言论为据，阐明其对辛亥革命及民国初期的中国关注和思考了什么，对中国的社会状况和未来发展前途持何"见解"，对日本统治当局提出了怎样的政策性建议，进而揭示日本知识分子在中日关系中发挥了什么作用。最后，著者得出的结论性观点是，内藤湖南从民族感情、国家统一的经济成本、民主制的代价等关联分析入手，认为"本土"势必统一但"五族"应该"分治"；以中国人"没有国家观念"为据，断言中国"国防无用"，"国际管理"势在必行；以"国家树龄""异族刺激""文化中心移动""殖民开发"等一套组合观点支撑，兜售日本的对华使命论。内藤对中国历史的了解及社会现状的分析，显示了丰厚学识，但他从社会达尔文主义的观点出发，不遗余力地鼓吹适者生存的合理性，站在国家本位立场上，为日本的对华殖民扩张政策提供理论依据，一览无余地暴露出其帝国主义时代御用文人的冷酷和人类良知的缺失。泰斗级"汉学家"堕为庸俗的"国策学者"，是内藤等一些战前日本知识分子的悲哀②。这一无可辩驳的实证和入木三分的评判，堪称精彩纷迭。

---

① 王晓秋：《中日文化交流史话》，山东教育出版社，1991 年，第 113 页。
② 杨栋梁著：《近代以来日本的中国观》第一卷（总论），江苏人民出版社，2012 年，第 165～181页。杨栋梁主编，王美平、宋志勇著：《近代以来日本的中国观》第四卷（1895—1945），江苏人民出版社，2012 年，第 213～219 页。

三、见微知著：战后日本对华知行的研判

第二次世界大战结束后，中日关系经历了无邦交和有邦交的两大阶段，日本的对华知行也随之发生重大调整和变化。

在 1945 年日本战败投降到 1972 年中日邦交正常化的 27 年间，日本与龟缩在中国台湾一隅的国民党"政府"保持着"关系"，与新中国则始终处于无邦交的敌对状态。对于这一时期日本的中国知行，两部著述实证研究的重点，放在了日本如何看待新生的中国、如何在无邦交状态下与新中国保持联系、在什么条件下选择了与中国恢复邦交等问题上。

其中，对政界代表人物的中国观及其行动选择的考察很有特色。例如，从首相吉田茂的回忆录及其写给美国的《吉田书简》入手，揭示了其代表日本在政治上选边站队心路历程，即"当时日本政府和台湾方面加深友好关系和经济关系，固然出于本意，但同时也不愿因此而走到否认北京政府的地步。然而事实上，国民政府是日本最初的交战对象，且其在联合国所占地位亦极重要，况且在日本投降时，国民政府又有使日本军民平安撤退回国的恩谊，日本自不能否认其为一媾和对象国家。更何况美国上院担心日本与中国大陆之关系，若因此而导致和约批准受到影响，则更不堪设想。当时，因有迅速表明态度之必要，所以为了立即决定媾和对象，日本遂不得不选上了国民政府"①。"日台条约"签订，正是基于这种考虑。1955 年后的冷战时期，日本自民党长期执政，其对外政策的核心是"以日美关系为基轴"，与新中国则处于敌对状态。

在中日无邦交的状态下，两国关系只能在"政经分离"的情况下，通过经济交流逐步推进。对此，著者不仅评述了政界石桥湛三、松村谦三、高碕达之助发挥的重要作用②，而且对日本经济界三位主张对华接触、合作的大佬级人物展开论述③。第一位是冈山县仓敷市仓敷绢织公司总经理大原总一郎。著者引用《大原总一郎随

---

① 吉田茂：《十年回忆》，转引见司马桑敦：《中日关系二十五年》，联经出版事业有限公司，1988 年，第 4 页。

② 杨栋梁主编，王振锁、乔林生、乌兰图雅著：《近代以来日本的中国观》第五卷（1945—1972），江苏人民出版社，2012 年，第 113～128 页。

③ 杨栋梁主编，王振锁、乔林生、乌兰图雅著：《近代以来日本的中国观》第五卷（1945—1972），第 245～258 页。

想全集》的一段话，客观披露了当时日本社会一定程度存在的对华赎罪与感恩的情感，即"当年蒋介石总统说'以德报怨'，表示不追究日本天文数字般的战争赔偿。这种态度给我和许多日本人留下了深刻的记忆。我们期待或希望现在的中国政府也采取同样态度。对于如此的宽宏大量，我们深感愧疚。在这些事实面前，我们甚至难以抬得起头。这些我们不可忘记。……我们感到，为了赎罪，必须对那些努力忘记过去仇恨的人们做点什么，这是理所当然的，至少我认为应该这么做"。第二位是日本财界领袖、经团联会长稻山嘉宽。稻山主张中日和平贸易、经济互惠，认为"中国有资源，但是资源没开采出来就没有价值。你们开采资源出口给我们，我们使用资源制造钢铁，然后出口。这是真正的交换、贸易"。第三位是全日空总经理、经营之神冈崎嘉平太。冈崎是真诚的亚洲睦邻友好论者，他是中日开展贸易政策的坚定支持者，公开表示"我高度评价松村和高崎的访华。这几年来，访华的日本人总体倾向是或者左倾，或者迎合中方。重开中日贸易的友好商社，也是些变态的团体。为了打破这种局面，确立先前的构想，我坚持自己的立场，考虑与中共直接做些生意，于是就此拜托了松村。所有这些都是出自正确认识和理解中共的考虑。如今通过松村访华，前路业已开辟，因此对高崎访华寄予期待。这绝非只为了扩大贸易。我决心加入高崎一行，就是出于以上考虑"。

围绕中日复交的艰难历程，著者还本着"民间先行，以民促官"的观点，客观列举和评价了日本社会党、日本公明党和日本共产党等党派的作用。

在中日恢复邦交及其复交后日本的对华知行研究中，著者高度评价了田中角荣首相顺应时势的"决断"、福田纠夫首相的远见、大平正芳首相的情怀，提示客观评介了中曾根康弘首相"战后总决算"思想指导下的中国知行、桥本龙太郎首相的"对华新外交"、小泉纯一郎的中国机遇与防范并存论、安倍晋三的以"日美澳印价值观联盟"防范遏制中国论、鸠山由纪夫的"亚洲共同体"与中日合作论等。这些实证性考察，见微知著，信息量巨大，为相关专题研究的进一步深入奠定了坚实基础。

（作者：刘滢，南开大学外国语学院日语系硕士研究生）

日本对华知行研究的理论创新

郭金梦

在杨栋梁教授领衔的两部著述中，由"认知"和"态度"两个不同场域构成的"中国观分析模型"，构建了日本对华知行研究的理论框架，而大量的基础史料和典型实证案例，提供了栩栩如生的研究素材，以此为基础获得的创新性理论观点，则展示了作者及其团队在日本对华知行研究中的卓越学术建树。这些理论创新，既有对古代中日关系性质与特征的崭新诠释，也有对近代日本各种对华思潮的辩证分析，有对日本对华知行一般规律和特点的凝练总结，从而层层深入地揭示了日本对华知与行的演进逻辑。

察古通今，论史知世。当我们审视现今中日关系并展望其未来发展时，认真研读《近代以来日本的中国观》与《近代以来日本对华认识及其行动选择研究》，品味其阐述的创新性的学术观点，必能获得许多有益的启示。

一、温故知新：关于古代中日关系性质与特征的新见解

6 卷本《近代以来日本的中国观》，是按照历史发展的阶段，分卷展开实证分析的。其中，杨栋梁撰写的第一卷在第一章专门论述了中日两国古代交往史，探寻日本对华知行的思想渊源，阐明古代中日关系的性质与特征，从而打破片面、笼统的关于古代中日关系"友好"的认知误区，为深入进行近代以来两国关系的考察奠定了坚实基础。

作者依据《汉书》《三国志》《宋书》《日本书纪》等正史记载的资料，对中日古代关系进行了系统梳理，将近代以前的中日关系分为 5 个阶段，阐释了颇具新意的见解，揭开了古代中日关系的朦胧面纱。作者指出：隋以前，中华文明高度发展带来了中日两国悬殊的实力差距，由此形成了垂直的中日"宗属"关系；隋唐时期，日本不再接受"倭国"称呼和中国皇帝册封，袒露了欲与中国"对等"交往的立场，但仍无法摆脱对中华文明的依附，在唐朝的强大实力和张弛有度的开放外交政策面前，只能谦逊合作；五代十国和两宋时期，中日两国政治上无邦交，但民间经贸文化交流稳步开展，民间交流的规模和深度空前；元明时期，两国关系局面错综复杂，既有日本"最后一次接受中国皇帝册封"、中日"勘合贸易"下的通好合作，又有元朝征日、日本侵朝引发的战争，形成了"合则两利，斗则两伤"的鲜明对照，而丰臣秀吉侵略朝鲜也埋下了近代日本向大陆扩张的思想祸根；封建晚期，中日两国政治上"隔离"，幕府出于统治需要崇尚儒学，但在德川中后期，儒家思想的影响

趋于弱化，日本的传统中国观已然开始裂变。

基于这一阶段性实证考察，作者综合论述了古代中日关系本质与特征，指出古代中日关系已然不是用"友好""对立"等定性的词语就能够简单概括的，其中包含着复杂的利益权衡，尤其需要注意日本对华知行的"底层逻辑"，即日本古代对华的知与行均以国家利益为导向，无论是主动朝贡请封、主动朝贡自封还是要求关系对等乃至断绝邦交，"都是从维护和增进国家利益出发的。"①因此，研究古代的中日关系史，重点不在于证明主流是"友好"还是"对立"，而在于探明不同环境下的应对之策。实事求是地深入研究，"不只是为了洞察对手，也是为了审视自我"②。唯其如此，才能摒弃"一厢情愿的理想色彩"，以客观的态度对待中日两国关系的历史、现在与未来。这些论断，对于认识和思考当今的中日关系，无疑具有重要借鉴和启示意义。

二、抽丝剥茧：关于日本早期亚洲主义的辩证分析

近代以来日本的对华认知，是通过各种主张或思潮具象显现的，这就必然涉及对各个历史时期对华思想、思潮的评价问题，例如，如何评价江户时期的日本儒学及其不同流派，如何评价江户末期至明治初期的东亚同盟论，如何评价甲午战争以后的"中国已死论""中国非国论""中国保全论"等。对于这些问题，这部著述均以严谨学术态度阐释了其观点。因篇幅所限，在此试举一例，看一下其关于日本早期亚洲主义问题的洞察。

亚洲主义或称为泛亚洲主义（Pan-Asianism），意指日本及其他亚洲诸国团结来反抗西方霸权的理想或运动。在考察江户幕府末期至甲午战争期间日本的对华认知时，"早期亚洲主义"是无法绕过的一个问题。对此，21世纪初期，与东亚区域合作加速、一度兴起"东亚共同体"思潮相呼应，我国学界开始从历史研究的角度入手，探讨这种区域合作的思想资源，其中在《历史研究》上刊载的三篇论文引人瞩目。盛邦和的论文认为日本存在早期亚洲主义，并"应该肯定其团结亚洲以抗西洋的'亚洲同盟'思想"③。对此，戚其章持反对意见，严厉批评盛文"将大亚细亚

---

① 杨栋梁著：《近代以来日本的中国观》第一卷（总论），江苏人民出版社，2012年，第24页。
② 杨栋梁著：《近代以来日本的中国观》第一卷（总论），江苏人民出版社，2012年，第24页。
③ 盛邦和：《19世纪与20世纪之交的日本亚洲主义》，《历史研究》，2000年第3期。

主义与日本幕末时期的'攘夷'论和明治维新后的'兴亚'论联系起来,以证明其'含有一定的客观历史进步因素',是不适当……"①。盛邦和则在回应戚文的质疑时坚持原有观点,强调"早期亚洲主义就具有三重流派:'战略亚洲主义'、'文化亚洲主义'与'征亚亚洲主义',日本后期亚洲主义即侵略亚洲主义就是这三个早期'亚洲主义'异变"②显然,这三篇论文在"近代日本是否存在早期亚洲主义""如何判断和把握其性质"问题上,意见针锋相对,毋宁说事态变得更加复杂和模糊了。

杨栋梁领衔的研究团队没有回避问题,而是从正面介入了讨论。透过"早期亚洲主义"问题的复杂性,通过各种"亚洲主义者"的案例分析和对比,揭示了早期亚洲主义的本质和特征。

首先,杨著第一卷从实证的角度入手,基本肯定了盛邦和强调的日本早期亚洲主义现象,同时切中肯綮地指出了其论述的"失衡",提出要对形形色色的亚洲主义者作出区分,通过全面的实证考察,辨别出哪些人是"出于良心和正义,希求亚洲各国及民族平等互助、共同发展",哪些人又是"打着亚洲连横的旗号,旨在让日本担当亚洲盟主并发号施令",更均衡地把握研究素材,以做出最为客观的历史评价。也就是说,在关于"战略亚洲主义"的阐释上,前者主要是从"正面或非负面"的角度出发,列举会泽安等人思想和活动,而对该人物的"另一面"并未给予全面的关注。"会泽安在《新论》中提出中日'唇齿'关系的同时,通篇又是称中国为满清,而用'中国''神州''皇国'来指代日本的,这就出现了应该如何诠释会泽的日本式小中华思想在其兴亚论中所处的位置问题。"

其次,研究对象的精准确定和分类也是解决问题的重要依据。杨著认为,"'早期亚洲主义'作为一种思想体系,是一种以欧美和世界为参照物的亚洲观,是关于亚洲的思想认知、价值判断和行动主张,肯定和伸张亚洲价值、呼吁亚洲联合对抗西方是早期亚洲主义的一般性特征。"因此将甲午战前日本人的思想主张均纳入研究视野是有必要的。此外,与后期一边倒式的"侵略亚洲主义"不同,"早期亚洲主义"是难以一言以蔽之的、各种思想混杂的"形态",因此应在确定思想共性的同时,根据不同人和团体对华态度的异同将其合理分类。

---

① 戚其章:《日本大亚细亚主义探析——兼与盛邦和先生商榷》,《历史研究》,2004 年第 3 期。
② 盛邦和:《日本亚洲主义与右翼思潮源流——兼对戚其章先生的回应》,《历史研究》,2005 年第 3 期。

最后,在明确了问题复杂性和研究对象、研究方法之后,杨著将早期亚洲主义基本分为三类,即朴素型亚洲主义、策略型亚洲主义和征服型亚洲主义。朴素型亚洲主义以不寻求日本一国的领袖地位,极具理想主义色彩,真诚、朴实、平等思想影响了宫崎滔天、梅屋庄吉等一批同情和支持亚洲弱小民族独立、反对日本对外扩张的仁人志士,他们的思想和行动值得肯定;策略型亚洲主义同样呼吁亚洲"连横",但这只是一种维护和扩大日本权益的策略,力图为日本的"亚洲盟主论"造势,一面倡导"亚洲应齐心协力以御西洋人之侵凌",一面声称"亚洲东方堪当此魁首盟主者唯我日本"①,同时还时刻注意着与欧美列强保持"协调";征服型亚洲主义则充斥着日本皇国思想和近代的强权理念,以本居宣长的日本乃"普照四海万国之天照大神出生之本国,故为万国原本大宗之御国,万事优于异国"②为思想依据,是崇尚武力、不择手段的侵略思想。在具体分析时,作者还特别强调了"早期亚洲主义"的"流动状态"。世界形势的变化、日本与周边国家实力对比的变化,都是该思想调整的动因,应注意该思想共时性的、三维的生存空间和发展态势。

杨著对"早期亚洲主义"的分析与阐释,可谓抽丝剥茧、细致入微。在研究方法论上,运用了"认知"与"态度"区分的分析模型,在对早期亚洲主义者的相关资料进行考察时,不仅看到其表面主张,也看到主导其行动的思想复杂性。这种人物分析、事件分析,辩证论述的学术范式,的确值得参考和借鉴。

三、一言穷理:关于日本对华知行规律和特点的总结

综观近代中日关系发展的历史,随着世界形势的变化、中日两国及周边国家实力对比的变化以及日本自身发展的变化,日本的对华认知及其行动选择,看似充满着"变数",却在冥冥之中存在着相对不变的一般性规律和特点。《近代以来日本对华认识及其行动选择研究》,在结语部分做出了以下四点精辟总结③,揭示了日本对华知行的逻辑,也对未来中日关系发展走向提供了理论依据。

一是日本对华知行中一以贯之的"利益准则"。杨著指出,"国家利益"是战前

---

① 『福沢諭吉全集 8巻』岩波書店、1960年、30頁。
② 石川淳編『本居宣長全集 8巻』筑摩書房、1972年、311頁。
③ 杨栋梁等著:《近代以来日本对华认识及其行动选择研究》,经济科学出版社,2015年,第375～377页。

日本使用频率最高的词汇，日本的侵略扩张行动只要打出"为国家、为民族"的旗号，便总能得到日本社会的认同，在"国家利益"面前，正义和公理显得软弱无力。二战以后，日本在对华政策上完成了从无邦交到复交的转变，但随着复交前后对华"负疚""感恩"意识逐步消失殆尽，日本在其后的对华行动选择中，"感情因素"变得淡薄，"利益准则"将得到更加彻底的贯彻。

　　二是日本对华认知上的"近视"和"远视"，即存在放大镜式认知与妄自尊大。一方面，为了"认识"中国，近代日本的"投入"巨大：大陆浪人、新闻记者、商界人士在中国的活动自不待言，军事情报机构、日清贸易研究所、东亚同文书院、满铁调查部等成建制、有组织的中国调研活动，其规模之大、持续时间之久也是令人咋舌。近代日本之所以能在对华权益扩张的行动中屡屡得手，也正是基于对中国现状较为客观的"认知"和判断。可以说，日本相当程度地"读懂"了中国，而中国则不尽然。另一方面，日本人微观认知的精细，并不意味其对中国宏观把握及前瞻的准确。事实上，除了极少数头脑清醒者外，战前日本的"中国通"及知识界精英们，普遍低估了中华民族的内聚力、抵抗力和巨大潜力，并以此误导了日本民众。其一叶障目式认知的结果，导致自我评价的夸大，以致欲望战胜理智，最终做出与中国乃至世界正义力量为敌的错误选择。战败给了日本重新认识中国、世界和自我的机会。度过冷战和后冷战时代，如何看待现实中国，展望中国的未来，再次成为当今日本面对的课题。

　　三是日本对华态度上的实力主义依据。近代社会是奉行"丛林法则"、公理服从强权的。日本作为东亚率先接受和奉行这一理念的国家，曾效仿西方列强，无视道德、正义和公理，对中国、朝鲜乃至与其同类的欧美列强，采取了靠实力说话的态度，以致在行动上表现出软硬不吃的态度。战后，随着国力的恢复和发展，日本对国际社会的诉求不断提升，其对华政策也在依据两国实力对比的变化不断调整。不难想见，只要中日"强强"相处的状况没有发生逆转性改变，中日两国间现存的重大争执问题也就不易得到根本性解决。

　　四是日本对华行动选择的机会主义表现。古代的中日关系，是东亚区域中的两国关系；近代以来的中日关系，则是世界中的两国关系。这一"环境"的变化，决定了日本在对华行动选择时，不仅要考虑日本和中国两方的状况，还要权衡世界上其他强国的立场和态度。史实表明，近代以来日本在与中国的交往中，善于捕捉和利用中国与他国的矛盾，其行动选择上的机会主义表现是与强者结盟。同时，近代日本也善于捕捉和利用中国国内矛盾，通过多种渠道和手段，支持或扶植革命派、守旧派、改良派及地方实力派。如此等等，均不外乎多手准备，确保在华权益的机会主义动机。

杨栋梁教授领衔完成的两部著述，不仅从实证考察到理论分析，在近代以来日本的中国知行研究上取得了重大突破，而且提出了近代日本的对华观研究还应向其民族性、价值观念、文化传统、社会结构等领域深入拓展的新方向。可以看到，近年来相关的研究成果已在学界争相推出。

（作者：郭金梦，南开大学外国语学院日语系硕士研究生）

研究综述与书评

历史的中心与边缘——近代以来日本麻风病史及研究回顾*

郑创威

内容摘要 日本的麻风病史，除日本本国外，鲜有学者进行专门研究。但这一看似处在边缘的疾病，在日本近代以来的一次次医疗卫生以及国家建设议题中逐渐得到重视，至20世纪30年代成为日本"国辱之病"，举国参与消灭麻风。二战后，患者争取权利与回归社会的运动，引发社会各界对麻风病防疫伦理的反思，麻风病再次从历史的边缘来到中央。对此，本文对近代以来日本麻风病史及学术史进行梳理回顾，以便为今后国内的日本麻风病史研究提供参考。

关键词 疾病史 麻风病 日本史

---

*此处所指之中心与边缘指相对于历史学领域内政治经济文化等主要方向而言，疾病医疗并不是历史的中心，而麻风病在疾病与医疗体系内更是处于边缘位置，但历史的复杂之处便在于，站在历史舞台中心的角色也可能曾经是不值一提的边缘人物。日本麻风病以及麻风病人正是经历了这样一个过程，近代以来，麻风病从一个无人问津的不治之症成为举国团结铲除的"国辱"之病，21世纪初更是发生了患者起诉政府的事件。

Between the Center and Edge of History——A Review of History and Research of Leprosy in Japan since Modern Times

Zheng Chuangwei

Abstract: The history of leprosy in Japan is rarely studied by scholars outside Japan. However, since the late 19th century, this marginalized disease has gradually drawn attention of Japan's medical and political authority. In the 1930s, leprosy became a disease that represents stigma of Japan, and the whole country participated in the eradication of leprosy. After World War II, the movement of patients to fight for their rights and return to society triggered reflections on the ethics of leprosy prevention from all walks of life, and leprosy once again came to the center from the edge. In this regard, this article reviews the history and academic research of leprosy in Japan since modern times to provide a reference for future domestic research on the history of leprosy in Japan.

Key Words: History of Disease; Leprosy; History of Japan

麻风病是一种古老的传染病，今天已经消失在许多国家的大众视野中。在中国这一曾经流行麻风病的国家，新中国成立后，经过努力，麻风病年发现率从 1958 年的 5.56/10 万下降至 2010 年的 0.10/10 万。但即便如此，麻风病依然没有完全被铲除。我国现有 22 万麻风病治愈存活者，其中超过 10 万人存在不同类型的可见畸残；约 2 万治愈畸残滞留在麻风病院（村）内。在某些地区，对麻风病的社会歧视和偏见仍然存在。[①]而根据世界卫生组织的统计，直到 2019 年，全球新增的麻风病人仍有 202256 人。[②]要全面消灭麻风，创造一个"没有麻风的世界"，至少还需要人类数十年的努力。

那么麻风病是一种什么疾病，何以伴随人类历史至今？从医学角度而言，麻风病是一种主要影响皮肤和周围神经的疾病，导致神经病变和相关的长期后果，包括畸形和残疾。人们对麻风的传播知之甚少，尽管人们认为麻风是通过含有致病菌麻风分枝杆菌的飞沫传播的，然而也不能完全排除其能够通过皮肤接触或其他方式传

---

① 中国疾病预防控制中心：《全国消除麻风病危害规划（2011—2020 年)》，2011 年。

② Dr E. A. Cooreman, *Towards Zero Leprosy. Global Leprosy (Hansen's Disease) Strategy 2021‑2030*, World Health Organization, 2021, p.22.

历史的中心与边缘——近代以来日本麻风病史及研究回顾

播。潜伏期因人而异，从 2 年到 20 年不等，甚至更长。

麻风病的病征如毛发脱落、手脚变形等使患者们长期以来陷于污名的泥沼之中，在社会歧视以及隔离政策下，他们处于社会边缘或底层亦或被终身强制隔离于麻风村或疗养院之中，在二战前麻风病未能被治愈的情况下，长年处于疾病的痛苦之中，是适合从历史角度对疾病、医疗与社会进行研究的素材。近年，医史学家梁其姿的《麻风：一种疾病的医疗社会史》引起学界关注，不过，对邻国日本的麻风病历史，国内关注不多。[①]本文拟对日本近代以来麻风病史以及研究的历史沿革进行梳理，为今后中国的日本麻风病史研究提供参考。

一、日本麻风病近代史的起点：明治时期麻风医生与国际麻风病形势

在日本，麻风病是一个具有长久历史的恶疾，平安时代官撰律令注释书《令义解》中，就对该"恶疾"进行了解释："恶疾、谓白癞也、此病有虫食人五藏、或眉睫墜落、或语声斯变、或支节解落也、亦能注染於傍人、故不可与人同床也、癞或作疠也。"[②]进入中世纪后，麻风的传染性开始被淡化，患者被认为是由于自身道德问题或前世罪业之因而患病，甚至为部分医家定性为不可治。[③]逐渐地，这一群体被社会排斥而聚集在一起。至江户时代，在森严的身份制度下，部分患者被置于"非人秽多"群体之中，往往负责做一些如收敛尸体、处理皮革的工作，处于佛寺管辖下的麻风村落享有化缘、劝进之特权。[④]长时间下来，这群"贱民"的存在逐渐为社会所淡忘，麻风病也开始被定性为遗传病。

---

① 中国的麻风病史研究主要有：赖尚和：《中国癞病史》，东方印刷公司，1952 年。方大定：《中国古代麻风史研究述评》，《中国麻风杂志》，第 4 卷第 1 期，1988 年 3 月。梁其姿：《麻风：一种疾病的医疗社会史》，朱慧颖译，商务印书馆，2013 年。刘绍华：《麻风医生与巨变中国：后帝国实验下的疾病隐喻与防疫历史》，春山出版社，2019 年等。

② 转引自富士川遊『日本医学史』裳華房、1904 年、43 頁。

③ 最具代表性的，是镰仓时期宫廷医惟宗具俊所著医学随笔《医谈抄》引《苏沈良方》中对麻风病的叙述："《钱子飞治大风方》极验。尝以施人。一日梦人自云，天使以此病患。君违天怒，若施不已，君当得此病。药不能救，子飞惧，遂不施"。从医者角度诉说若治此病则必遭天怒神罚，预示着得此病之人皆有因果，作为医生不可插足。参考惟宗具俊：《医談抄》下雑言　伝尸癩不可治（京都大学附属图书馆所藏）。

④ 宫前千雅子「前近代における癩者の存在形態について（下）」『部落解放研究』No.167、2015 年 12 月、72–77 頁。

麻风病再次回到公众视野是明治维新之后。明治维新带来的冲击影响了整个日本社会，对部分麻风病患者而言，"身份解放令"使得原本属于贱民阶层的他们成为"新平民"，但这种解放却也剥夺了患者们原有的经济特权，由于生计困难，原本聚居于一处享有经济特权的麻风病患者群体开始向各地流散。这一被淡忘的疾病又再次出现在公众面前。不过，明治初年政府初定以及西南战争等内乱，国内受霍乱、鼠疫等急性传染病的困扰，因而政府的医疗重点也放在防治急性传染病之上，对麻风病这种仍被认为是遗传病或地方病的疾病并不上心。同样的，当时的医学史研究更关注流行病，着重对过往病原认识的分析。日本近代早期医学史家们致力于对流行传染病致病原理的历史认识的梳理，对麻风病并未有太多关注。明治中叶，日本医学史开创者富士川游所著《日本疾病史》之中，以疫病、痘疮（天花）、水痘、麻疹、风疹、霍乱、流行性感冒、肠伤寒、赤痢为主要疾病，麻风病未在其列。虽然在他的另一本著作《日本医疗史》中，有对麻风病病原历史的简单梳理，但也仅止于整理医书、史籍中对麻风病致病原理分析的史料，对治疗、患者、医者等其他要素并未提及。①

在此背景下，救治与研究麻风病的工作主要由民间医生承担。当时的医生，不管是传统汉方医还是新兴的西医，某种程度上都承担了麻风病历史研究的工作，虽然历史只是他们论说、研究、宣传麻风病治疗的一环，但如果将这一部分略去，便等同于切断了这一学术脉络。1870 年，美浓国（今岐阜县）出身的藩医后藤昌文在对麻风病进行了 10 余年钻研后，前往东京推广其麻风药方。其先后在教育所及成子町、中之乡元町癞病室进行麻风病治疗实践。②1875 年，后藤昌文创办了日本第一个专门的麻风病院——起废病院，同时在社会各方活动，于甲府三井座进行演讲，对一直以来大众对麻风病的不治认识提出质疑，他认为麻风病"绝非不治之症，是疾病，那必有医治之法"。③为了扩大治疗的人群范围，后藤昌文向政府提出建议并请求资助，早期得到政府资助，但 1876 年后，政府财政遭遇困境，停止了对起废病院的资助。在缺乏政府补助的状态下，后藤的麻风病诊疗需要自费经营，因而

---

① 参考富士川遊『日本疾病史』日本医書出版株式会社、1944 年。富士川遊『日本医学史綱要』克誠堂書店、1933 年、305–306 頁。
② 佐久間温巳「本邦ハンセン病史における後藤昌文・昌直先生父子の業績」『日本医史学雑誌』、1986–04、170 頁。
③ 後藤昌文述『甲府三井座演説大要』愛善社、1880 年、2 頁。

历史的中心与边缘——近代以来日本麻风病史及研究回顾

治疗进入到一个高度发展却充满竞争的医药市场环境，起废病院床位以及所售药物均价格不菲，并非一般患者所能承担。其著麻风病治疗法的解说医书《癞病考》以及其子后藤昌直所撰《难病自疗》①，开篇均有对麻风病历史的简单介绍，便是为了宣传起废病院与他们独特的疗法，他们鼓吹麻风之可怕与可怜，呼吁全国患者都到起废病院接受治疗或是购买他们所特制的药物"清血炼"，以摆脱悲惨命运。在报纸与媒体的报道下，后藤父子作为治疗癞病的名医为人所知。

汉方医活跃的同时，在新式西医教育下成长起来的医师也开始参与到麻风病的讨论之中。1884 年，毕业于东京大学医学部的新一代西医小林广，受到当时医学部外籍讲师埃尔文·冯·贝尔茨②的影响，对麻风病病理及历史进行了研究，撰述了《治癞新论》。书虽以"治癞"为题，但其中内容页包含了麻风病历史、地理、政策等不完全是医学领域的内容。关于麻风病历史，小林广从麻风病起源与传播角度出发，叙述了欧亚大陆麻风病的传播演变以及医学观念，述及日本时，他着重分析了文献中记载的日本麻风病史实，批驳了普遍认为是史实的光明皇后救癞传说，认为这是"某自称为专攻癞病医生"的附会之说。而这位癞病医生，小林广在文中暗示地很清楚，正是前文所述之后藤昌文，他称后藤著书"非为医家，而为世俗"，根本算不上是正经医学书籍，表达了对经验汉方医学的不信任与鄙夷，也展现出对当时医药市场主导的麻风诊疗现状的无奈。③

在没有官方主导的情况下，明治初期的由汉方医以及药商等所书写的麻风病或历史有着鲜明的目的，即唤起对公众对该病的恐惧、同情的矛盾心情，以促进医药营销，此时的西方医学在日本刚刚起步，虽有部分学者关注到这一疾病，但并不如汉方医之影响大。医药市场的扩大与宣传，对部分患者而言是寻找医方之渠道，甚

---

① 『癞病考』手抄本现藏于京都大学富士川文库，同时也收录于资料集『近现代日本ハンセン病問題資料集成』第一卷之中。

② 埃尔文·冯·贝尔茨（Erwin von Bälz）：德国医师，毕业于莱比锡大学，1876 年受聘于东京医学校，至 1902 年退休。在日期间，贝尔茨对日本麻风病有不少研究，如《关于结节癞治愈之一症例》《寄语癞学说》等（原文为德文，参考ベルツ『ベルツの日記　第一部上』、菅沼龍太郎訳、岩波書店、1951 年、102–103 頁。）以及小林广发表于中外医事新报上的《恩师贝尔茨医生关于癞病问题的回答及述我之卑见》（小林廣「恩師ドクトルベルツ君ノ癩病ニ關スル問題ニ答へ併テ卑見ヲ述フ」『中外医事新報』、第 240 号。）。

③ 小林廣『治癩新論』、1884 年、26–30 頁。小林在书中叙述了后藤昌文的一件事："我陪同贝尔茨医师来到起废病院，欲请求一见院内患者，后藤不准许，而通过熟人介绍再次请求，他仍旧不肯，因此关于他的事，我不便记录。"

或是其获得治疗而重获新生的关键。但不可避免地，一部分贫穷的麻风病人群体也在这个过程中背负上了道德污名，他们无力支付高昂的医药费用，但新兴的报刊、小说等却不断给予舆论压力，声称麻风是悲剧的根源，呼吁所有患者都前往接受治疗。而这种论调，也将影响接下来日本的麻风病历史叙述话语。

明治末期，随着国家实力的发展以及国际地位的提高，急切想要摆脱"落后"标签的日本开始寻求与欧美列强的平起平坐。在医疗领域，麻风病作为当时在欧美殖民地流行的疾病，为列强所重视，因而欧美主导的国际医学界筹划举办国际会议商讨相关事宜①。1897 年第一届国际麻风会议在柏林举办，日本派出细菌学家高木友枝与皮肤科医师土肥庆藏参会。会议上，除了医学上的议题外，土肥庆藏还发表了"关于日本的麻风病"演讲，他承认日本仍有相当一部分麻风病患者，但强调其数量已经在逐渐减少，通过举例日本从古来具有麻风救济与治疗传统，到当时的草津温泉疗养以及私立疗养所的成功来说明日本在麻风病问题处理上的成就。同时，土肥并不赞同当时西方倡导的强制隔离，而认为日本政府所施行的禁止乞讨与收容流浪患者的政策以及民间对麻风的污名在麻风防疫上更加合理。②土肥的演说在当时并未获得支持者，大会肯定麻风病的传染性，以麻风杆菌发现者汉森（G. H. Armauer Hansen）为代表的各国医师普遍认为强制隔离方为控制麻风的最好方法。会议后，土肥也转向隔离政策，回到日本后将会议内容公告日本医学界，国际范围的麻风病防疫隔离很快便运用于实际：1898 年，英帝国在殖民地印度颁布麻风病相关法律，要求隔离所有麻风病患者；冰岛通过新法律以将麻风病患隔离于公共收容所；次年，德意志帝国在梅梅尔（今克莱佩达）设立麻风病院；1902 年，美国将菲律宾库利昂岛作为新"麻风村"的地点。③殖民医学中对中国麻风病的污名化裹挟于反华人移民浪潮之中，作为同是东亚"黄皮肤"的日本人也受到影响，美国与加拿大均在 19 世纪末对日本移民进行限制。同时在日传教士、学者对日本麻风病的记录报道也刺激了日本。这些动向以及人口调查中反映的麻风病患者数量使得

① Pandya S.S, "The First International Leprosy Conference, Berlin, 1897: The Politics of Segregation", *História, Ciências, Saúde-Manguinhos 10*, supp. 1 (2003), pp.1-2.

② K. Dohi, "Ueber die Lepa in Japan", in International Congress of Leprosy, *Mittheilungen und Verhandlungen der Internationalen Wissenschaftlichen Lepra-Conferenz*, Vol. 1, 141 - 145. In Susan L. Burns: *Kingdom of the Sick A History of Leprosy and Japan*, Honolulu: Hawaii Press, 2019, pp.121 - 123.

③ Susan L. Burns: *Kingdom of the Sick A History of Leprosy and Japan*, Honolulu: Hawaii Press, 2019, pp.125.

日本政府意识到亟需公共防疫政策来遏止该疾病的扩散。1907 年,《关于癞预防的文件》(『癩予防ニ関スル件』) 颁布, 规定了麻风病预防、消毒措施及建立公立疗养所收容流浪患者, 自此麻风病防疫开始有了政府的参与。

二、国家慈善视角: 战前日本 "救癞" 史与书写

自 1907 年麻风预防文件出台后, 日本开始探索麻风防疫的国家与公众关系。在此之中, 一位颇受争议但仍具有重大影响的麻风医生登上历史舞台, 他是被称为 "救癞之父", 获得日本政府文化勋章以及达米安·杜顿奖 (Damien-Dutton Award) 的光田健辅。从小爱读史、汉籍的光田有着强烈的报国心, 而以学术为志业的契机与背景, 据光田所言, 是 1894 年中日甲午战争时期骚动的日本社会。他虽出身平凡, 但凭借努力, 通过了医术开业前期与后期考试, 进入私立医学校济生学社, 而后更是通过国家级考试进入东京大学医学部。[①]1898 年, 从当时东京帝国大学医科大学专科毕业的光田健辅就职于东京市养育院, 在养育院, 他目睹众多可怜可怖的流浪麻风患者, 决定从事麻风病研究事业。期间, 除了对麻风病进行医学上的研究, 光田健辅还走访多个麻风病集落, 调查流浪麻风病患者, 写下多篇社会调查记录, 如《上州草津及甲州身延癞患者的现状》《流浪东京的癞患者》等, 更是游走社会各界, 陈说麻风病之传染性, 争取国家通过麻风防疫法。癞预防文件颁布实施几年后, 光田健辅担任新建立的公立疗养所全生病院院长, 从运营与管理的角度, 向政府提出关于麻风的防疫意见。[②]早期公立疗养院收容患者多为流浪者, 逃逸、寻衅滋事、斗殴等事不在少数, 保证纪律与安全是政府与院长们的重要目标, 除此以外, 对管理者而言, 男女关系也是棘手的问题, 长期的隔离生活使得患者容易产生 "不当" 性行为甚至新生儿感染问题。对于这些问题, 在多年的工作与调查下, 光田有自己的看法, 简单概括就是 "离岛隔离" "家族主义" 与 "优生管理", 这三点涉及日本法西斯主义与人权问题的讨论, 成为后来历史学家们研究的焦点, 后文将予以

---

① 光田健辅『回春病室』朝日新聞社、1950 年、1–3 頁。

② 光田健辅的研究记录, 现藏于日本冈山县长岛爱生园神谷书库。1958 年, 藤枫协会 (战前称为癞预防协会) 出版『光田健辅と日本のらい予防事業—らい予防法五十周年記念—』将光田健辅除学术论文外的关于麻风病的文章与演讲结成一册。

介绍。①

　　光田的理论与设想得到了政府的肯定，其地位的提高也与日本国家主义兴起同步进行，同时随着光田健辅学生们的增多与投入工作，"光田派"麻风防治理论也成为学界主流，社会对于麻风病的恐惧、排斥愈发严重，大规模的收容隔离势在必行。20 世纪 30 年代以后的日本对于麻风病十分重视，认为麻风病是一种具有传染性的"惨鼻之极"的恐怖疾病，"文明国无癞"，而"根绝癞病唯一方策，乃将癞患者隔离并对其进行治疗"②，日本于 1929 年掀起"无癞县运动"，1931 年修改 1907 年初次颁布的关于《癞预防的文件》，更名为《癞预防法》，在公立疗养所的基础上还额外建立了多处国立疗养所，开始大量强制麻风病患者进入疗养所隔离，这其中包含许多原来并不在收容范围内的在家疗养以及山地海滨区域麻风聚落的患者。在宣传上，1930 年开始，政府将热衷慈善，多次捐款帮助麻风防疫事业的贞明皇太后的生日 6 月 25 日定为"癞预防日"，在这一天前后于各地举办多场活动与演讲，向公众宣传普及麻风病。③轰轰烈烈的"癞根绝"之路自此开始，这一原本处于历史与社会边缘的疾病走上了历史舞台的中心。

　　这一时期，日本医学界内显示出对麻风病的高度关注，1927 年，日本癞学会建立，值得一提的是，该学会现今依旧存在，不过历经两次改名，现名为日本汉森病学会（日本ハンセン病学会）④。该学会出版的学会杂志《麻风》（『レプラ（LA LEPRO）』）主要登载的是对麻风病的病理与治疗研究，但同时也有一些历史方面的研究。⑤为了从历史角度说明日本自古以来的"救癞"事迹，从而明确当下"救癞"

---

　　① "离岛隔离"：可参考光田健辅等『保健衛生調査会委員光田健輔沖縄県岡山県及台湾出張復命書』内務省衛生局、1919 年；以及山本俊一『増補日本らい史』東京大学出版会、1997 年、90–103 頁。
　　"家族主义"即"把职员与患者当作家庭成员，以园长为家长。融合、互助、牺牲奉献为基本精神"，四谷義行「愛生園の家族主義」『長島開拓』長崎書店、1932 年、180–186 頁。
　　"优生管理"：参考光田健輔「性の道徳」『光田健輔と日本のらい予防事業—らい予防法五十周年記念—』藤楓協会、122–125 頁。
　　② 内務省衛生局編『癩の根絶策』、1930 年、1–3 頁。
　　③ 藤野豊編・解説『近現代日本ハンセン病問題資料集成　補巻 9：隔離政策の強化』不二出版、174 頁。
　　④ 日本汉森病学会：1927 年初创时名为日本癞学会，战后，将癞字隐去，更名为日本らい学会，1996 年日本政府废除了自 1953 年修改施行的らい（癞）预防法后，为消除对该病歧视之意，学会也将名称变为日本汉森病学会。
　　⑤ 值得一提的是，前文所述的中国麻风病史研究者赖尚和亦在『レプラ』上有过投稿，见赖尚和「文献上より見たる中国癩病史の一端」『レプラ』、1953 年 22 巻 4 号、186–187 頁。

历史的中心与边缘——近代以来日本麻风病史及研究回顾

的重要性，在医务工作者或是相关人士之中，开始有人对麻风病进行历史研究。国立疗养所多磨全生园勤务、被称为"全生五人男"之一的宫川量，撰写了如《日本救癞史》(『日本救らい史 』)、《镰仓时代癞救济者忍性律师的研究》(『鎌倉時代におけるらい救済者忍性律師の研究 』)、《关于救癞史迹西山光明院》(『救らい史蹟西山光明院について 』)等对日本前近代麻风病救济的实证历史研究。除了对日本麻风病史进行研究，宫川量还注意到了中国的麻风病，他自费前往台湾、广东视察当地麻风病状况，在其存于长岛爱生园的手写稿中，以"中国之癞"题，对中国各地麻风病进行了初步研究。[①]大阪帝国大学微生物病研究所樱井方策在宫川量原稿的基础上进行补订，写成《日本癞病史》，同时其本人也有多篇横跨战前战后的历史研究。[②]川染义信对日本民间麻风药与上古祝词中的麻风病进行了研究。[③]除了医疗人士以外，文史学者如今谷逸之助也有多篇关于麻风病历史与观念的文章，如《世界癞史》《古代的癞与宗教观念》《本邦癞救疗事业小史》等[④]，其余多数仍是现状或病理研究。

以日本皇室名义，财界与宗教团体成立了一系列组织以呼应国家政策。1931年，财团法人癞预防协会成立，会长涩泽荣一，名誉会长安达谦藏，顾问井上准之助、德川家达等人皆是日本财、政界巨擘。协会得到了热衷慈善事业的贞明皇太后支持，同时广召社会各界的参与，"若无官民一致之协力，则无可收其效"[⑤]。围绕如何根绝麻风病的议题，癞预防协会在社会活动的同时，编写了一系列宣传麻风病情况与疗养所的小册子，如《疗养指南》《患者作品映画素材集》以及早年医学博士林文雄对世界各地区疗养所的实地调查记录《世界癞视察旅行记》等。[⑥]宗教方

---

① 宫川量的历史研究论著主要是登载于『レプラ』1935 年 6 卷 3 号的『救癞史蹟西山光明院に就いて 』与 1936 年 7 卷 2 号的『鎌倉時代に於ける癞救済者忍性律師の研究 』，其他零散研究参见其遗稿集『飛騨に生まれて 』，1977 年。

② 宫川量、桜井方策『日本癞病史』一～三，1953–1954 年；桜井方策「大風子の本邦渡来年代考」『長島紀要』10 号，1962 年 3 月 33–40 頁。

③ 川染義信「癞の民間藥に關する知見」『レプラ』，1935 年 6 卷 3 号；「祝詞に現れたる癞」『レプラ』，1938 年 9 卷 6 号。

④ 今谷逸之助「世界らい史」『医事公論』第 1390 号、1939 年、70–71 頁。同「古代に於ける癞と宗教観念」『優生学』182 号、1939 年。

⑤ 『渋沢栄一伝記資料』31 卷「癞予防協会設立趣意書」、200 頁。参考数字版涩泽荣一传记资料网站 https://eiichi.shibusawa.or.jp/denkishiryo/digital/main/index.php?DK310037k_text。

⑥ 宣传麻风病疗养院的册子，如癞予防协会『療養の手びき 』，1938 年；林文雄世界麻风病视察报告，为癞予防协会『世界癞視察旅行記 』，1942 年。

面，净土真宗大谷派于同年结成"光明会"，总裁大谷智子是昭和天皇皇后良子之妹，具有深厚的皇室背景，该会将麻风预防与救济慰安作为主要任务，目的是对国民展现皇室的"皇恩""仁慈""慈爱"，塑造皇室伟岸形象，影响舆论。①基督教方面也成立了如日本救癞协会（日本 MTL、NIPPON MISSION TO LEPERS）等团体，日本救癞协会以当时著名基督教运动家贺川丰彦为中心，在各地成立支部，应学校、教会和其他团体邀请，举办"出差演讲"进行各种演讲活动，以唤起国民的"救癞"热情。协会杂志《日本 MTL》不止收录了该协会对麻风病贡献的种种事迹，更是包含所有相关人士的演讲或宣传话语、历史研究等，如 1935 年大阪朝日新闻社所登载的天主教司祭岩下壮一关于"净化祖国之血"主题演讲也被收入协会杂志中。②这些资料均有极高的史料价值。

　　为了更好管理统治殖民地，殖民地麻风病研究也成为当时日本学界热点，自甲午以来，日本夺取了包括朝鲜、南洋群岛等殖民地，而这些区域又恰恰是麻风病较为盛行的地区，因而从 1901 年开始，便已有医师提议在殖民地设立麻风医院之必要性。③不过，本土尚未解决麻风病问题，殖民地自然也只得暂时将此搁置。随着日本本土麻风病防疫事业的推进，各个殖民地也配置了相当的麻风病疗养院，一部分本土的医疗工作者被调动到殖民地从事相关工作，除此之外，社会活动家也是其中重要一环，他们的记录、研究是反映当时殖民地麻风病状况最好的材料，因篇幅有限，在此不再展开叙述。④

　　总体而言，战前日本对于麻风病的研究逐渐成为热点，书写者经历了由民间到官方的转变，书写目的也由为医药营销服务转向为国家主义式的麻风救济服务。研究者们主要进行历史的实证性研究，且研究目的有着明确的现实需求，为当时所重视的，是如何改变"现状"。对于当代的历史研究者而言，这一时期的学术史，不仅是当下研究的参考，更是重要的史料来源。

---

　　① 加賀谷季子「わが国のハンセン病対策に人々はどう関わったか—皇室の慈善事業と宗教団体の視点から—」『弘前学院大学看護紀要　第 8 巻』、2013 年、69 頁。
　　② 財団法人日弁連法務研究財団『ハンセン病問題に関する検証会議最終報告書第十三：ハンセン病強制隔離政策に果たした各界の役割と責任（2）』、440 頁。
　　③ 青木大勇「癩院設置の必要を論ず」『台湾医事雑誌第三編』第六、七号、1901 年 8 月。
　　④ 比较有代表性的人物，如中国台湾乐生疗养院院长上川丰、细菌学家志贺洁、牧师饭野十造等。

三、"谴责史观"：战后日本麻风病史的人权反思

　　战后，随着强制隔离政策的继续实施以及针对麻风病的特效药的出现，日本国内麻风感染人数急剧下降，被强制隔离于疗养所的病人也年岁渐长，麻风病逐渐成为被社会所遗忘的边缘疾病，在此背景下，对于该疾病的历史与社会研究一度十分有限。60 年代后，关于人权问题的讨论在日本成为热点议题，同时影响了各个领域，在医疗领域，患者运动、医疗起诉等市民运动频频发生，麻风病患者们也在此背景下寻求发声。于是，各个国立疗养所患者自治会相继出版了从患者视角进行叙述的疗养所历史，这种站在患者立场、为患者们发声书籍的出版，引起了社会与历史学界的关注。①1965 年，医事评论家、医史学者川上武提出"病人史"概念，认为自明治中期以来，由医史学创始人富士川游所定义的医史学研究几乎只停留在医学知识的历史、医家地位的历史与疾病的历史范围之内，而忽视了病人这一群体。且虽然在疾病史的范畴内偶有涉及病人，但核心始终是疾病，而非病人。②在其著作《现代日本病人史：病人处遇之变迁》中，以"被隔离一生的麻风病患者"（生涯隔離のハンセン病患者）为题，专门开辟一章书写日本近代麻风病人的历史。川

---

　　① 疗养所史按照出版年份顺序，分别有：

　　（1）国立療養所菊池恵楓園患者自治会『自治会五十年史』国立療養所菊池恵楓園患者自治会、1976 年。

　　（2）松丘保養園 70 周年記念誌刊行委員会（編）『秘境を開くーそこに生きて 70 年』北の街社、1979 年。

　　（3）多磨全生園患者自治会『俱会一処　患者が綴る全生園の七十年』一光社、1979 年。

　　（4）大島青松園入園者自治会『閉ざされた島の昭和史ー国立療養所大島青松園入園者自治会五〇年史』、1981 年。

　　（5）長島愛生園入園者自治会『隔離の里程ー長島愛生園入園者五十年史』、1982 年。

　　（6）栗生楽泉園患者自治会『風雪の紋ー栗生楽泉園患者 50 年史』、1982 年。

　　（7）国立療養所沖縄愛楽園入園者自治会『命ひたすらー療養 50 年史』、1984 年。

　　（8）星塚敬愛園入園者自治会『名もなき星たちよー今は亡き病友らに捧げるー星塚敬愛園入園者五〇年史』星塚敬愛園入園者自治会、1985 年。

　　（9）東北新生園入園者自治会『忘れられた地の群像ー東北新生園入園者自治会四〇年史』東北新生園入園者自治会、1987 年。

　　（10）邑久光明園入園者自治会『風と海のなかー邑久光明園入園者八〇年の歩み』日本文教出版、1989 年。

　　② 川上武『現代日本病人史：病人処遇の変遷』勁草書房、1982 年、1-2 頁。富士川游关于医史学的定义，参见富士川遊『日本医学史』裳華房、1904 年、4 頁。

上武以悲悯的口吻书写了战前麻风病人所经历的不幸，其核心价值立场认为：前近代的麻风病患者不可否认是社会差别与偏见的对象，却并没有在当时形成重大的医疗社会问题，同时病患在前近代所处状况虽然完全没有改善，却也有在社会中的一席之地；而明治之后，日本对所谓国际名声与国内治安问题的重视，使得麻风病的存在成为日本通往文明国家的"阻碍"，因之从目的而言，国家社会对麻风病患们的态度及对策，与其说从患者们的立场出发，更不如说是为了国际上的体面。[①]川上武的这种患者视角的病人史叙事，对之后的日本麻风病史研究产生了重要影响。

继川上武之后，医师山本俊一也关注到了麻风病问题，他采取通史体裁，以医疗政策为主轴，撰写了《日本癞史》(『日本らい史』)，全面梳理了从古代至 20 世纪 90 年代的日本麻风史，此书是战后以来第一本日本麻风病通史性著作，具有划时代意义。但这种相对枯燥的编年叙事与政策史视角使其在大众间的影响较小。[②]几乎是同时，历史学家藤野丰也展现出了对麻风病患者的极大兴趣。与东京大学医学部出身的山本俊一不同，藤野丰最初研究的是日本部落问题与水平社的历史，其本人亦自青年时期便投身于部落解放同盟运动之中，是一位颇具"斗争"精神的运动家、历史学家。[③]藤野丰研究麻风病史，是受到了"别府的滨事件"的触动。这是一个发生于大正时期的卫生警察以别府町外贫民聚居区有麻风病人为由而放火烧屋的事件，他为了探寻真相，开始了研究麻风病的道路。[④]从其第一部关于日本麻风病史研究的著作《日本法西斯与医疗：关于麻风病的实证研究》开始，藤野丰就始终秉持一种压迫与斗争观点，认为日本麻风病患者群体一直以来处在被压迫之下，1907 年《关于癞预防的文件》便是以"种族纯净"为目的根除患者的体现，之后针对麻风病患群体的诸如绝育手术等一系列反人道的行为也成为国家法西斯化的工具，这种借由公共、国家之名行侵犯个人权益的行为应当受到谴责。[⑤]《"生命"的近代史——在"民族净化"之名下被迫害的麻风病患者》是藤野丰的一大力作，这本书全面地梳理了明治至战后麻风病人所遭受的种种迫害以及对此所做出的

---

① 川上武『現代日本病人史：病人処遇の変遷』勁草書房、1982 年、201 頁。
② 山本俊一『増補日本らい史』東京大学出版会、1997 年。
③ 关于藤野丰本人事迹，参考藤野豊『ハンセン病　反省なき国家』あとがき、かもがわ出版、2008 年。
④ 藤野豊『「いのち」の近代史—「民族浄化」の名のもとに迫害されたハンセン病患者—』かもがわ出版、2001 年、11-16 頁。
⑤ 藤野豊『日本ファシズムと医療—ハンセン病をめぐる実証的研究—』岩波書店、1993 年。

历史的中心与边缘——近代以来日本麻风病史及研究回顾

反抗，但该著作并不是以学术标准进行书写，而是面向大众的一本普及读物，因此其中具有较强的情感倾向，并不能被完全视为学术著作。①但无论如何，其社会影响力不容忽视。除此之外，藤野丰还发表出版了多篇论著，大多围绕近现代日本麻风病问题展开，关于前近代的麻风病史，藤野丰并未研究。不过，藤野主编的前近代麻风病史研究的合集《历史中的癞者》②的主笔之一铃木则子是少数关注前近代麻风病史的医史学者，虽然在知名度及影响力方面她不及藤野丰，但对于研究前近代日本麻风病史而言，铃木则子有着重要地位。③

这一时期的另一位学者，社会学家泽野雅树，也关注到了麻风病人群体，在《癞者的生命：作为文明开化的条件》书中，他从社会学、哲学的视角，更为理论地说明麻风病人的污名化形象是脱胎于日本麻风政策的一种现代主体性，而这正是权力与法律、知识分子与大众媒体、社会与大众"合作"的结果。④泽野为日本社会对麻风病人迫害历史的失忆敲响了警钟。

藤野丰等人的批判在日本引起讨论，社会的舆论也表现出了对这群弱者的同情。1996 年，癞预防法废除，而这并没有让麻风病患者们的斗争止息。1998 年，13 位来自菊池惠枫园和星塚敬爱园的患者向熊本地方裁判所提起国家赔偿请求诉讼，拉开了患者与政府间的"战争"的序幕。这些在疗养所隔离半生的老人们当中，许多因麻风病而身体残疾，唤起了社会各界的恻隐之心，随着越来越多的原告加入以及医疗界和各界人士的出庭作证，当时的小泉政府面临巨大的舆论压力。2001 年，这场诉讼双方达成基本和解，时任首相小泉纯一郎与厚生劳动大臣坂口力先后出面对患者们进行了道歉与谢罪，并对包括前殖民地在内的韩国等地疗养所患者及家属进行了巨额赔偿。⑤

同时，在原告团的压力之下，为了探明历史上日本政府的麻风病政策的真相以

---

① 参考藤野豊『「いのち」の近代史—「民族浄化」の名のもとに迫害されたハンセン病患者—』かもがわ出版、2001 年。

② 藤野豊編『歴史のなかの「癩者」』ゆみる出版、1996 年。

③ 鈴木則子研究，代表有鈴木則子「物吉考——近世京都の癩者について」『日本史研究（352）』、1991 年 12 月、1–29 頁；鈴木則子「初代曲直瀬道三の癩医学」『日本医史学会雑誌 41（3）』、1995 年 09 月、349–368 頁；鈴木則子「江戸時代の医学と「癩」」『リベラシオン（125）』、2007 年、123–147 頁。

④ 澤野雅樹『癩者の生：文明開化の条件としての』青弓社、1994 年。

⑤ 1998–2001 年間訴訟始末，可参考ハンセン病違憲国賠訴訟弁護団『開かれた扉—ハンセン病裁判を闘った人たち』、2003 年。

及各界人士的责任，政府开设"关于麻风病问题的检证会议"，并委托日本律师联合会法务研究财团进行资料整理，历经 3 年时间，出版了《关于麻风病问题的检证会议最终报告书》。该报告书论述了自 1907 年至 21 世纪日本麻风病政策的变迁，并据此追及社会各界的责任，而附录《关于麻风病被害实态调查报告》则是对部分国立及私立疗养所患者进行访谈，记录下了他们在所内所外所遭受的不公待遇以及痛苦回忆。多达 1000 多页的报告书和附录为日本麻风病史研究贡献了大量材料，如今在日本厚生劳动省官网可以下载浏览。①为了向公众普及对麻风病的正确认识，在原来高松宫纪念麻风病资料馆的基础上，日本政府建立了国立麻风病资料馆，整理搜集麻风病相关资料并对外展出。资料馆也同时进行着麻风病相关研究，自 2010 年以来，共出版了 7 本研究纪要，刊载资料馆工作人员以及其他研究者的研究投稿，是麻风病研究的重要参考。②总之，政府的一系列举措不仅宣告了患者们的胜利，更重要的是显示出日本的政治转向，对于人权的重视成为政治正确，很大程度上使得藤野丰的谴责史观叙事成为主流。

四、新时代：全方位的麻风病史研究

麻风病国家赔偿事件风波之后，有越来越多不同领域的学者关注到了麻风病，例如，文学领域内，学者们开始关注"癞文学"与麻风病患者们的身份构建等话题；③社会学领域内，口述访谈等方法为学者们所使用，从个人经历审视个人与社会；④人类学领域内，学者们运用医疗人类学的方法重新思考麻风

---

① 检证会议始末以及报告书均可于日本律师联合会法务研究财团官网全文下载浏览：https://www.jlf.or.jp/work/hansen/kaigi/；厚生劳动省官网亦可全文下载浏览：https://www.mhlw.go.jp/topics/bukyoku/kenkou/hansen/kanren/4.html。

② 国立ハンセン病資料館『国立ハンセン病資料館　研究紀要』日本科学技術振興財団。2010-2020 年共 7 号研究纪要均可在国立麻风病资料馆官网全文下载：http://www.hansen-dis.jp/00oth/publication。

③ "癞文学"：即麻风病文学，在日本，由麻风病人所写的诗、短歌、小说等文学作品被称为癞文学。对此最为全面且最具代表性的研究，是荒井裕樹『隔離の文学——ハンセン病療養所の自己表現史』青弓社、1994 年。

④ 代表书目如黑坂愛衣『ハンセン病家族たちの物語』世織書房、2015 年；蘭由岐子『「病いの経験」を聞き取る——ハンセン病者のライフヒストリ』生活書院、2017 年 3 月。

历史的中心与边缘——近代以来日本麻风病史及研究回顾

病。^①而在历史学界内，以广川和花为代表的史家们开始反思 90 年代以来日本麻风病史的书写模式。与大众对于麻风病的印象不同，广川和花的《近代日本麻风病问题与地域社会》(『近代日本のハンセン病問題と地域社会』) 的封面图片是几位站在屋顶阳台上的少女对着镜头微笑。乍看之下不明其意，但若是追寻照片源头，便可明白作者的良苦用心，这几位少女是居住于草津圣伊丽莎白会馆的麻风病人，至少在照片中，并没有表现出疾病带给她们的痛苦与磨难。这提醒读者，麻风病人群体并非都是千篇一律的。广川和花在书中序章指出：20 世纪 90 年代以来的日本麻风病史研究，多是将患者视为国家政策的"受害者"或是对国家政策的"反抗者"，对患者们多样的生活状况并不关心，因而也对现实中处于地域社会中的患者们的实际状况不了解。这种"正义"与"非正义"、"差别"与"反差别"对立的类型化书写模式，被广川和花称作"谴责史观（糾弾の歴史）"。该书的目标，就是"探究在麻风病这种特殊疾病影响下的人们多样行为的实情，将其更为普遍地视作了生存人们所付出的努力"^②。与广川和花类似，在 2020 年出版的《麻风病疗养所与自治的历史》中，著者松冈弘之也强调了其研究重点是"将麻风病患者视为与普通人一起构筑社会的人，超越加害者与受害者话语，凝视疗养所的日常生活与入所者们的相互关系，以了解疗养所入所者们的真实形象。"^③新一代的日本麻风病史学者拓展了研究范围，以更全面的视角观照日本麻风病史，给日本麻风史带来了更多的人文关怀，逐渐得到认同与关注。

对日本学界的研究，尤其是以藤野丰为代表的麻风病史研究，美国学者也作出了回应。芝加哥大学历史系教授苏珊·L. 彭斯（Susan L. Burns），是一位关注前近代日本知识分子与文化实践的社会史的历史学者，在她于 2003 年完成了她的第一本专著《国家之前：近代早期国学与社区想象》(*Before the Nation: Kokugaku and the Imagining of Community in Early Modern Japan*) 后，将精力集中在探究身体的历史在医学与法律话语中是如何被概念化的，而研究对象则正是日本的麻风病。彭斯投入十余年时间搜集材料与研究，于 2019 年出版了欧美学界第一部日本麻风病史集大

---

① 大阪大学医疗人类学者池田光穗十分关注日本麻风病历史，其与东京医科齿科大学松冈秀明所合作的研究项目『終戦までのハンセン 病患者の「臣民」化における短歌と医療の関係をめぐって』是一个极具代表性的跨界研究，不过在本文书写之时该课题尚未结项，暂时无法阅读。
② 参考廣川和花『近代日本ハンセン病問題と地域社会』大阪大学出版会、2011 年、1–12 頁。
③ 松岡弘之『ハンセン病療養所と自治の歴史』みすず書房、2020 年、2–3 頁。

成之作《病者的王国：一部麻风病与日本的历史》（*Kingdom of the Sick: A History of Leprosy and Japan*）。按彭斯本人的话说，这本书通过长时段、跨学科、国际化的研究方法探索了日本麻风病的历史，①但从整体来看，其对日本麻风史研究所作最大贡献，除了填补了欧美学界的日本麻风病史研究空白，便是解构与批判了日本麻风史研究中的政治倾向。在研究的早期，彭斯也是支持藤野丰"谴责史观"的，给彭斯的这种谴责史观以冲击并使其发生改变的，是 2002 年她在熊本菊池惠枫园参观时遇到的一件事：

"一位充满活力的、看起来约莫 60 岁上下的老人带着我从一栋建筑到了另一栋，麻风病在她身上所留下的可视印记仅仅是手上几根手指的残疾，我与她交谈，问她是否曾经是原告团的一员，她顿了一下，随后否认，'我并非被强迫留在这里，而是我选择的，我的一生在这里'。"②

这件事让彭斯陷入深刻反思。彭斯认为，以藤野丰等人为代表的麻风史观以及 2005 年《关于麻风病问题检证会议最终报告书》都忽视了前近代日本麻风病人的真实处遇以及国际语境，而将 1907—1953 年间患者所受的越来越重的压迫之责任完全归结于当时的政府以及权力机构。这种关注制度权力压迫个体能动性的趋势决不是新奇的，事实上，这反映了战后日本主流的国家与民众社会关系叙事的文化逻辑，这种逻辑以战争责任问题为中心，长久以来将日本人民看作是战前与战时国家中的受害者。③

彭斯的批判是尖锐的，也是具有启发意义的，这让读者们在反思历史书写的情感偏向的同时，思考一个更为本质的问题，即观念的形成究竟是政府的主导还是民众与政府双方的融合，结果又是否符合双方的期待。这种深沉的思考，在日本学者的著作中体现不多，作为"局外人"的彭斯为日本麻风病史研究贡献了重要视点。

---

① Susan L. Burns: *Kingdom of the Sick: A History of Leprosy and Japan*, Honolulu: Hawaii Press, 2019, pp.10–12.

② Susan L. Burns: *Kingdom of the Sick: A History of Leprosy and Japan*, Honolulu: Hawaii Press, 2019, pp.19.

③ Susan L. Burns: *Kingdom of the Sick: A History of Leprosy and Japan*, Honolulu: Hawaii Press, 2019, pp.17.

历史的中心与边缘——近代以来日本麻风病史及研究回顾

结　语

　　日本近代的麻风病历史是一段复杂、充满争议的过往。自明治以来，麻风病研究者、救治者们孜孜不倦、前仆后继，目前仍在继续探索。而在政府层面，麻风病国家诉讼事件过后 10 余年的 2019 年，时任首相安倍晋三也再次承认 2001 年熊本地方法院判决的成立以及政府的过错，并向病人及家属表示了歉意，承诺尽力赔偿。①这一不管在历史和现实都处于边缘的疾病，为何会吸引学者们的目光，又是什么使得日本政府承认其历史过失，本文已尝试着进行了回顾。正是日本社会对人本身的愈加关注、对个人权利的重视，使得麻风病人这一边缘群体能在日本的历史与现实之中有立足之地。

　　在这背后，历史的力量是不容忽视的，在学者、患者们的努力下，这一被遗忘、沉默的历史得以重现。通过长时段的观察可以发现，日本麻风病史有着较长的学术史脉络与丰富的议题，出现这种现象绝不是偶然。战前日本的高速发展与对欧美制度的学习，使其较早注意到了麻风病这一在落后国家中流行的污名疾病，为了消除这一"落后"的标签，日本在麻风防治与宣传上可以说是举全国之力，动员社会各界人士参与，麻风病的历史研究也作为其中一环而存在。战后日本更是积极反思麻风病防疫政策，不断有相关研究出版。相比之下，中国麻风病史先驱赖尚和在其著作《中国癞病史》自序中坦言同时期中国研究者之少：

　　"现在时潮，外国既感医学院有教授医学史之必要，多少国家，现已规定医学史为必修科，盖因要理会现在疾病之传染途径及治疗状况，觅得进一步之防治方法，莫若研究先哲对此病之措施成绩，以为借镜之为愈，是乃研究病史之价值。顾我国医界，肯从事此工作者，实寥寥无几……"②

　　当下，中国的医学史、医疗史研究已与之前不同，研究者、研究团体和研究主题都在不断延展和深化，关注的议题也不再只限于医疗与疾病本身，而更多地立足于人本身，多了不少人文层面的关怀。不过，整体而言，在日本史领域内，关注医疗、疾病的学者较少，相对地也就有更多可以发掘研究的主题。

---

　　① 首相官邸ホームページ「令和元年 7 月 24 日　ハンセン病家族訴訟原告団との面会」、https://www.kantei.go.jp/jp/98_abe/actions/201907/24menkai.html。

　　② 赖尚和:《中国癞病史》，东方印刷公司，1952 年，自序，第 2 页。

　　本文希望做出中国研究日本麻风病历史的第一步努力，对这一在国内尚为空白的领域，先进行初步的背景以及学术史梳理。日本的麻风病史从战前宫川量等人的实证研究，到战后藤野丰的"谴责史观"，再到近年的多学科反思研究的变化，都体现了日本学界对有血有肉的人的关注，对病人的疾病体验、社会环境以及过去错误的综合考察与省思。虽然中日两国国家、社会、历史不同，但在疾病面前都是平等的，通过对日本麻风病史的研究，既可借此视角研究日本社会，亦可从日本反观中国，引发更多的思考。

（作者：郑创威，南开大学日本研究院硕士研究生）

美国人眼中的日本武士——评迈克尔·维尔特《极简日本武士史》

李若愚

2021 年 9 月，北京日报出版社发行的《极简日本武士史》付梓。作为该书译者之一的复旦大学贺平教授近年来致力于探究日本研究在世界知识体系中的定位，因而有意识地将视野拓展到中日两国以外。作为研究的"副产物"，多部欧美学者研究日本的著作被以翻译或书评的方式译介到中国，由美国学者迈克尔·维尔特（Michael Wert）所撰《极简日本武士史》便是其中最新的一部。

对于国别研究来说，对象国日本自身的研究之重要性自不必说。而在日本之外，日本研究的重镇便是中国。从历史上讲，关于日本最早的文字记载并非成书于公元 8 世纪的日本史籍《古事记》《日本书纪》，而是中国的古籍。《山海经·海内北经》已出现"盖国在钜燕南，倭北，倭属燕"的文字。这里的"倭"即为日本的古称。时至今日，日本以外世界上规模最大的专业日本研究机构也在中国，那就是中国社会科学院日本研究所。足见全面把握国际日本研究是断然绕不开中国的。对于中国国内研究者来说，既然我们已经"得天独厚"地坐拥中国的日本研究传统，欲求国际日本研究而问道海西岂非南辕北辙？

其实，尽管笔者与许多同行一样常被称为"日本问题研究者"，但在"区域国别学"被增设为一级学科前，我国的学科体系中并没有"日本研究"或与之近似的学科。日本研究所涉及的日本历史、日本政治、日本经济、日本文学都要回归到历史学、政治学、经济学、文学等一级学科才能找到理论归宿，这些一级学科的研究范式又难免落于西方近代学科体系的窠臼。正因如此，本尼迪克特的《菊花与刀》尽管曾被指出在史事细节上存在诸多瑕疵，但其用人类学方法研究日本的开创性便足以使之被视为日本研究领域的重要著作。基于同样的理由，哪怕国内作者孙昊（陕西人民出版社，2011 年）与日本学者高桥昌明（社会科学文献出版社，2020 年）的两部同名著作《日本武士史》早已与读者见面，《极简日本武士史》仍能带给读者不一样的阅读体验。

对于中国的读者而言，"武士"与"武士道"绝非一个陌生的题材。"倭寇"与"武士"、高呼"天皇万岁"的凶顽侵略者与"武士道"，这一组组意象早已在哪怕对日本并无特别兴趣的中国读者脑海中勾勒出了"武士"的基本轮廓。但对于西方世界的读者来说，本书的首要任务还是向读者解释"何为武士"（本书第一章）这样一个最基本的命题。要向"快餐文化"起源地——美国的读者介绍来自遥远东方的"武士"，从传播效果讲，"要言不繁"比起严谨周密显然更为高效。这也就促使本书的最大特点落在了"极简"二字。通过仅仅 10 万余字的阅读量便能就日本武

美国人眼中的日本武士——评迈克尔·维尔特《极简日本武士史》

士的历史侃侃而谈，我想这对于包括我在内的大多数读者来说无疑是颇具性价比
的。更何况简约并一定意味着简单，本书篇幅虽然精悍，但却抓住了历史的"当下
性"，从而使"早期武士"（第二章"早期的武家政权"）、"中世武士"（第三章"中
世的战争与武士文化"）、"江户武士"（第四章"和平时期的武士"）这样一个个武
士史的断面串联成跃进发展的鲜活历史。

　　谈论古代东方之事，简单套用西方的学术方法加以概括往往是危险的，易落入
"其言论愈有条理统系，则去古人学说之真相愈远"之境。所以作者虽然将武士定
义为"17世纪之前具有一定军事职能的一大批人"，但他自己也承认"'武士'一
词不够精确，它容易让人误以为打仗是他们唯一的职业。"日本的武士起源于8世
纪以后因土地制度变革而衍生出的在治安和军事领域对专业化武装集团的实际需
要。诸如平氏和源氏乃是"臣籍降下"天皇的苗裔，对这部分出身贵族的武士来说，
武士更像是统治阶级内部职能的分化。正因为上层武士与朝廷在血缘和文化上的联
系，即便是开创了镰仓幕府的源赖朝，作者还是认为他"对其统治并无雄图大略，
他只是要求武士们遵循当地的惯例和贵族定下的旧规……他和幕府力图驾驭武士
的野心，但并未取代或摧毁京都朝廷。"这也可以视为作者基于武士的历史对"'万
世一系'的日本天皇为何能在武家政权体制下得以存续"这一日本史的核心问题进
行的解答。同样，尽管作者并未以专题的形式加以阐释，但看似条理系统性不及
纯粹学术书籍的本书对读者理解诸如"下克上"等日本史的其他重要问题仍能有所
助益。

　　本书虽然也涉及"源平合战""织丰时代"等日本史中最为人所熟知的历史事
件，但政治史却非作者审视日本武士的唯一维度。文化史、生活史等不同的史学范
式同样在日本武士这个母题下被呈现了出来。第三章"中世的战争与武士文化"中，
作者述及了这样一种现象："室町时代，武士们开始常住京都，由此深谙朝廷礼仪。
他们不断将公家文化融入自己的武家家庭中，在制定家法时使用中国典籍，从而形
成一套效法却又独立于公家传统的武家礼仪。换言之，新生的武家文化与身份认同
实则源于公家文化。"这种洞察力无疑令人钦佩。稍显遗憾的是，作者并未对上述
现象的成因给出解释。不过在笔者看来，马克思主义史观用来解释这种现象倒是非
常合适。正如"野蛮的征服者总是被那些他们所征服的民族的较高文明所征服"，
因平、源家礼凋零而"野蛮化"的武家掌权者最终还是会被更为先进的公家文化所
同化。

本书的第四章"和平时期的武士"与第五章"如何成为一名武士"是最能体现生活史研究视角的章节。虽然武士道是在德川幕府时期才通过来自中国的朱子学最终完成了自身的理论化，但张博在《浮世绘、武士道与大奥》一书中却指出：正是在这一时期，在日益丰富的庶民生活中日本自身也在孕育着迈向近代资本主义的种子。所以一定意义上江户时代既是武士文化的顶峰也是其走向解体的起点。

"许多武士通过零工弥补微薄的世袭俸禄。"不事经营的武士阶层最终要屈从于财富的力量。这便出现了第四章提到的情况："贫困的武士可以通过正式收养成年平民的方式卖掉武士的身份"，"豪商通过给予藩主大量借款，也能获得武士身份"。下层武士的窘迫生活甚至使名义上还是统治阶级的他们在新兴的大众文化中沦为笑柄。作者在第五章中所列举的平贺源内的《放屁论》、江户时代的畅销小说《东海道中膝栗毛》以及"国民画家"葛饰北斋的《出恭图》都毫不掩饰地流露出时人对于武士的戏谑。武士高高在上的神圣形象被大众文化彻底解构之时，也就是新的统治者登台之际。除却结交上新的统治者甚至成为其一员的极少数以外，大多数武士在明治时代"废刀令"出台后便泯然众人，湮没于百姓之中。

在我看来，《极简日本武士史》的学术特色便在于欧美学者所特有的旁观视角贯穿全书。对于日本学者来说，日本史乃是本国的历史，无论怎样心向客观主义史学，最终仍难跳脱自国的视角。对于身处儒家文化圈的中国学者来说，我们也同样会自然而然地将其与本国的历史连结在一起。我想，即便是初窥门径的史学专业的学生也不会放过《唐会要》中"（天宝）十一载八月十一日。改诸卫士为武士"这样一条显示出"武士"一词起源的史料。而《极简日本武士史》一书虽也提到"新生的日本借用了中国唐朝的律令制"，但全书的宏观理解对于中日之间在文化上的微妙联系显然把握得就不是那么精细，或者说作者志不在此。甚至我们大可因作者在注释中百分之九十的引用都来自于英文材料，从而错失了高桥昌明、矶田道史等日本学者非常有趣的研究而对这样一部普及读物吹毛求疵。但是哪怕中日学者在这一问题上细致入微的研究搞清了问题的九成，西方学者从外部带给我们的一成新知仍然有其意义。我想，通过翻译《极简日本武士史》，译者距离其追求的"在全球视野和社会科学整体背景下检视日本研究"之目标大概又进了一步。

（作者：李若愚，四川大学历史文化学院副研究员）

史海钩沉与翻译

1940 年前后日本社会的思想转向[*]

藤田省三

---

　[*] 本文是教育部人文社会科学重点研究基地重大项目"一战后日本的'转向'与对外战略误判研究"
（编号：17JJD770010）的相关研究文献编译成果。日文原文为思想科学研究会编《转向》中卷第一章
"1940 年前后的转向状况"（平凡社，1960 年）。本文由总编译者杨栋梁策划和组织实施，曲畅、薛雅
婷、张用清共同承担文字翻译，温娟校对全文，最后总编译者终审核校全文，并对部分内容做出了删节
处理。

【导读】1937 年 7 月 7 日，日本军队在中国北京西南部永定河附近的卢沟桥演习时，攻击了中国的第 29 军。日本政府宣称不扩大战争，但现地日军掌握战争主导权，不接受政府管控。据说在当时的内阁成员中，对于战争何时能结束的询问，陆军大臣说"无可奉告"，海军大臣的回答是"不好说"。根据日本宪法的规定，日本陆海军的指挥权属于天皇，与内阁无关，因此军方掌握战争主导权。日本发动九一八事变的侵略政策取得成功后，军部得到了国民的狂热支持。在军部和国民大众舆论的双重压力下，日本进入了与九一八事变后的转向不同的新的转向，即翼赞型转向（包括伪装翼赞转向）时代。

在这个时代，政府通过大规模检举劳农派和人民阵线派、下令解散日本无产党全国总评议会、禁止五一大罢工、禁止自由主义者出版著作或发表文章等措施来加强统治。从 1937 年 9 月起，政府通过开展国民精神总动员运动强化统治，推出"兴亚奉公日"等新的节日，要求国民改变原有习俗，甚至强制国民穿着统一的工作服，食用统一的日之丸盒饭。1938 年 7 月《国家总动员法》颁布后，更是将劳务、物资、资产、设施、事业、物价、出版等统统纳入政府的统制之下。1940 年 10 月，大政翼赞会成立，通过邻组制度及中央协力会议等措施，进一步提高了国民的组织化程度。

由此，日本走向集权主义，而自由主义者是非常自觉地向集权体制靠拢的。20 世纪 30 年代主要是激进主义者的转向，1940 年则主要是自由主义者的转向。相对于前者，后者的转向具有集体、逐步、不自觉的特点。再就是后期转向具有大众转向与知识阶层转向同步实现的特征。

1941 年 12 月 8 日，日本轰炸美国夏威夷珍珠港，大东亚战争爆发。初战的胜利，激发了全体国民的情绪，以往不愿接受集权主义的那些领导者和知识分子也放弃了原有的立场。

总体上说，在 20 世纪 30 年代，除了狱中监禁的共产主义者和宗教和平主义者还没有转向外，国民整体已被卷入总体战的漩涡。尽管如此，国民中怀疑或批评战争政策的个体仍不乏其人。翼赞时代则是逐步实现全民性集体转向，所有人都必须做出转向的姿态。

从日本思想史的角度看，翼赞时代转向的研究，重点应关注以下问题。（1）能够多大程度地以天皇制神话为本源推进全世界通用的政治运动（如天皇、近卫文麿、有马赖宁、藤原藤男、田边元、西田几多郎、柳田谦十郎、杉靖三郎、岩佐作太郎、萩原恭次郎）。（2）在日本的社会中，伪装转向是否可能（如尾崎秀实、清水几太郎、山川均、桥本英吉、德永直、山本有三）。（3）为保护组织而采取转向行动的诸形态和基于组织论的转向理论诸类型（如小崎弘道、大河内一男、凤早八十二、大熊信行、田边元）。（4）20 世纪 30 年代的转向，是"从 XX 而来的转向"。相比之下，1940 年前后的转向，则是"走向 XX 的转向"，已经不像之前那样批判近代西方思想，而是努力从本国社会文化传统中寻找思想独立的素材。因此，翼赞时代转向理论的再探讨，有助于释清日本思想的张力。

一、序言

"人是无限可能的存在，任何学术体系都不能完整地认识一个人，人总会超越他者对自己的认识。"也就是说，"每个人都无法被完全理解。"正是这种"不可穷尽性，使人类在学术认知面前蒙上了一层不会完全暴露的固有面纱。人类的自由是最具决定性的现实，但在学术经验认识面前，任何自由都不存在。"因为"所谓学术，是使人类知其知且知其不知"，"使人类总是感到获得的知识有限"，并且正是这种须臾也不能忘记的有限性才是学术知识所具有的性质。为此，1945 年纳粹倒台后，新任校长 K. 雅斯贝尔斯在德国海德堡大学获得"重生"时指出，"众所周知，所谓的非学术性知识，是指所有的绝对知识"。毋庸置疑，所有以人的经历为认识对象的研究者，都应该将雅斯贝尔斯的训诫深深铭记于心。特别是面对现代法西斯时代中孕育的最深仇恨、蔑视、羞耻、绝望和消沉，及与其截然相反的最大荣光、神圣、尊敬，乃至该过程中所有人的钢铁般意志和各种感情格斗的思想问题，也就是面对古在由重所说的具有"尖锐意义"的"转向"问题之时。对于古在由重这种敢于通过转向经历者的内心世界进行研究的研究者来说，雅斯贝尔斯的观点不需要任何行为和表情，只是观点语言本身就具备着莫大且强效的规范力。以人的经历为认识对象的研究者必须首先意识到，在我们的认知面前有一层面纱，这层面纱深深遮蔽着我们的认识对象，而这在知识的世界中是十分自然的存在。基于在纳粹统治下的 12 年经历，雅斯贝尔斯认为，由于推崇"那种好像绝对知识"的风气充斥在德国的文化世界之中，因此每个专家、思想科学家、神学家、法学家、作家，即每个只从事某一文化领域的人，展开了一场对这种"绝对知识"的争夺战，"并高居在独善其身的超脱立场之上。正是这种情况成为纵容纳粹统治的一个条件。换言之，各个思想领域在这种独善其身的情况下如同一盘散沙，给了纳粹趁虚而入的'缝隙'"。

正如威廉·冯特与李克特曾经指出的那样，彻底的不可知论是认识论的重要推动力，但在经验科学中恰恰相反，一定程度的"断定"反而推动了认识的发展。在有充分根据的"断定"后，流体材料能产生结晶，并建立起经验认识。从这个意义上说，面对转向这一研究课题，"认识上的不可知论"不会导致经验性认识的不育。

二、集团转向

1942 年，政府决定部落会、町内会等地域自治机关脱离内务省监管、并入翼赞会的领导之下。几乎同时，政府决定行业组织脱离行政官厅监管，统合入翼赞会中，至此完成了翼赞会制度构建。当时，翼赞会的机关杂志《大政翼赞》83 号宣称：这一决定标志着"一亿国民组织已经成立"。从表面看，绝叫、怒号就像"敲打空杯的声音"[1]一样，虽然互相之间没有实效反响，却使当时的日本得到了满足。这种情况下，在"国民组织如今已经形成"的说法中，蕴含了一种真实感，即"明治维新以来的历史课题，如今逐渐在这里、由我辈实现了"。这里包含着希望实现二代遗训的某种自负。由于壮年团、青年团、工场委员会等既存的"国民性"运动团体，已经全部完成了制度上的统合，故而理所当然地认为如今维新的心愿，即国内的"和"与近卫新体制运动"总亲和思想"[2]已经实现。因此，翼赞体制确立时的总裁谈话称："只要国民运动能够成为国民的自发运动，它就还原到原有的形态了"。副总裁也同样强调，"翼赞会的本来特点"是自发的运动[3]。近卫文麿自不待言，东条英机也认为此前的运动在唤醒国民自发性上还有所不足，这种情况显示了日本统治者的精神特性，也表现出翼赞体制的成立并非一定需要严厉的独裁性才可以完成。壮年团等其他既存集团纷纷转向，这些集团转向合在一起，就诞生了翼赞体制。翼赞体制并非在某个结点开始运动，继而通过战略战术的展开而形成，而是在各种势力"相互纠缠，错综复杂的情况下，直接发展而成"[4]。正因如此，它的

---

① 帆足计：《统制会的理论与实际》，1943 年。
② 《革新》，1939 年 1 月号。
③ 《大政翼赞》71 号。
④ 《翼赞国民运动史》。

1940 年前后日本社会的思想转向

成立，无论右翼还是左翼，自由主义者、军部还是官僚，都十分期待由近卫那样的"通晓事理"的关白贵族来担任最高领导者，成为运动的象征。如果是战略战术上的总体统合，那么即使不以实体的人物为中心，也可以通过象征的操纵，即煽动行为，来实现统合。这种象征与实体之间的分离，是以存在象征操作的"原点"为前提的。在缺失这一原点或主体的情况下，与当时情况相符合的人物，就会作为实体的象征发挥作用。翼赞会成立的历史就象征性地显示出这种象征与人物之间的未分化性，这正是日本政治的一个特质。

（一）转向观念的原型

佐野、锅山的转向，不是单纯的个人思想经过与国家权力的冲突、与社会状况的新鲜接触后发生的转向形态，而是革命运动的前卫政党在九一八事变后的新形势下，提出了应该采取的新纲领，是一种集团转向。那么应该如何审视佐野、锅山的转向在翼赞时代的"新意义"呢？

在 1933 年 6 月的转向中，佐野等人并不是以共产主义者个人的身份展开对外活动，而是作为代表党的领导人、体现了超人格的集团的全体人格性，对党提出了转向要求。在这个意义上，他们将自己的转向和党的转向等同看待，暴露出这种领导的弊病。在人格化（personal）集团、特别是在由共同体聚集或具有偶像性、教主领导的集团中，这种弊病不被作为弊病，而是作为一般性的、极其普通的存在。但是在将组织作为非人格化（impersonal）事物来把握的古典近代性观点下，领导这件事不是属于某个特定领导者的机能，而是履行某个特定领导者刚好抱有的领导方针、领导纲领、领导精神的活动。因此，领导是客观的，也是抽象的，因为它并不完全与某个特定的人紧密连结在一起。这样一来，上述的弊病才会被自我认知为弊病。如果一方面顾虑到没有一个普通人能永远做出正确决定，一方面个人的意见不能随着时势变动而变动的想法在组织成员之间蔓延，随着组织纲领的转变，领导者也会下台、更换。现代各国共产党的"优点"之一，就是坚守这一原则，将纲领视为客观的前置，在纲领改废的同时更换领导人。共产党不称"某人纲领"，而是称"某年纲领"。这种情况虽然也有其他原因，但至少也是该问题的一种体现。日本共产党的"优点"也在于此。虽说是从反面论证，"二七年纲领""三一年纲领""三二年纲领"的出现都伴随着令人眼花缭乱的领导者的交替。只要政治操纵人际关系，就不可能完全实现这种人的组织的彻底非人格化。如果失去了对这一点的考虑，政治现实主义将不复存在。因此，"令人眼花缭乱"的交替显然包含着政治上糟糕的一面，但如果没有这种原则性的意志，现实主义就仅仅只是唯现实主义，没有目的，没有规制原则，故而就不会引发现实的积累与组合。现实主义就会一次次地变成兔子粪那样毫无用处的东西。换句话说，就变成了徒劳的现实主义。所谓的政治现实主义，无非是为了某些非人格的目标，而控制人的活动。

佐野等人打破了这一原则，应该遭到批判。他们作为"二七年纲领"的支持者和领导者，转向之后还想继续领导党，这怎么可以呢？个人的转向本身是他们的自由，但转向的方式和形态，必须受到他们所处的公共立场制约。首先，他们必须在转向时辞去领导职务。其次，他们还应该提出退党申请。只有在完成以上过程后，他们才可以发表天皇制社会主义运动纲领。从锅山的转向记述《我抛弃共产党》中可以看到，他们不仅没有辞去领导职务，甚至还向"狱内中央委员"提出了转向声明，希望"如果可能的话，我想谋求狱内全部中央委员的一致行动"。

佐野、锅山所处的地位对他们的行为准则有着一定限制，因此，比起他们转向本身，他们在转向的处理程序上错误更严重。我们只能认为，他们缺少对程序的认知，而对这种程序的实际意义与思想意义的自我认知，正是近代组织中蕴含的精神特质。上述组织的近代类型，也被认为是以成员的这种精神特质为前提条件的。所以说，佐野等人对自己建立并为之奋斗的组织精神特质，确实是全然不知。"组织的形成"应当是提取"组织的哲学"之后才实现的。但对这一点毫无认识的不止佐野和锅山，那些激烈批判他们的转向是"背叛"的未转向的共产主义者，也没有认知到这一点。原因在于，如果他们非常清楚共产党的"优点"在于固守领导者更替这一客观原则的话，他们就不会攻击佐野等人转向本身，而是在攻击转向的同时，更猛烈地攻击他们在转向程序上的错误。尽管是领导者，也无法确保他作为一个人，绝不会屈服于物理上的压迫。或许在情感上，人会坚决信任特定的领导者，但理智上是不可能绝对信任的。可以认为，佐野等人的转向，对同志们而言在情感上是晴天霹雳，但理论上又是可能发生的。佐野辞去领导职务后，为了退党，他并不需要像坚持不转向一样具有意志力、体力及坚定的信仰来忍受酷刑，只需要重视领导者去留的相关程序即可。因此，批评佐野等人在转向程序上的错误，并不是要求他们做无法做到的事情，也不应构成对他们的人身攻击。为了表现出共产党最纯粹的原

1940 年前后日本社会的思想转向

理，这个时候与其猛烈地攻击他们，不如冷冷指出他们对组织程序的践踏。当然，激烈地批判思想上的背叛也是可以的，但是绝不能忽略对后者的批判。然而对后者的批判，实际上并没有发生。

众所周知，1933 年 6 月 16 日后，《赤旗》一直在攻击佐野等人"破坏党的企图"。但是在认真探讨"佐野等人对党的破坏"这一问题后，我们发现他们认为佐野等人"散布各种蛊惑人心的言论，声称我党已经变成了一个小资产阶级政党，从而让劳动群众对我党产生不信任感"。也就是说，实际上"胡言恶语"就是他们"破坏党"的内容。这种论点也有实证案例，主要指出"市电"（市电从业者组合）、"市从"（东京市从业者组合）里"堕落干部"的转向及转向扩大运动是在佐野等人转向的影响下兴起的。也就是说，他们只将党的势力在事实上受到打击这个层面称为"破坏党"。这当然是可以理解的，但他们依然没有将在程序原理上破坏党视作一个问题，这暴露出了这些论者思想上的弱点。

由此可见，对于自己应该引以为傲的领导者交替这一原理性，共产党全党上下都没有丝毫的认识，起码他们对交替程序所具备的原理性意义毫无认识。从战后的现象中也可以找到证明，这一点是一贯存在的特征。共产党关于"规章"体系性解释的论争非常之少，少到几乎一次也没有的程度，这就是缺乏这种程序精神的表现。在纲领、政治方针、形势判断等问题上，共产党表现出反复不断地、细致入微地进行大规模论争的热情，而在另一方面，对党中央已经决定的"规章""程序"等内容，党内就像对待几乎不言自明的内容一样，只是"严格遵守"，根本不讨论这些规章和程序的合理性，这本身就表现出法律和程序意识的缺乏。党组织的钢铁般团结，不是通过对规章的激烈争论，在解释、再解释、再再解释的动态过程中获得，而是依靠身为共产主义者应当认为自然而然的东西、即依靠"自然"的安定性确立起来的。这是一种没有弹性的静态的钢铁团结，是组织的僵化。因此，政治领导者总是可以高居在这个稳定的组织之上，对"纲领论争"进行判断、裁决，而对"形势判断"本身的论争，只是在党员某个人对自己的党员生命有危机感的情况下进行的，绝对不是在采取何种政治方针可能会让党本身分崩离析的危机意识下进行。只要有共产主义信奉者存在，就会有不受方针细微差异而影响的稳定组织存在。共产主义者需要极力避免的，只是自己被这种"坚固"的"主义者"集团所抛弃的危险。既然政治目的一定会通过社会的必然规律来实现，而基于对规律认识的大方针应该由世界的领导者提出，那么就没什么好忧虑的了，共产主义的担心是偏离革命英雄的自然轨道。

　　佐野等人采用集团转向形式的一个重要理由，就是在围绕转向的对立中，彼此双方都缺乏程序精神，换言之，是缺乏规则具体认知的这种连锁关联。当然，这种情况下并没有发生事实上的集团转向。佐野、锅山自己的转向采取了这种形式，而这仅仅是他们所希望的。事实上，共产党集团虽然在其影响下遭受了毁灭性打击，但最终还是选择了不转向。正因如此，这个转向被视为其后翼赞时代广泛开展的集团转向的思想萌芽。实际上，如果一个集团能确立自己活动的目的和规章，且不断在运动中完善，集团转向是很难出现的。若将活动目的推翻，颠倒成完全相反的内容，那么原本的那个集团就已经灭亡，取而代之的将是另外的集团。

（二）集团转向的典型

　　众所周知，1933 年 6 月后，日本进入"转向时代"。到 7 月末，狱中的共产主义者三成以上转向。到 1935 年末，差不多九成已经转向，由此也能看出转向的猛烈势头。这个现象正是佐野等人引导的集团转向。从理论上讲，大量转向未必就是集团转向，但一般而言，大量转向正是集团转向的必要条件。造成事实上的压倒性影响，并产生这种必要条件的，仍然是佐野、锅山的转向。他们的转向就这样自己生产出将形态上的原理现实化的条件。当然，这种生产并不是佐野等人的单独行动，而是从围绕他们转向的各种对立、关系中诞生出来的。

　　毋庸赘言，大量转向是集团转向的必要条件。此外，要实现集团转向，还必须使转向本身成为社会"集合表象"的一个目的观念，这样才能使转向在日本全社会各个领域形成井喷之势，使转向成为"时代的要求"，以致所有要素都被强迫调转方向，转向成为"口号"。当时的日本正处于中日战争和太平洋战争中，在社会万物的活动形态皆被要求符合高度国防和总体战要求之时，所有的立场都要为一定的目标服务，朝着目标的实现转向前进。于是，转向不再像以前那样只是"来自"马克思主义、反国体主义及革命运动的转向，而是"朝着"总体战赋予的目标转向。中日全面战争前统治当局所要求的转向，不过是远离革命派的转向，只要被认为不会有回归革命运动，"转向者"就能够被允许在同一地点保持原状，且"自由"进行其他各种活动。然而随着战争的长期化，这个倾向彻底消失，要求人们"积极地"

1940 年前后日本社会的思想转向

"报国",绝对不许"无为""随性""妄想",要从观念到行动改变旁观主义、自由主义,也就是说,转向是所有大众在日常生活中都要面对的课题。无为的瞬间,随性而为的几分钟,耽于妄想的时刻,沉浸思考的几小时,每个人都成为了必须转向的人。"因此,转向问题并非仅限于单纯的所谓转向者的转向,而是演变为包括全体日本国民反思的一个更大的转向问题"。这就是负责转向的官僚将上述转向称之为"转向的新发展阶段"的原因[①]。至此,转向理所当然地成为时代的"口号",成为"国民的普遍伦理"。"转向"一词是启动、再启动日本法西斯国家体制的按键,是引起不断反思和奋起实践的杠杆,转向行动是一个连续且无限的过程。

转向史上的里程碑,是转向从"来转向"到"去转向"这一概念发生转变的时期,即 1937 年 12 月检举"人民战线派""劳农派"400 余名成员、禁止日本共产党、全国劳动组合评议会结社之际。在只要和共产主义保持"质"的距离,就可以被批准存在许可证的期间,这种"合法左翼"虽然处在临界线上,也能免于检举。但"时代变了"。合法左翼是带着合法面具的左翼。此时的重点不在于远离非法左翼的距离,而在于实质上接近国策的距离。比起现象,"本质"才是问题所在,而"现象"经常是伪装的。这种"辩证逻辑"是日本统治者从共产国际采用人民战线战术的决定中学到的。在日本统治者看来,在联合所有反法西斯主义分子的方针政策下,"赤色"会发展成为一个全世界范围的统一组织运动。希特勒已经对欧洲的政治现实做了说明……一个季米特洛夫就像孙悟空一样,能在欧洲分身成四个人活动。这也解释了自九一八事变之前起,中国惊人的赤化程度。在日本,自然也是如此。即使共产主义者还没到神出鬼没的活动程度,他们也一定渗透到各种团体中去,进行"分身"活动。如果有"自由主义"团体反对国策,那政府就必须加倍怀疑,那也许是"分身"的共产主义者搞的鬼。总而言之,要考虑这种团体本质上可能是共产党的伪装团体。自由主义团体尚且如此,更不用说同样信奉马克思主义的社会民主主义团体了。"社民"与"共产"是一对双胞胎,但正因如此,他们会兄弟阋墙、反目相争,反而在某些细枝末节的分歧上有强烈对立意识。两者是这样一种互相接受的关系。可以想见,自由主义与共产主义更容易实现在政治战术上的联系与联合。但日本的自由主义,与其说其特征是要摆脱一切先入为主的非生产性约束的自由思维

---

① 东京保护观察所辅导官中村义郎说:"被要求转向的人员,并不只是与思想事件相关的人员"。《革新》,1938 年 12 月号。

方式，不如说是一些自由"主义者"，以批判马克思主义本身为主要任务，并在这个意义上建立某种先入为主的体系来对抗马克思主义。所以，对于这个情况，信奉马克思主义的人，无论是共产主义者还是"社民"，在他们信仰体系的维度上带着反感的前提下，才可以自由地针对具体问题讨论解决方案。鉴于这种情况，必须要考虑到，既然自由主义团体都可能成为共产主义的伪装体，那么"社民"就更不用说了。有鉴于此，全国特高课长会议制定了"取缔人民战线"方针，开始普及一种观点，即"所谓人民战线，在对外关系上，就是第三国际的伪装战术；在对内问题上就是致力于事实上复活美浓部学说的活动"①。

伪装的共产主义可能弥漫在整个国家之中，这种恐怖主要是从对共产主义意识形态和共产国际战术的理解中产生的，所以应该被称为意识形态导致的意识形态恐怖。在面对共产主义这种包罗世界"万象"的体系时，一旦开始对共产主义感到恐惧，人们就会一个接一个地不断发现恐惧的依据，进而对意识形态本身的恐怖就会继续增加，会带来恐怖的扩大再生产。

从日本的传统而言，马克思主义是令人惊异的理论，因此马克思主义对日本的冲击尤其大。在日本社会，要衡量理论在现实中的动员能力是很困难的，马克思主义的神秘感则更加放大了意识形态上的恐怖。由于存在这种神秘感，无论给共产党多么毁灭性打击，统治者也无法安心。况且党是地下的非合法党，其本身就是神秘的存在，因此恐怖会愈来愈发扬扩大，演进成带有神秘性的恐怖，使统治者困恼。共产党的势力本身看起来并不强大，但现实恐怕不是这样简单，因此统治者必须把一切可能是共产主义的因素全部毁掉，不仅要消灭直接可能的共产主义，如尚未成为共产主义者的马克思主义信徒，还要消灭间接可能的共产主义。于是，揭露共产主义就成为一个无限的过程。在个人细微的行动中，发现并取缔自由主义，即潜在的共产主义。这种思考方式和马克思主义者中揭发资产阶级自由主义的过程完全相反。这种伪共产主义论产生于统治者的恐惧之中，在这一逻辑下，发生了 1937 年 12 月的事件。对于出于某种意图而积极影响陌生人的人，也就是进行社会活动的人来说，不管他如何申辩自己不是共产主义者，都无法解除统治者的怀疑，他必须要积极地证明自己是"日本人"。例如，全农在检举黑田寿男等三人之后，立刻发表"转换声明"，声称"重新检讨我等之前的运动方针，放弃佃农工会模式，谋求

---

① 《帝国新报》1936 年 9 月 8 日号，警保局图书课《出版警察资料》第 16 号。

1940 年前后日本社会的思想转向

农业生产力的提高和农民生活的安定……积极与产业工会、农会等其他大众团体合作"。不用说，这个日本农会的新纲领，加速了"合法左翼"的全面崩溃。在这种情况下，出现"产业报国运动"也就不足为奇了。那么在集团转向中，作为产业报国联盟核心力量的协调会发挥了什么作用呢？

1938 年 2 月，协调会成立了时局对策委员会，并向政府提出了《劳资关系调整方案相关建议》。7 月，协调会创立了由贵族院议员河原田稼吉为理事长的产业报国联盟。因此，1940 年"确立勤劳新体制"时，协调会成为了"产业报国运动"的发起人。在此过程中，由于执全产联（全国产业团体联合会，相当于二战后的日经联）牛耳的常务理事膳桂之助担任河原田"背后的顾问，遂得以将如此大规模的运动标榜为民间人士主导"[①]。膳桂之助一面劝诱日本的"实业家"加入产报联盟，一面给河原田提供建设组织的运营策略。这就是产业报国运动的内部运行机制。

1938 年 5 月，为了筹建产报联盟，协调会在全国工厂组织召开产业人士交流会。在新大阪酒店召开的关西实业家交流会上，膳桂之助在"致辞"中说：

"有人说，产业报国运动不是出自某个人的提案，而是委员会成员的一致意见。事实的确如此，这个提案不是全产联的提案，不是政府的提案，也不是协调会的提案，而是政府、企业家、从业员的一致意见。这些意见汇总成文后，就形成了这个提案。"来源和路径基于全体意志的提案，往往是最正当的提案，这种精妙的解释很符合日本人心理。膳桂之助又说："据我所知，诸位没有人提出作为委员会成员参加会议的要求，但是如果让诸位屈尊参加，我想诸位的意见也会和本提案一样。"因为这不是某个人的提案，而是全体的提案，所以可以说也是未参加讨论的成员的提案。这样一来，就"温和"地将所有人都包括进来了。由此，我们终于明白了为什么我们煞费苦心也找不到产业报国运动形成过程议事录。

膳桂之助在"致辞"中，列举了国家、资本家、劳动者共同提出协调会产报方案的四个理由，其中"值得肯定的第三个理由"是，"其指导精神的措辞言简意赅，怎么解释都行。也就是说，比起絮絮叨叨的解释，最好是像佛经一样的措辞，平易近人而又含蓄，也更容易理解"。这种措辞如实地展现了日本式组织成立过程中方案的构成及其价值判断的特征。实际上，更高的表现形式是在明治天皇制国家成立时展现出来的。教育敕语是旨在从道德上统一国家的"教法"，其文案的主要起草

---

① 森田良雄：《战争与勤劳》。

者是元田永孚和井上毅。井上毅在讲述教育敕语的基本原理时说："王言如玉，其要在简"。相比之下，膳桂之助的想法几乎如出一辙。正如教育敕语贯彻的"非政治化""非理论化""非宗教化"原则一样，这里的"产业一体化"如"佛经一样的措辞"轻描淡写，不是为了阐明如何一体化、推进何种类型的一体化，而是为了明确排除非一体化乃至缺乏一体化欲望的现象。在这个范围内，任何具体的意见都可包含其中。人们开始恣意解释"佛经"，将各自不同的解释绝对化，结果在内部有可能分裂出千千万万个分支。对于教育敕语而言，这种可能性成为了现实，导致了天皇制内部的分歧。然而建立组织之际，这种方法是最为轻松的，没有必要进行严苛而激烈的讨论。对于那些积极活动的组织来说，组织建成后内部分裂的可能性很大，但对那些仅仅保持组织形式但活动不积极的组织来说，矛盾不会凸显出来。在日本社会，这种消极的团体非常之多。

正因如此，膳桂之助写道：在《产业报国会与产业报国联盟》中，虽然每个工作单位都创建产业报国会，但它们是在尽可能根据各个工厂各自的特殊情况创建的。这就意味着，对于既存的机关来说，当其目标机能与产业报国会的目标机能一致时，便可以利用既存部门而不必设置新的部门。我认为这是非常具有灵活性的提案。"膳所说的"根据特殊情况"，意在"不必设置新的部门"，这反映了产报运动组织的历史妥协性，而产报的设想原本不是这样的。在最初的提案中，"地方警察当局动辄根据既有概念将'产业报国会'解释为'工厂委员会'，并出现了奖励那些仅将自己的招牌改为'产业报国'的工厂委员会的倾向"。8 月，厚生、内务两省次官通牒的纲要规定："根据各单位情况"，"有些团体可以只进行"劳资恳谈。就此，协调会时局对策专门委员会的"有志之士"集结起来，强调"如果只依靠这样的传统部门，那么产业报国会就无法成立"，同时制定了相同观点的规则条例，"明确了'恳谈'仅是产业报国会的事业之一，但产业报国会本身绝不是仅仅为'恳谈'而设置的部门"①。在实际的组织过程中，这种观点开始向膳的观点转化。这并非是理想与现实的不一致，而是规则与运动之间的原理性背离。

为了了解协调会在这方面的运作方式，不妨叙述一下协调会的思想史及其与社会基本状况的关联。

协调会是涩泽荣一于 1919 年组建的。这是"米骚动"事件的第二年，造船、

---

① 森田良雄：《战争与勤劳》。

1940 年前后日本社会的思想转向

制铁、矿山、军工厂等基础产业相继发生大工潮，社会正处于对这种"突发性秩序动乱"[1]的恐惧之中。在这种状况下，统制模式不得不改变。在明治时代，认为诚实有德的官僚在利用个人方式与被统治者交流的同时，实施"牧民"治理方式是最佳的"治道"。兼具近代知识与儒教伦理的官僚，穿草鞋行万里路的治理形象，成为模范政治的理想形象。但时过境迁，如今通过"牧民"治道已经无法解决问题。明治维新以来，涩泽一直以建设产业国家为唯一目标，现在为了应对这种状况，开始策划保护和促进产业发展的协调主义。涩泽的协调主义认为："资本家容易陷入一种偏见，即支付工资方是主人，领取工资方是家臣的封建观念。就我曾经营过的银行业来说，当初也被这种谬见所裹挟。这是因为，以前营业性贷款很少见，借款多多少少有一点恩惠的意味，这种观念在银行交易上的体现，便是贷款者高贵，借钱者卑微。……有资本才有事业，有事业才会有劳动，反过来说，有劳动才会有事业，有事业才会有资本。资本与劳动的共同活动就是产业。"[2] "如今世上所谓的温情主义，往往浸染着优势者对劣势者怀柔之意，然而其与协调主义相去甚远。"[3]涩泽认为，解决"社会问题"要靠"交温主义"，即"如果说支付工资者是高贵的，那么支付劳动者同样高贵。不，两者都不是给予者，而是资本与劳动的共同付出。"所以"资本家与劳动者的人格合作"成为可能，由是可以排除"劳动者懒惰，雇工反抗"，去掉因身份而产生的自卑心理。涩泽认为："无论时代文明或野蛮，民众智慧或愚蠢，治世的关键通常在社会政策。"

在日本，将纵向的社会关系变为横向社会关系的启动力，通常表现为"共同付出主义"。二战后的家庭关系中，男女平等靠什么得到保障呢？其中的一个因素就是男女关系从"男人赚钱交给女人"变为"男女一起赚钱"的"共同付出主义"。至少最激进的战后民主派中有许多这种男女一起养家的共同付出主义者。此外，在村落共同体中，传统的"讲"（进行储蓄、融资等活动的互助组织）和"寄合"（村落共同体成员评议、商议的集合）等"平等的"交际活动中，也存在"共同付出"食物等传统来支撑活动的"平等"。也就是说，日本的民主主义实际上是传统的"共同付出"民主主义。

"共同付出"的平等意识，具有消除身份的自卑感及社会心理紧张感的机能。

---

① 原敬首相语。
② 涩泽荣一：《劳动问题解决的根本要义》，《社会政策时报》，1920 年 9 月创刊号。
③ 《协调会宣言》。

涩泽正是想利用这一机能，建立扩展企业家的"社会政策"的视野，促成劳动者"自制"的条件。于是，"协调会宣言"依靠"共同付出主义"下的人格共同，披上康德主义的外衣，试图伪装成以人为目的的"人格主义"。

《协调会宣言》宣称："协调主义不是要消灭社会斗争的幻想。本会明确否认不斗争就无法提高劳动者地位的观念，否认为了斗争而斗争的唯斗争主义，否认所谓如今社会没有协调余地的绝望思想。"当然，要阻止对立的状况，彰显努力的效果，就要在一定程度上承认对立本身的存在，从而在状况把握和战略目的之间产生紧张感。这种紧张感是维持协调会精神的固有原理，协调会应该在会员的人员构成中引进对立状态，即使社会普遍地进入平稳状态，也必须让协调会组织中始终存在对立的意见、观念，否则组织就会随着社会状况的一般变动而失去自己的紧张感。

协调会的组织构成是：德川家达担任会长，青浦奎吾、大冈育造、涩泽荣一（实际的指导者）为副会长，由贵族、官僚、政治家、企业家等各界人士组成干部委员。自然，参与组织的企业家是武藤山治那样的开明经营者，官僚多数是与后藤、冈实类似的能够把握现状推进政治合理化者。这些成员与"理解力强的"贵族相结合，于是出现了协调会这样的集团。于是，《社会政策时报》与后藤新平组织的"满铁"调查部并列，开始了周密的调查工作。实际上，协调会中没有工会代表的介入，不仅共产主义者，就连社会民主主义者也没有参与。在 1919 年 8 月 16 日的创始人会议上，涩泽荣一发表了自信满满的演说："不能说本会的创始人中没有劳动者的代表，所以本会的宗旨便没有不稳定因素。本会不是为资本家服务的机关，而是要严格监视资本家的任性。"[①]集团的健康与其组成原理息息相关，但与集团创始人或最高领导者的意见及活动几乎无关。这就是组织者经常不得不对脱离他主观行动的客观结果负责的原因，也是革命领导者在革命过程中普遍痛感自己的精神遭到背叛而又不得不忍耐这种痛苦的原因。组织的运动与领导者精神之间的分歧，是无论怎样周密地制定组织原理也无法避免的矛盾。涩泽对自己的杰出有怎样的自信是他自己的自由，但他将个人自信原封不动地转移到其创建的组织上的做法，就未免有失考虑了。

协调主义在某种条件下会转变成劳资一体主义，这种从对立的状况转变为协调的状况，是在 1936 年到 1937 年之间出现的。1926 年颁布《劳动争议调停法》时，

---

① 涩泽秀三：《父涩泽荣一》下卷。

1940 年前后日本社会的思想转向

社会对立激化，当时依据调停法或依靠有关部门的调解而实际上达成妥协的事例很少。但是在此后的 10 年里，调解成功的事例逐渐增多，1936 年到 1937 年达到了顶峰。1925 年度调解成功的件数仅为争议总件数的 15%，1927 年以后平均接近 30%，1936 年度出现了 41% 的"最高记录"。1937 年度，根据截止到 10 月份的中期统计显示，在 1997 件争议中，有 756 件调解成功，调解率为 38%，虽然比前年度同期的 42% 下降了 4 个百分点，但是从绝对数看，增加了 67 件。1926 年起的 11 年中，全国的法律调解仅有 6 件，整体上看调解处理占压倒性多数，其中 1937 年的调解全部是事实调解。当然，很多情况下事实调解的调解者是警察官，1936 年这个比例是 57%，1937 年是 63%，都占了半数以上[1]。与此同时，在未经过调解的争议中，还有很多是"短期内妥协解决"。产业内"恳谈会"制度的发展，也显示出国家、资本家和劳动者之间协调的社会一般趋势。

协调会独特的任务是总体规划和推进国家、资本家和劳动者之间协调，按照膳桂之助的说法，是从"应该协调"到"应该达成一致"的"非常进步"，当时的一般观念是："从劳动组合到公司组合，从公司组合到工场委员会，这种倾向即使没有产业报国运动，也已经发展为一种普遍的倾向，而这种普遍倾向正是产报会及其运动诞生的基础。"这里所谓的工场委员会与劳资恳谈会皆为产报运动中成长起来的组织，参加恳谈的警察官"不是从外部对其监视，而是运动的同志，是拥有权力的同一阵线的领导者"，这种情况"无疑是争议调解法的出色发展"。[2]

统治当局并不希望原有社会主义集团或劳动组合、自由主义政党等保持原样地融入产报运动，而是希望这些团体解散后，在个人"完全转向"的基础上重新加入产报运动。如果不是这样，就不会出现自下而上的力量，仅仅换了招牌的原集团的社会运动家也会保持原有的精神继续秘密活动。也就是说，在集团转向的荫庇下，个人能够保持非转向状态。当然，作为集团的一员，只要赞成集团转向，就不会是完全的未转向。但在日本的集团中，经过成员积极讨论而转变方针的情况很少，默默接受干部决定的方向，基本不存在积极转向的意义。因此，这是最为简单的伪装转向，是以沉默为手段的伪装，是一种不作为的伪装转向。

产报运动导致了伪装转向的大量出现，形成一个恶性循环。"本来，在产业报

---

① 坂井隆治：《劳动争议的概观》，载《社会政策时报》，1938 年 3 月号。
② 津久井龙雄编：《日本政治年报》第一辑，1942 年。

国联盟成立之前，协调会与各劳动团体的会谈"，就要达到"解散社会大众党为首的同类工会……等团体，抛弃社会民主主义"的效果，"然而不知为什么，协调会在没有采取任何相关措施的情况下，开始了产业报国联盟的组织运营，此前的 7 月30 日选出了理事，至此正式成立组织。结果，错过了完全转向的机会，在维持现状的状态下加入联盟。产业报国联盟的这种收编未完全转向的社会民主主义团体的政策，最后能否实现劳资关系调整的根本目的，是值得怀疑的，这种政策最终也许会成为黄昏政策"①这里所说的"黄昏政策"，本来指社会主义派工会"出于周围的不利环境而临时转向"，因担心被人怀疑是策略性转向，所以采取"不发表转向声明"的暧昧态度，因此这一政策"有变为黑暗政策的危险"。如今，不仅协调会失去了促进社会主义者完全转向的绝佳机会，而且产报联盟本身也被指责有转变危险。出于对伪装转向的恐惧，集团转向一再扩大，以致法西斯倾向的集团也受到攻击，发生了有名的攻击翼赞会是赤化老巢的事件。

（三）集团转向的结局

产报运动对劳动者的组织，与过去最高只有 7%组织率的工会不同，劳动者"可以参加经营策划，参与工资及其他各种劳动条件的制定"，其条件是承认国家机关的"内部斡旋"，并接受国家机关的指导②。显然，这是想要劳动者明白，靠近政府，会使劳动者与个别资本家交涉时处于有利地位。因此，这场运动仅靠协调会的"说服力"或政府的"大力支持协助"还不会有大的进展，如果"不能明确为国策"，对于劳动者也就没有意义，就只能属于精神运动。结果，1939 年 4 月，在内务、厚生两省主持下，产报运动升级（第二转向）。1940 年 11 月颁布《勤劳新体制确立案纲要》，标志着运动在全国范围内展开。1939 年 4 月的通牒明确指出，地方长官对产报运动的指导具有合法性。5 月 10 日的通牒明确"运动的指导以政府为中心，以产业报国联盟为协作组织"，由此运动的性质发生了转变。"警察开始了猛烈活动"，"全国大部分工厂……几乎被强制性"设立组织③，厚生大臣担任全国中央本部委员长。这一过程与大政翼赞会的发展过程相似。"大政翼赞会前期由总理大

---

① 西山仁三郎：《产业报国联盟的课题》，载《革新》，1938 年 10 月创刊号。
② 《日本政治年报》第一辑，1942 年。
③ 《日本政治年报》第一辑，1942 年。

1940 年前后日本社会的思想转向

臣担任总裁，仍保留着民间的运动形态……后期即 1941 年 4 月改组，转变为官宪性质"。

在总体战的国家体制下，随着产报组织的发展，"熟练工不足"倾向严重，由此迎来了"优待"劳动者、劳动者"万能"的时代。

当时，我国的"熟练工"缺乏与 20 世纪后欧美的"熟练工"匮乏有不同的含义。欧美的"熟练工"一般指"领导机械工的工作，可以设计制作车床等作业工具，熟练调整各种工作机械的真正的高级机械工"。用武谷三男的话说，"熟练工"不仅能制造物品，而且懂得技能原理与生产手段的结构，并具备传授这些知识的能力。然而，当时日本缺乏的是"能够操纵某种机器并使用这种机器进行生产的一般经验者"，是"有经验的""平均水平的机械工"[1]。

但凡有些机器操作经验的人，就会有很多工作机会。熟练工越抢手，对经验的要求便越低。即便在某些方面能力不足，也能在军需工厂就职。工资也因"争夺熟练工"和国家优待"后方战士"而有所提高，粮食配给量则是普通"市民"的近两倍。正因如此，"为了多一些收入，劳动者加班加点"的倾向明显[2]。因"过劳"导致的灾害也随之增加。为了保全劳动力，国家并不希望发生这种情况，内务省社会局为解决"这一矛盾"而绞尽脑汁。在经营方面，必须给资本家洗脑，也即在实现产业和平，剥夺了工人罢工权的情况下，必须充分提高工资，必须"依靠行政措施来解决问题"[3]。国家依靠国民、国民依靠国家的相互依存体系由此成立。这种"自发的合作"不是双方各自按照自己的程序出发与对方组成分工，而是向对方求救的"相互依靠"的精神现象。

与产报型依存稍有不同，依靠国家的另一种存在是壮年团、产业工会活动家以及革新农村协议会等组织，是某种程度上破坏既存社会权威的力量。这里，主要对农本主义运动做一探讨。经济大危机以后，农产品价格暴跌，农民从早到晚劳动的收获，如果能够与小学老师的工资相当，就可以说是模范农民了。在这种情况下，人们越发憎恶不劳而获者，对寄生地主、从事事务性工作的月薪族以及导致这种状况的资本主义社会制度不满。同时寄希望于"国家"，希望国家能合理解决"工作"

---

① 相马十吉：《最近的劳动情况》（上）、《社会政策时报》，1938 年 1 月号。下篇刊登在同年 12 月号上。这是一篇很出色的论文。

② 《日刊工业新闻》1938 年 1 月 7 日号。

③ 相马十吉语。

和"报酬"之间的巨大不公平，而试图回应这种期待的是以后藤文夫为代表的一些革新官僚。

大政翼赞会的成立，具有破坏"议会主义"、打倒政党政治的意义。"说到国家政治，其状丑态百出……此皆无道的党人和政客之过。"[①]因此，他们试图把议会交给"国家"而不是政党。排除"党争"的思维，是由来已久的共同体特有的意识，山县创建地方自治制度以后，这种思维已成为基本纲领。普选不是放大"党争"，而是一亿"政治总动员"[②]的最终形式，由此，部落或村落的"头头"或"职业政治家"就会放弃本位立场而站在国家的立场上。反过来看，这种政治参与又是"单纯的既成政党人士与职业政治家的聚散离合"[③]。政党政治最初是以金钱上的腐败为代价，来打破领导人固化，进而实现政治规则弹性的。在我国，按照这一原理，已经在大正时期以工商业组合等职能团体为基轴的选举运动中有所实践。马场恒吾在 1940 年指出，这一原理是政党政治的特色（日本仅此一人做过此研究），"政治家的一个责任"就是"寻找""推动历史进程的人物"，也就是寻求领导者。对政党政治而言，这种找寻领导者的方法"与石田三成以岛左近为左膀右臂、刘备请诸葛亮出山不同"，即不是寻找"成品"，而是"培养"。发现有才能的人，培养其成为"议员候选人"，以资金援助其演讲。要使其在议会内部活动中脱颖而出，成为领导者。从现实看，这个过程经常与金钱腐败联系在一起，但在马场看来，即便如此，也不能破坏这种产生领导者的循环机制。但是，腐败会导致对政党政治本身的厌恶，从而陷入"通俗道德主义"，那是一种越清贫就越强大的心理状态，当时的农本主义就是选择了这条道路，他们希望秉公居正的"国家"出面解决问题。因此，革新呼吁取消"职业议员团"，不搞"按分比率人事"及"罗列装饰人事"，在"全能分子""各界实力领导者""矿工和农夫"中"树立领导者意识"，从而实现国家主义[④]。这是一种打破身份制的革命，意在吸收在职的中间阶力量。

翼赞体制的这种一般性精神倾向，重心在于强调直接的物质生产，因此对"现实生活"和"工作"有直接影响。这在当时的报纸和大政翼赞会《中央协力会议》

---

① 《壮年团结成趣意书》，引自《翼赞国民运动史》。壮年团 1929 年。
② 上衫慎吉语。
③ 《翼赞国民运动史》。
④ 矢次一夫、岸信介等提出的"国策研究会"新体制方案。

1940 年前后日本社会的思想转向

的会议记录《国民总常会志》中，都可以得到印证。"脚踏实地的总体战"①，既是上面的要求，又是下面的希望。对于"踏实肯干的人"来说，"不懂经济""唯利是图"就不是脚踏实地，国家应做出"公平的"裁断，"不能把老实人当傻瓜"②。这样，自己不想吃亏的想法便扩展为大众的利己道德主义，统治体制内部也出现了借国家之手排除利己主义的日本中间剥削者运动，而一旦国家的措施无法满足利己主义者时，刀刃就会转向政府，就会发出"朝令夕改""对有钱人制裁不彻底""言行不一"等批判之声，对国家采取"消极被动""漠不关心"的态度。如果只是因为对社会不满而产生对于国家的狂热期待，那么即使某种程度存在着改变既存制度的力量，一旦新制度成立，民族主义也会烟消云散，翼赞会的案例便是如此。因此，战后日本不存在民族主义的状况，并不是战后才开始的，很大程度上是从战争后半期就已开始，是翼赞民族主义本身的性质决定的。

壮年团类型的集团，是组建翼赞体制的力量，但其加入翼赞体制的同时，也意味着自身的溃灭。转业、"集团转业"③也是导致体制崩溃的原因。换句话说，利己主义寄希望于国家，但又很快脱离了国家，因为利己主义本来就是以所有他者为手段。

三、翼赞理论的诸种类型

翼赞体制是以松散方式构成的集团转向的集合体，因此其意识形态上易于变化。例如，"意味着日新月异"的"革新"的含义就很暧昧，时而偏向于"打破政党政治"，时而则致力于变革社会。面对这种变动，个人有各种的应对方法。真正的共产主义者、反天皇主义者、反国家主义者如果不转向，基本上等同于选择了死亡。只有舍生取义之人才会如此。在行动方式等战术层面上，还有很多非战略性的空间和选择余地，应对变动有很多办法，当然，这并不意味着行动选择很轻松。从日常琐碎的行动中，也能发现伪装的共产主义者。因此，要适合自己并避免暴露，既与统治体制结合保持距离，并在实质上抵抗，以此为准则来决定行动态度之际，就必须深谋远虑。所以探讨翼赞时代的个人思想史是一件非常有意义的工作。在日

---

① 1942 年 9 月中央协力会议录。
② 新潟县部落事务负责人本山久平于 1942 年 9 月在总常会上的发言。
③ 《社会政策时报》，1939 年 2 月号，时报栏有关于"集团转业带来的强有力复活"的论述。

本近代史上，这是以隐蔽形式囊括最丰富思想形态的时代之一。公布的文书记载的是整齐划一的吼叫，但实际上却存在着多种理解和反应，这里拟对翼赞时代思想史进行类型学分析。

翼赞体制没有轴心，该体制是通过相互依赖成型，因此不同于传统的对他者依存方式。在战国时代，各种势力选取依存对象的原理，是通过自己的眼光和准则来判断主宰下个时代的宠儿，然后依附之，从而增强自身权力。而翼赞体制的依存对象并不固定，正如战国中足利氏最后的弱势将军义昭那样，在选择上没有主见地依存所有势力。翼赞运动没有正统的战略战术（结果只是强化了军部的实权），虽然提出了一些战略战术，但彼此掣肘，降低了体制运行的效率。翼赞理论皆属于旁系理论，这正是该体制的特征。非正统、多异端，基本是旁系与旁系的结合建立的体系。这种旁系性导致了责任感缺乏。

（一）以有马赖宁、千石兴太郎、后藤文夫为代表的理想主义型翼赞理论

有马赖宁是发起新体制运动的核心人物，是"善意"的农本主义者，也是翼赞运动中大众主义和自发性信仰思想的代表。他积极促成翼赞运动，但其自身在翼赞体制中不过是一个旁系。他的理想主义主张不适应现实制度，因此在翼赞体制确立后被废弃，其本人也被排除于翼赞会核心。与此同时，他们通过"农民文学恳谈会"或综合杂志记者会之类的组织，吸引了岛木健作等同类大众主义者，让那些在极小限度下转向的人加入翼赞运动。例如，岛木在谈到是否参加农民文学恳谈会时说："如果 A 氏参加，我就参加。如果是别的大臣参加，我不会参加。"①桥本英吉、间宫茂辅等大众主义者，大体上也是这种想法，产业工会内部的革新派也具有很强的类似倾向。在此，不再持有如岛木健作所说的"人类即使总是出于善意，但客观地考察这个会的性质的话……"这类思考方式，这种程度的转向成为前提条件。也就是说，翼赞中枢抵抗志向派的思想要素是通过个体善意来抵抗社会制度或者该制度的某个方向。在这里，对集团的信任和对集团创建者的信任，二者是没有区别的。

所有的集团都是以经济为基础的阶级集团，如果从集团的这一属性出发看问

---

① 《某个作家的手记》。

1940 年前后日本社会的思想转向

题,那就应看到集团是独立于其成员个体的存在。因此,对于马克思主义的转向者,也应该对其人格的忠诚和对集团的忠诚加以区分。若不做这种区分,参加集团后会出现诸多不满。岛木出席了农民文学创始大会并进行演讲,之后在会报上,他发现了似乎绝不能忽视的事情被误解,并像寻宝一样竭力寻找误解的原因①。正如他自己所说的那样,他相信人类的善意,认为所有人都是善意的。彻底的性善说者,对于人类关系中的"性恶"一面毫无预防及应对能力。岛木参加了"满洲开拓民视察旅行",他在报纸上发表谈话,还是被"误解"了。他发现自己的善意被集团、会、组织、机构歪曲,因而捶胸顿足。因此,即使出于对有马的信任而加入翼赞组织,他也不会增强翼赞组织的力量。组织的内部若有组织破灭感,组织运动就不会有前进动力。可信之人,如有马这样的人,进入组织但处于旁系地位,旁系理论亦愈加旁系化。但有马不会成为异端,因为他是翼赞运动核心的有功人物。异端的成立是有前提的,它要有对所有人的所有行动进行规范的、具有普遍性的固定的教义体系。

正因为他们是旁系,因此能够不断地与抵抗志向派合作。而翼赞理论的旁系性及其与翼赞中枢抵抗志向派合作的发展,最后导致了抵抗志向派的不断转向,直至彻底转向。

(二)以长谷川如是闲、宫本常一为代表的保守主义翼赞理论

有马和千石的思想中,有很强的利用村落共同体习惯(协助劳动、相互扶持)来推进农民组织化的倾向。当然,这种思想与主张日本社会传统的保守主义者思想相关联。

为了寻找日本的特殊性和独自性,有必要关注社会先进部分的变迁方式及其倾向,但同时也有必要认识深埋于社会最底层的基本不变、亦或是长时段中逐渐出现些许变化的部分。固执于后者的方法,是传统的保守主义态度。有马等人观点姑且不论,其与翼赞体制关系很深。夸大、夸张日本特殊性意图的翼赞运动,目标是唤起"国民自发性合作",而传统保守主义无疑是一个有力的支柱。沿着这一思路,长谷川如是闲认为,在地方民众共同体中,存在着非制度化的统一教育方法,通过"民谣""讲故事""盂兰盆舞""祭典"等自然发挥的教育机能,能够产出同等、甚

---

① 小林秀雄:《作家的形象》。

至高于社会高级文化的文化，日本的特殊性即在于此①。如是闲从原则上拒绝机械性制度和概念，尊重人的有机关系和自然行动方式，承认文化的生产性。他的看法是，对人有作用的制度，必须融入人的思想之中，而不能像机械一样简单操作，简单操作的制度是无法提升人类精神作用的。这种入脑入心的制度，是经历成百上千年形成的，因此必须探寻和重视传统。此类思想本身不是转向型，而是非转向型。事实上，如是闲从明治时代起就有此认知。因此，他的转向只是按照法西斯权力的要求，改变了其公开的合作者。

　　宫本常一思想上与岛木接近，行动选择上类似如是闲。他是优秀的日本民俗发掘、搜集、记录者，一直不懈地通过发掘底层残留的口述文化和传统智慧，研究文字文化和制度文明，这种努力即使在战争期间也在持续。他在 1943 年的著作《村中漫步》中，介绍了其有关泷野的钓钩生产与行商的合作发展、行商"为文化的传播和进步做出贡献"，长野县的防止农作物霜害经验推广到广岛县等调查情况。

　　这类调查和记录工作，经历了日积月累和组合分类的过程，自然会培养渐进思维。也就是说，不能是一蹴而就的戏剧性变化，只能一步一步、脚踏实地地推进。这种渐进主义不仅存在于明治初期福泽谕吉等近代自由主义中，也存在于隐藏的底层中。前者是进步主义的渐进思维，后者是传统保守主义的渐进思维。然而前者怀有对未来社会的目标，后者则对社会目标的认知很弱，立场保守。因为以保持传统为目标，他们总是叹息机械性文明的进步，同时易于与各种传统势力共鸣。因此，《村中漫步》与翼赞运动走到一起了。在这本书的结尾，特别记录了中部地区一个老者（田中梅治）"想要传达给世界"的一段话："吾为长男和家族继承者，绝不能抛弃贵重的百姓身份！百姓的粒粒辛苦，是我大日本帝国的国家之基础，是等天职必须牢记。特此宣言。"长男在乡下坚守百姓身份，次男以下则可以去城市，这是仅存在于地方的土生主义，这种土生主义思想并无原理可言，因此对破坏东京集中主义也无能为力。对此，宫本常一的认识还很粗浅。融入翼赞体制后，试图隐蔽地遵从自身原理来"改善"大众所处环境的志向已经崩溃。在翼赞理论中始终处于旁系的状态下，要想在表面上与某种翼赞理论重合，实质上却与其切断联系，必须有"不干事"的决心。于是"不干事"的思想逐渐压倒"干事"的思想。翼赞时代的个人思想史，必须研究"躺平者"的思想，虽说人物研究应该兼顾积极和消极两个

---

① 《改造》，1940 年 5 月号。

1940 年前后日本社会的思想转向

方面，但就这个时代的状况而言，更应注重于后者。当然，如何衡量其消极性和"不干事"也不是件易事。为此，要搞清当事者既往的习惯和癖好，掌握其癖好与"不干事"之间的关联。他可能巧妙地运用自己的习惯来"不干事"，抑或是以遏制自己"干事"欲望的方式决定"不干事"。显然，只有精准地把握当事者的习惯和癖好，才能掌握这些关联。当然，完全掌握是不可能的，但必须向这个方向努力，否则现代思想史的研究就会失去意义。

无论是如是闲，还是宫本常一，两者的消极态度均缺乏强度，亦因此才成为翼赞理论的旁系。

当然，宫本常一对于翼赞体制的某些方面也曾有过内在的批判。例如，他在实地考察地方上"友善的人们"时，希望在当事者家中住宿，以"直接交流"的方式寻找传统文化。然而在"旅馆很发达"的影响下，"村里的年轻人"拒绝这种"古风旅行"，他们说："要住宿就去旅馆吧。"用宫本自己的话说，问题是"这种变化"是在"不断呼吁总亲和"的状态下发生的，"这次战争已经对旅行者产生了极大的限制"[①]。如此说来，所谓翼赞运动尊重传统文化难道不是谎言吗？翼赞运动包罗现存的各种立场，没有自己特定的纲领，因此会引起来自各种立场的批评。既然翼赞运动是在一定条件和一定限度下各个立场合作形成的统一战线，那么同样因素也会产生弱化和瓦解作用。可以说，宫本发现了翼赞体制的这种无限性矛盾，但这不意味着他利用这一事例批判统治体制，他只是在慨叹传统智慧被机械文明的技术所取代而已。濑户内海的百姓有收取海藻作为肥料的传统，但此类风俗日渐稀薄，花钱购买肥料之风日盛，这也同样属于传统向衰的现象，但却没有像岛木那样因为自己的善意不被人理解而捶胸顿足陷入绝望的情况。宫本面对误解有很强的忍耐性，他可以为寻觅古老的民俗而忍耐。

如果当时宫本的叹息化为愤怒，实地考察或可成为挽回社会传统颓势的有组织的旅行。如果有比宫本常一更具政治抵抗感的人物，那可能性会更大。宫本的想法是在各个地方创造与"友善的人们"直接对话的机会，换句话说，其做法是在全国培植小社团的核心，并认为只有这种小社团的连合体方为社会本相。成立巡回社团的目标，不在于单纯发掘和记录，而是在于保持和扩大传统，惟其如此，方能产生基于传统保守主义立场的抵抗运动。这是一种日本主义与翼赞体制的结合，实质上

---

① 《村中漫步》。

将使总体战体制无法维持。

（三）反学术型翼赞理论

翼赞运动，尤其是农本主义型翼赞运动，存在打破社会特权的思想取向。因此，该运动的实际领导者加藤完治认为，要彻底实行"师徒共动主义"，无论生产活动还是扫除，师傅应在一切行动中发挥率先垂范作用，从而实现具体的平等（协作式民主）。若这种状况成为主流，知识界也会与之相呼应。比如，政界召开国民总常会，使街道或村子里有自我表现癖的人有机会肆意表现，默默无名之辈也能通过出版书籍或接受采访"出名"。迄今为止，论坛讲究身份秩序，为学者或老练的"评论家"等经过一定专业训练的人所垄断，现在正是打破这种垄断的良机。自不待言，登台的手段就是赞美翼赞体制，同时攻击"有闲文化人"的"自由主义"。翼赞时代的书籍，大多描述内容相同且不言自明的事物，虽然有标题和作者的署名，但却不具内涵上的署名，那是现代史上内涵匿名的文化行为最为突出的时代。理想的民主主义是形式上的匿名、内涵上的独特。这种对比更凸显出翼赞体制民主的虚伪性。

翼赞时代，知识界旨在打破社会既得特权思想的一个表现，是在野主义和反学术理论的兴起，保田与重郎堪称这一理论的杰出代表。他在 1941 年的《民族与文艺》中认为，"民间多贤则国家繁荣"的草莽主义思想，是从日本传统文艺的探索抽取出来的。他批评"现代职业思想家"及"现代国文学者"的"独善性特权意识"，认为他们拘泥于"科学的方法"或"合理的说明"，抹杀了存在于"民间传说"中的"真实"，抹杀了只有完全信任民间传说的原形才能发现的浪漫"事实"的价值。在保田看来，"职业学者"的"合理性解释，不过是以碎片化知识的组合来把控未知的思考方式体现"。

所谓"专门知识组合下的统治"，最典型的案例是官僚制度。保田当然是激进的反官僚制主义者。他经常批评"教务当局"，认为以在庶民中流传的故事"为主题，讲述日本文艺"，与"流行文士所著浪花节剧本、陆军省为后援的漫画杂志"有"本质上的不同"（他反对官僚阶层及其特权并不等同于反封建主义）。

总之，保田否定文化领域的"职业"和"专业"的存在，反对一切文化制度，认为应该摧毁制度。

保田最欠缺的，是有规律和可行性的制度蓝图，即缺乏破坏现存制度后实行的规则体系。因此，他的反学术主义无法实现现存学术主义的革命。因此，他便只能期待扫除旧学术主义后能够产生天皇与民众之间的自然形态。总之，他没有超越对手或打倒对手的方法。

这一批判"学术主义"的视角是虚弱无力的，这与翼赞运动的地位革命（status revolution）最终无甚效果相似，也与日本的多数"无政府主义"者的反学术主义类似。大正时期的无政府主义大多融入翼赞体制，大多也是通过这条路径实现的。

浅野晃也属于反学术主义翼赞理论的类型。他继承柳田国男的民俗学，认为文字文化是以语言文化为基础产生的，虽然赋予了语言文化的书写表现形式，但长期看一定会随着语言文化的变化而变化。他强调说，民众文化是学术文化的源泉并优于后者。因此，他在指出日本的学术文化具有外来性侧面的同时，呼唤翼赞式民族主义。他最推崇的是柳田和冈仓天心[①]，特点是讴歌现状胜于批评。他认为，无论对民众、日本、还是亚洲，"时机已到！"这与柳田当时的隐晦态度截然相反，因此有必要对两者进行比较，也应将其与保守主义理论进行比较。

荻原朔太郎也是相同类型，对日本文化现状进行了尖锐批判。他批评说，日本地方官僚的文化是东京官僚制文化的复制品，东京官僚制文化则不过是西欧文化的复制品，现代日本不过是"世界的乡下"。对此，他提出的解决办法是，在日本内部发现与此相反的因素，重视地方民众文化中依然保持的独自性，由这些日本回归主义者塑造其东京版，若此，才能走上不是移植德国的康德，而是产生"日本的康德"之路，即在世界中走出日本独特的道路[②]。这种观点中，含有文化与知识的创造不能离开原点的思想。

（四）社会科学式翼赞理论

作为社会团体，昭和研究会和国策研究会汇集了一批运营和操作日本社会的人物。在这些人中，即使是政治家，也是按照社会科学的认识方法来制定政策的，这是他们认为自己的态度具有"革新性"的原因之一。昭和研究会的工作目标，是推进"牧民型"明治官僚向"机构运营、指导型"现代官僚的转型。引人注意的是，

---

① 浅野晃：《诗歌与民族》，1941 年。
② 《日本是世界的乡巴佬吗》，《改造》，1940 年 3 月号。

其中几乎所有成员的思想都是在大正时代发生"社会问题"时形成的。他们那种从整体结构上把握社会的思想方法，很接近全体国民翼赞的立场。

从社会科学者思想态度的角度探讨问题，会发现政策与理论的区别。政策是具体的，理论是限定的。马克思主义率先建立了作为"现实科学"的社会科学（特别是其迈出划时代第一步的《日本资本主义发达史讲座》），但当时"现实科学"观念与"实践科学"观念接壤，基本被等同看待，是没有区别的。在现实社会中，只要分别存在职业学者、理论家和职业政治家，那就要承认区别。而在主体的态度上，不如说更像是"现实科学"下的实践。在这个意义上说，我国的社会科学更像是"政治经济学"，是"政治经济学批判"以前的"社会科学"。

隶属于昭和研究会的大河内一男，在其自身的研究中始终保持了冷静，亦由此提供了最佳翼赞理论。他说，"在转换期，经济理论……不应把政策现象视为客观现象，从而满足于在臆想性的眺望……转换期的经济学不应是'中性的'、所谓没有特性的学说"，从而肯定了"政治科学的经济学"方向[①]。

大河内是维护体制的，但同时还要固守自身的终极立场。他在思想上的弱点，就在于缺乏在这两种立场之间应有的不安。当然，这种不安意识也不是一点没有。他应该经历了很多在当时的人际关系及其和各种集团关系中的内在摩擦，但他抑制了从正面向体制发表自我原理的想法。大河内的精明强干，就在于经常见风使舵地发表异乎寻常的见解，《转换期的经济思想》即为一例。

（作者：藤田省三，译者：曲畅，南开大学日本研究院博士研究生；薛雅婷，南开大学日本研究院博士研究生；张用清，南开大学日本研究院博士研究生。校对：温娟，南开大学日本研究院副教授。总编译：杨栋梁，南开大学日本研究院教授）

---

① 《转换期的经济思想》，1940 年。收于《史密斯与李斯特》。

论社会科学与历史学融合的可能性[*]

保城广至

内容摘要　一般认为，社会科学学者和历史学者之间存在认识论和方法论上的鸿沟，二者无论如何都不可能和解。笔者曾提出填补这一鸿沟的条件和方法论，摸索社会科学和历史学融合的可能性。本文拟重新论述该方法论，同时介绍"过程建构（process creating）"的具体案例，并认为该方法论虽然专门用于分析外交政策的决定过程，但也可用于分析国家、企业、国际组织等的内部形态。

关键词　历史学　社会科学　科学哲学　社会理论

---

[*] 原文首发于『組織科学』第 51 卷第 2 号、2017 年、4–13 頁。中文版是在『組織科学』杂志社和作者保城广至的共同授权下译出的。

On the Possibility of the Integration of Social Science and History

Hoshiro Hiroyuki

Abstract: It is generally accepted that there is an epistemological and methodological gap between social science scholars and historians, which cannot be reconciled in any way. The author has proposed the conditions and methodology to fill this gap, exploring the possibility of the integration of social science and history. This article intends to re-discuss the methodology, while introducing a specific case of "process creating". Although this methodology is specifically used to analyze the decision-making process of foreign policy, it can also be used to analyze the internal structure of countries, enterprises, international organizations, etc.

Key words: History; Social Science; Philosophy of Science; Social Theory

一般认为，历史学者和政治学、经济学、社会学学者之间存在着难以填平的鸿沟。在大学，历史学系和社会科学系一般都分开设置，各自从事符合本专业的教育。而且，历史学论文和社会科学论文在表现手法和构成上也有很大不同。但是，不论我们学习哪种学科，都要分析社会现象，都要面对赖以生存的现实社会。不管是实验的方法，还是定量的、定性的分析，只要不分析既存的（或正在存续的）现实社会，那么其研究成果就是没有价值的。这就是说，社会科学是与实证相伴的科学。而且为了形成研究成果，社会科学有必要分析那些在某种程度上已完结的现象，而非研究尚未见到结果的现存社会现象，即社会科学也是专门研究过去的科学[①]。

如果社会科学是分析过去的科学，那么社会科学学者也许会从历史学的技艺中学到很多。反之，历史学者也肯定能从日益发展的社会科学方法中获得启示。笔者从这一问题意识出发，曾在 2015 年出版的拙著[②]中探索社会科学与历史学在分析方法上相结合的可能，提出历史分析与理论相连接的条件与方法论。

---

① 当然也存在例外。主张经济学是基于演绎的理论科学、曾引起"方法论之争"的 C. 门格尔（Carl Menger），与反复严厉批判归纳主义的 K. R. 波普尔（Karl R. Popper）等人，就未能认识到用经验验证理论的必要性。

② 指的是保城广至『歴史から理論を創造する方法：社会科学と歴史学を統合する』勁草書房、2015 年。——译者注

论社会科学与历史学融合的可能性

本文将重新概述这一方法论，介绍 2015 年书中提出的"过程建构（process creating）"的具体案例，以及此书中未提及的案例与既有研究，同时在第三节略述 20 世纪后半期冲击历史学界的"语言学转向"。本文与其说是 2015 年拙著的概括，不如说是对其增补。如果读者认为本文阐述不够，可以参见拙著，或许能帮助理解；而对于看过拙著的读者来说，本文或许也值得一读。

历史学和社会科学的不同点是什么？为了二者相融，首先应阐明二者的不同点，在此基础上找到消除或者弥合这一不同点的方法，然后才可能融合。

一、构建"中层理论"

历史学和社会科学第一个不同点是，前者是关注那些特殊且只出现一次的现象并进行细密分析的"个案式（idiographic）"科学，而后者是要求发现社会现象中某种相似模式的"通则式（nomothetic）"科学。比如，历史学者 E. 迈耶（Eduard Meyer）就曾指出，"历史并非某种成体系的科学。历史学的课题是探求曾在现实世界中发生的事件，并以记述的方式说明"，"所谓历史，是在其无限的多样性之中叙述经验现实"，这与试图进行抽象化、一般化的社会科学有着认识论上的差异。[①]

但是真的有可能记述"无限的多样性"吗？哲学家 A. 丹托（Arthur Danto）将无所遗漏地记述过去第一线所发生的事件称作"理想的编年史（Ideal Chronicle）"[②]，当然这不过是"理想"而已。因为具体的社会现象带有多重面相，想要全面地记述、说明是不可能的。不论人拥有何等的能力、进行何等详尽的记述，都带有某种程度上的抽象化和一般化。如果是这样，历史学者或许就不应轻视社会科学学者的尝试，即把人类社会历史中反复出现的现象进行一般化处理，相信存在某种模式并予以探索。

不过，如果这种想法过于宽泛，认为存在着包含一切社会现象的社会法则，想要确立一个普遍法则的话，那或许是徒劳的。因为社会科学与自然科学的领域不同，在同一条件下反复进行实验是有困难的，而且时代、地域越是不同，各种条件（变

---

① マイヤー，E.・ウェーバー，M.（著）、森岡弘通（訳）『歴史は科学か』みすず書房、1965 年、3 頁、38 頁。
② ダント，A.C.（著）、河本英夫（訳）『物語としての歴史：歴史の分析哲学』国文社、1989 年、181 頁。

量）就会有复杂的变化，就几乎越不可能从中抽象出系统的模式。而且在关涉社会的学问中，应考虑到人的因素。也就是说，某种学说被提出之后，可能会改变我们社会本身①。因此，一旦成为定论，比如高超的金融理论应用到社会中、被众人知晓后，却没能产生应有的效果，那么它也就不足以成为"普遍法则"。

因此，尝试历史学和社会科学融合的时候，一方面保持历史学实证分析的性质，另一方面构建只在特定时空、事件范围内适用的理论——"中层理论"②是最合适的做法。就像某个国家采取特定的宏观经济政策，某个企业采取有组织的"扬弃式学习"（unlearning）那样，按照时间顺序抽取多个组织、共同体和人类的"可以比较的事例"，再统一进行纯粹和抽象化阐释，这就构成历史学和社会科学相融合的一个条件。

二、何谓"阐释"

历史学和社会科学的第二个不同点，在于不同的"阐释"行为。后者认为科学的"阐释"专指"阐明因果关系"，即把某个社会现象为何出现（或不出现）作为疑问提出，并对这一疑问进行解答。当然，我们对这种想法并不会有违和感，传统的历史学也是将阐明因果关系作为一个研究目的③。

但是阐明因果关系这种认识论，未必是所有历史学者都能接受的前提，毋宁说有不少研究者是持否定态度的④。比如德雷（Dray W.）把描绘某个社会现象"是什

---

① 在笔者『歴史から理論を創造する方法』一书中曾论及"预言的自我否定性""预言的自我实现性"与"理论现象的消失性"这三种可能。

② 中层理论（theory of middle-range）是由美国社会学家 R·K. 默顿（Robert K. Merton）提出的一种社会学理论范式。默顿认为以往过于抽象和庞大的理论体系背离了社会学实证主义的传统，是对科学的误读，并认为社会学研究应当回归经验实在性，因此，默顿提出在对结论抽象化的同时，也强调结论的实证性。冷战史专家 J·L. 加迪斯（John L. Gaddis）亦提出"有限泛化（limited generalization）"，他虽然批判社会科学学者想要创造适用于一切事例的法则，但也提倡将历史研究的结论有限地一般化。但保城认为，不论默顿还是加迪斯都没有提出构建"中层理论"的具体方法，因此其试图从时间、空间和事件三方面尝试构建。以上见保城広至『歴史から理論を創造する方法』、35-44 頁。——译者注

③ カー、E. H.（著）清水幾太郎（訳）『歴史とは何か』岩波新書、1962 年、127 頁。亦可见 Roberts, C. *The Logic of Historical Explanation*. University Park: The Pennsylvania State University Press, 1996.

④ White, H.V. *Metahistory: the Historical Imagination in Nineteenth-Century Europe*. Baltimore: Johns Hopkins University Press, 1973, pp.11-13; Vincent, J. *An Intelligent Person's Guide to History*. New York: Overlook, 2006, pp.70-76；ヴェーヌ、P.（著）、大津真作（訳）『歴史をどう書くか：歴史認識論についての試論』法政大学出版局、1982 年、170 頁。

论社会科学与历史学融合的可能性

么"也称作"阐释"（explaining what）。虽然这种呈现与一般认知不同的、新的事实（fact finding）的学术性尝试并非是阐明因果关系，但在历史学界也获得很高的评价，例如有人提出中世纪的欧洲人为了获得相对于黑夜的自由而在夜间醒来又睡、"二次入寝"的新观点[1]，有人提出圣德太子并不存在这种大胆且具有争议性的假说[2]，如果这些观点能够令人信服地得到实证，即便并未阐明何种因果关系，但在德雷看来，这就是"阐释"[3]。

那么以上二者对"阐释"的不同理解就无法融合了吗？可以想到的一个解决办法是，比起把这两个概念强行合一而论，不如同时满足二者、互相补充，使二者并存、调和。因为阐明新的事实，与阐明有关这一事实的因果关系，二者绝非是对立的。

但是对于发现新事实这种工作而言，分析对象越接近现代，研究起来也许就越困难。比如类似圣德太子这种在日本历史上极其重要的人物却并不真实存在的发现，这在资料比较丰富且活着的证人较多的近代，是几乎不可能碰到的[4]，但某些事件和状况是否存在（或存在过）这类问题，即便到了现代也会有反复论争的情况。如战前的日本果真是法西斯体制吗[5]，世界的暴力行为逐渐减少了吗[6]等论点。采取与一般理解不同的形式去澄清这些问题的状态，令人信服地证实这些问题为何产生，这就能满足上述两种"阐述"的概念。

三、归纳、演绎与"语言学转向"

历史学和社会科学的第三个不同点，在于推理方法的不同。一般认为，前者是广泛涉猎史料，进而编排，再导出结论，有可能的话再对结论进行一般化总结，即主要使用"归纳法"的方法；而后者是先确立前提，然后推导出合乎逻辑的结论，即使用"演绎法"。但本文认为，纯粹的归纳法和演绎法并非是与历史学、社会科

---

① イーカーチ，R.（著）、樋口幸子・片柳佐智子・三宅真砂子（訳）『失われた夜の歴史』インターシフト、2015 年。

② 大山誠一『〈聖徳太子〉の誕生』吉川弘文館、1999 年。

③ 说起来，否认自己的研究是要"阐述"什么的历史研究者也有很多吧。

④ 在这个意义上讲，或许可以说，只全力阐明因果关系的、现代的社会科学学者是幸运的。

⑤ 平井一臣「『日本ファシズム論争』再考」『日本史研究』、2010 年、576 頁。

⑥ ピンカー，S.（著）、幾島幸子・塩原通緒（訳）『暴力の人類史』青土社、2015 年。

学相称的分析方法。

　　如上所述，归纳法是从多种事实中导出结论的推理方法。它有两种思考方式。一种是收集、整合涉及某事例的数据、资料，并得出某种结论。另一种是从已得出结论的事例中，推导出更广泛的一般性论断。但是前者会蕴含"理论负载性"（theory-ladenness）的问题，后者也有"归纳的飞越"（inductive-leap）难点。特别是前者的"理论负载性"又构成 20 世纪 80 年代至 90 年代撼动历史学界的"语言学转向"这一大问题。

　　比如，"data"（数据）一词的拉丁语词源意为"被给予的事物"，即信息流入我们的身边。但实际上，数据分析这一行为绝不是被动的，而是由当事人预先带有主观认识所形成的。对于眼前的某个数据，如果有两个人看到它，就会有两种解释，所以"理论负载性"讲的就是我们无法逃脱这种主观"负载"（负担、承载）的问题。如果是这样的话，记述真实事实的客观历史学就不存在了，历史只不过是"研究者的故事"而已①。而且如果"理论负载性"是难以逃避的，那么我们视为史料的档案中，也肯定会加入当时记录者的主观认识。比如希罗多德把《历史》作为历史书籍来写，但现代人却将其视为珍贵的历史史料。这就是说，历史资料的解读是有两重含义且并非客观，试图以数据、史料去构筑事实的归纳法也就失去了前提②。

　　归纳法附带的另一个问题是所谓"归纳的飞越"。比如某企业通过网络上的广告收入而大获成功，但这并非是新创业者利用同样的商业模式就会成功的因素。即便有人偶然间取得了与该企业相同的成功，也很难说新创立的企业采用相同的手法就一定能成功。总之，从一个事例向无限扩展的未知事例"飞越"，这对于任何原理来说都是不可能的。这就是归纳法的限度。

　　相对于归纳法，演绎法是从已知的论断中推导出其他论断的分析推理方法。它

---

　　① ダント，A. C.（著）、河本英夫（訳）『物語としての歴史：歴史の分析哲学』国文社、1989 年。White, H.V. *Metahistory: the Historical Imagination in Nineteenth-Century Europe.* Baltimore: Johns Hopkins University Press, 1973.

　　② 不过，上述这种"语言学转向"引起的思考在进入 21 世纪以后就逐渐消弭了。历史学研究逐渐形成的合意是，通过好比是"变形的玻璃碎片"（distorted glass）来阐明"某种动摇的事实"（ギンズブルグ，C.（著）、上村忠男（訳）『歴史・レトリック・立証』，みすず書房、2001、48 頁。遅塚忠躬『史学概論』東京大学出版会、2010 年、第二章）。历史学者进一步共识是，通过史料批判慎重地讨论史料、印证前后逻辑的一致性以及研究者相互的批判来保障自我的历史观点（不过这一过程的重复也并非绝对的事）。

论社会科学与历史学融合的可能性

的特征是，如果某个论证前提（assumption）是正确的，那么结论也是正确的。比如：

如果人类是时常追求权力的动物。——前提

那么人世间或许就成为各种权谋乱飞的权力斗兽场。——结论

如果人类是时常追求利益的动物。——前提

那么人世间或许就是冰冷的被契约关系所支配的世界。——结论

但是如果这些前提本身是错误的，那么结论也只得是错误的。从这一点看，演绎法不能在某种程度上保证前提的正确性，因为那是实证的问题[1]。而且大凡研究社会的科学，都必须用经验事实来确认由前提导出的结论是否正确。即便断言"理论如果完美贴合某种目的，即使其前提没有反映现实也没有问题"的福利德曼（Friedman）也说过"依据该理论的预测，也必须接受经验的检验"的话[2]。而这种经验的检验，也是演绎法领域之外的事。

如上所述，不论纯粹的归纳法还是演绎法，都并非是与历史学、社会科学相称的分析手段。既然如此，该采用何种推理方法呢？本文推荐美国逻辑学者 C·S. 皮尔士提出的推理方法——"溯因法"（abduction）。下节将论述这一方法。

四、溯因法与假说演绎法

"溯因法"是在归纳和演绎都不奏效时，用于形成阐释假说的方法。这种推理的形式有以下三步[3]：

（1）观察到偏离我们信仰和习俗的不合常规的事实 A；

（2）提出假说 B 来解释事实 A，再基于假说 B 提出推论 C；

（3）如果推论 C 被证实，则应当有理由认为假说 B 为真，反之亦然。

---

① 前提是否正确、是否应该证实，这是与科学哲学中"科学的实在论"相通的问题。该问题思考的是，能否便捷地在理论范围内说明像原子和夸克这种不可直接观察到的事物。详细可见户田山和久『科学的実在論を擁護する』名古屋大学出版会、2015 年。顺便一提，行动经济学就是对传统经济学中不受怀疑的前提进行怀疑而产生的学科。见カーネマン，D.（著）、村井章子（訳）『ファスト＆スロー：あなたの意思はどのように決まるか？』早川書房、2012 年。

② Friedman, M. *Essays in Positive Economics.* Chicago: The University of Chicago Press, 1953.

③ 上山春平「アブダクションの理論」『上山春平著作集　第一巻』法藏館、1996 年。米盛裕二『アブダクション：仮説と発見の論理』勁草書房、2007 年。

　　关于不合常规的事实，可以想一下 20 世纪 10 年代后半期日本的现状，比如劳动力市场上虽然人手严重不足，但工资却没能上涨[①]，这种现状在原来的市场机制下是难以想象的，那么原因是什么（即事实 A——译者注）？首先从"工作假说（working hypothesis）"（即有待论证的假说）来看，也许可以想到非正规雇佣增加以及劳动生产率低下等原因（即假说 B——译者注）。但在这种"假说"基础上，通过追加新的数据、资料，并重新考虑逻辑，获得其他事例等信息，就有可能不断实现该假说的自我修正（即推论 C——译者注，能够持续保持当初"工作假说"到最后的人也是罕见的）。欲成为可充分承受其他研究者的批判、具有说服力的实证性假说，其间的资料会与"工作假说"反复互动。这一过程就是所谓"溯因"的推理方法。

　　相对于"溯因法"，许多社会科学者，特别是把定量分析作为主要分析工具的研究者都把假说演绎法作为推理方法来使用，其过程为：

　　（1）设定假说，从中演绎出可能的实验/观察命题；

　　（2）通过实验或观察来检验这一命题；

　　（3）如果检验的结果验证了命题，那么就接受（1）中设定的假说；反之，放弃或者修正该假说。

　　这种假说演绎法的流程与溯因法有什么不同？

　　第一，前者不涉及形成假说的过程，假说已是前提，而后者是发现假说的方法。如上所述，溯因法基于"形成假说"的推理方法，即采用怎样的假设能够解决最初的疑问，这与重视检验的假说演绎法不同，其"工作假说"经常是可变的。

　　第二，假说演绎法是探讨独立变量（原因）阐释能力的"变量导向（variable-oriented）"式研究，而溯因法可以说是从不合常规的事实（即结果）中进入分析的"事例导向（case-oriented）"式研究[②]。定量分析也是通过——几乎被视为理所当然的——独立变量来推断效果，如果使用前人都没有试过的强韧的方法和

　　① 玄田有史（編）『人手不足なのになぜ賃金が上がらないのか』慶應義塾大学出版会、2017 年。

　　② Ragin, C. C. "Turning the Tables: How Case-oriented Research Challenges Variable-oriented Research". Comparative Social Research, Vol.16, 1997, pp.27–42; Gerring, J. *Case Study Research: Principles and Practices*. Cambridge: Cambridge University Press, 2007, pp.38–43; Goertz, G., & Starr, H. (Eds.) *Necessary Conditions: Theory, Methodology, and Applications*. Lanham: Rowman & Littlefield, 2003.

论社会科学与历史学融合的可能性

数据，就可以得到很高的评价。比如，检验各类自贸协定会取得怎样的贸易效果[①]，一国表明开战意图，会减少被攻击的可能吗[②]之类假说时，就符合了假说演绎法的要求。这种研究，与溯因法那种从"不合常规的事实"中进入研究的逻辑是相左的。但需要注意的是，不能说定量分析就必须采用假说演绎法，因为即便在定量分析中，针对不合常规的事例（比如上述工资不上涨的现状）也存在不少就某种工作假说进行数据搜集、统计检验的研究[③]。可以说，这样的定量分析研究就与溯因法实现了整合[④]。

第三，假说演绎法倾向于阐明充分条件，溯因法首要探求的是必要条件。假设 X 是原因，Y 是结果。如果 X 存在，结果 Y 也必然产生，那么 X 是 Y 的充分条件。如果 X 的存在对于产生 Y 是不可或缺的，那么 X 是 Y 的必要条件。验证从假说导出的可观察的独立变量（原因）究竟会否产生某个结果的方法，就是假说演绎法。因此，将作为前提的独立变量视作中心，来验证假说是否正确（产生结果），无外乎就是在验证充分条件。而溯因法首先关注的是产生的结果（不合常规的），通过周密的调查和数据分析阐明导致结果的原因。通过这一工作，如果能令人信服地说明，没有所发现的该原因就不会产生相应的结果，则该变量或许就成了不合常规之结果的必要条件[⑤]。

第四，假说演绎法能够在其他事例中验证某个独立变量（原因），是"开放"的推理方法，但溯因法只是能论述某个事例的原因与结果，姑且满足问题意识的"封闭"的推理方法。逻辑上来说，假说演绎法是横向的事例研究（cross-case study），事例的数量也倾向于多数，而溯因法可能是针对单一或者少数事例的、深入的"事

---

① Baier, S. L., Bergstrand, J. H., &Feng, M. "Economic Integration Agreements and the Margins of International Trade". Journal of International Economics, Vol.93(2), 2014, pp.339-350.

② Weisiger, A.,&Yarhi-Milo, K. "Revisiting Reputation: How Past Actions Matter in International Politics". International Organization, Vol.69(2), 2015, pp.473-495.

③ 山本勲・黒田祥子「給与の下方硬直性がもたらす上方硬直性」玄田有史（編）『人手不足なのになぜ賃金が上がらないのか』慶應義塾大学出版会、2017年。

④ 此处亦参照大林守「アブダクションと探索の計量経済学」、『専修商学論集』103, 2016, 145-150 頁。格尔茨（Goertz Gary）和马奥尼（Mahoney James）将定量研究和定性研究明确区分为具有不同传统的"两种文化"。前者是基于统计学和概率论，把"原因之效果"作为问题。后者是基于诸如必要条件、充分条件的逻辑学和集合论，主张把"结果之理由"作为问题。本文对这种二分法持怀疑态度，并认为即便定量研究也要追问"结果之理由"，把阐明充分条件作为目标也是可能的。

⑤ 但是一般认为社会现象中的必要条件并非是单一的。通常说，某个结果的产生是多个原因的共同作用。

例内部分析（within case analysis）"。

当然，同一研究中同时使用这两种推理方法是完全可能的，甚至可借此挖掘分析的深度，拓展分析的广度。但本文认为，使用溯因法来形成"阐释假说"对于历史分析不可或缺。否则，高质量的历史分析就无法取得，进而理论化也难以实现。

五、研究设计与"列举全部事例"

为了检验自己的假说与理论，该选择怎样的事例，或者实证分析何种事例可使获得的见解一般化并得出更通用的观点，这种所谓"研究设计"（research design）经常困扰社会科学学者（特别是政治学者）。而历史学者可谓很少关注选择事例的问题，其研究目的只限于详细记述分析对象以及发掘事实，对于理论的验证和一般化问题并没有什么兴趣。

不过，研究设计是实现历史学与社会科学相融所不可缺的问题。本节将论述所谓少数事例的问题，其后考察选择、分析怎样的多数事例可以建构理论。若先说结论，即把限定的时间、空间、事件作为前提，根据此范围内的问题意识，分析所有的事例。通过这样的"列举全部事例"，有可能进行系统的通史分析。

为支撑自己的主张而举出具体事例，或为反驳论敌而举出反例，这都是经常采用的方法。比如若要否定外交上的绥靖主义，会举出二战前英国的"绥靖政策"未能制止纳粹德国扩张，以此失败案例来说明强硬外交（coercive diplomacy）的必要性[①]；有人认为引进 F 公司主体构架的企业会实现商业成功，或会列举出多个这样的成功企业。像这种示例就是从少数例子抽象出一般性，即"归纳的飞越"。但是采取绥靖主义也有成功的例子[②]，引进 F 公司主体构架的企业也肯定有业绩没有上涨的，所以像这种从少数事例中获得一般性的做法是值得怀疑的。

如果绥靖主义失败的案例以及因引进 F 公司主体构架而成功的事例增多，也并不能解决上述问题。因为即便事例增多，发现与之相反的事例也增多，那自己的主张也会被颠覆。也就是说，为了验证理论，应该避免选择那些事先知道能用该理论

① 实际上，布什政权为树立伊拉克战争的正当性，也在利用二战前"绥靖政策"失败的例子。Conolly-Smith, P. "Connecting the Dots: Munich, Iraq, and the Lessons of History". The History Teacher, vol.43(1), 2009, pp.31-51.

② Rock, S. R. *Appeasement in International Politics*. Lexington: The University Press of Kentucky, 2000.

论社会科学与历史学融合的可能性

进行阐释的事例（easy case），无论是单个还是多个。那么为了建构理论应该选择怎样的事例呢？本文提出"列举全部事例"的方法。

为了使社会现象理论化，第一节论述了应构建只限制在特定时代、空间、事件范围内通用的理论，即"中层理论"。进而在研究开始之际，上一节论述了要提出诸如——不合常规现象的原因是什么——这种重要问题。整理这两节可得出以下结论，即如果在某个被划分的时段内发现了值得分析的现象，就要向整个时段提出契合研究目的的问题，这样就可能举出多个可以比较的事例。比如对于特定时代和国家的金融政策，或某企业组织改革的历史变迁，或在被划分的时代中某个自治体的行政政策等问题，限定相应的时代和空间，基于问题意识而提取出可比较的事件，并对问题予以解答。

如果把这些事例全部分析出来，就可以避免被批判为"归纳的飞越"。此外，在"中层"的范围内，特别是在有限的时间内，全部处理该范围内的某个事例就意味着可以在一定程度上控制多个事例中各种变量的影响。也就是说，就可以进行与实验方法相似的"以其他条件为固定条件"的比较分析。

不过，在选择事例之时，把哪一个时段作为研究对象是需要慎重的。比如是否要同时包含战前和战后，这或许就由研究者的问题意识而定。如果要分析核威慑与武力纷争之间的关系，要是包含了核武器还未被看作是威慑力量的战前时期，那就没有什么意义。与此相对，如果想研究金融政策，那么包含有战前和战后的考察就是有价值的。但如果针对为何开始于某个时期、结束于哪一年未给出令人信服的理由，不免会被批判为"随意的选择"①。即必须预先指出"为何要考察组织 B 从 1972 年到 1988 年的现象 X"②。

综上所述，通过"列举全部事例"就可以断定应当分析的时代以及事例群体。以下将论述如何阐明诸多事例的因果机制。

---

① 顺便一提，这种对时代划分的考察，是历史学重视的一个问题。

② 但是在研究的推进阶段，有很大可能根据所发现的新事实动摇了当初的时代划分。也就是说划分时代本身也是工作假说。

六、过程建构与迈向"中层理论化"

1962 年 3 月上旬，联合国 ECAFE（亚洲和远东经济委员会①）在东京召开全体成员国会议。尽管这次会议现在几乎并不为人所知，但据推测该会议是有可能形成战后最初的"亚洲共同体"，因为有提案主张设立包含有东北亚、中东 15 国的 OAEC（亚洲经济合作组织）等地区合作框架组织。但最后这一提案成了废案，至于亚洲区域经济机构的诞生，还得等到 1989 年的 APEC（亚太经济合作组织）成立。一般认为，导致 OAEC 构想成为废案者是主办国日本②，但实际上日本并非反对设立这一组织，只不过是提出亚洲各国召开预备会议进行协商。而日本这种后退一步的决定，也是外务省（主张把域外发达国家也包含进 OAEC，组织"亚太共同体"）、农林省（害怕因 OAEC 增大从亚洲各国进口）和大藏省（担心日本的财政负担）之间妥协的产物。

笔者曾使用上述溯因法，如下文所示实证分析日本政府围绕 OAEC 构想的政策决定过程③。第一，对于日本政府为何反对 OAEC 构想的问题尚有很多不明之处，先行研究也并未提供明确的解答。笔者认为回答这一问题，对研究战后日本的外交、特别是对自由贸易政策和地区主义政策而言是重要的。即这是问题的产生。

第二，查出围绕 OAEC 行动的开端（有推测是起因于 1960 年英国加入欧共体）与日本制定最终决定文件的日期（1962 年 2 月 10 日），即弄清研究对象的时段。当然这不是一时半刻就能断定出来的，这是仔细分析日本政府决策过程的结果。

第三，查明参与 OAEC 构想的"玩家"，如日本各省厅与政治家、美国与亚洲各国的相关人士等。此时使用的资料除了二手文献以及报纸报道、政治家回忆录和日记外，还加上美英档案馆以及基于日本外务省《信息公开法》等获得的一手史料。这些资料既可以事先确定与该事件有关的玩家是谁（作为工作假说），又可以在研究开始的同时着手收集。当然，有可能在进一步分析时发现新的玩家（如通产省某局长），这时也要搜集此人发表的文献以及提及其的某些资料。

---

① 后于 1974 年改为联合国亚洲及太平洋经济社会委员会，简称亚太经社会（ESCAP），成为联合国经社理事会下属 5 个区域委员会之一。——译者注

② Singh, L. P. *The Politics of Economic Cooperation in Asia: A Study of Asian International Organizations*. Columbia: University of Missouri Press, 1966.

③ 保城広至『アジア地域主義外交の行方：1952–1966』木鐸社、2008 年、第 5 章。

论社会科学与历史学融合的可能性

第四，整合这些相关人士的言行与周遭环境（按时间顺序），细致分析政策形成的关键过程，避免遗漏。笔者将这种实证方法称作"过程建构"。在为了检验假说与理论而追踪相应的过程之时，会产生资料的取舍与选择问题，以及易倾向于只符合自己假说的证据这种弊病。如果在不忽视逻辑的情况下，详细建构某事例从发端到结束的历史过程，就会缩小随意选取资料的空间。比如日本的外交政策是在美国的强力影响之下的，这是众所周知的事实（又被称作"外压"），于是就想确立"美国的意向也对这一问题施加了强烈的影响"这种假说，而且实际上在 1962 年 2 月14 日，美方对日本外务省已明确表示反对 OAEC 构想，这就证实了自己的假说，找到这样的文件也肯定会大喜。但是不能仅因为见到该文件就急于下结论，因为日本政府制定对 OAEC 构想的正式决策是在 2 月 10 日。即这短短的 4 天差距，也能导出"美国并未对日本的决定施加影响"这种结论。因而，常常提出"工作假说"，并抱有不怕颠覆自己假说的觉悟，这就是溯因法的胆识。

顺便一提，为了按时间顺序分析政策制定者的言行，有必要对其意图与偏好做出"解释"。本文认为，在社会科学、文化人类学等学科中进行实证分析时，因其分析对象有各自的意识，所以解释对象的意图是不可或缺的[1]。

如上所述，在各个事例中，通过"过程建构"导出有关问题的诸多因素，同时将这些因素抽象化，并比较分析它们的性质等，当某些类似问题出现之时，再将这些因素理论化[2]。比如，以 1962 年的 OAEC 构想为线索，调查 APEC 在 1989 年设立之前各方是否有过相同的行动，这或许也有研究意义（实际上，此时仅止步于构想的失败事例还有很多）。详细分析日本产生自由贸易问题的全部事例之时，如果发现农林水产省在所有事例中都持反对态度，并对这些事例都产生了很大影响，或许就可以得出"在某个限定时段，日本国内的农业问题阻碍了自由贸易"这种一般性的结论。总之，一方面对一个事例进行细致的历史分析，另一方面综合所有（被限定范围的）相关事例的分析结果，据此有可能实现结论的理论化。

---

① 沼上干把如此理解研究对象的做法，称为相对于"变量系统"的"主观主义立场"（沼上幹『行為の経営学：経営学における意図せざる結果の探求』白桃書房、2000 年。）另外，关于溯因法和"解释学"之间的融合，可参照 Schwartz-Shea, P.& Yanow, D. *Interpretive Research Design: Concepts and Processes*. New York: Routledge, 2012.

② 详细内容可参见保城広至『歴史から理論を創造する方法』，第 5 章。

结　语

综上所述，本文结合历史学和社会科学的分析方法，论述二者融合的一种可能性，当然这并非唯一的可能。历史学与社会科学之间有很多结合点，二者相融也肯定存在各种各样的方法，而否认二者可以相融当然也是一种选择。不过笔者认为，不同学科之间进行交融，或者精通多个学科的方法论并对它们表示敬意，还是有很大好处的。片面地以为本专业学科的方法论是最好的，这明显是错误的。这种狭隘的视野，除了妨碍我们理解赖以生存的社会外，没有任何用处。笔者认为，活用各学科所积累的多种方法论，据此产出新的研究成果，这就是一种理想的学术研究吧。

（作者：保城广至，东京大学社会科学研究所教授；译者：李明楠，南开大学日本研究院博士研究生）

中国的日本研究

日本研究的"驿站"

林　昶

内容摘要　作为"中日教育合作成功的典范",北京日本学研究中心经过 30 多年的发展,在人才培养、学术研究和图书资料等方面成就卓著。日研中心的客座研究员项目,是其开放式学术研究功能的直接体现。它发挥了促进日本研究学科建设和高层次研究人才成长的积极作用,而客座研究员也以丰硕的研究成果和编纂《中国日本学文献总目录》以及对外学术交流,为日研中心做出了自己的贡献。日研中心以建设中国的"日本学"为己任,通过包括客座研究员在内的多种形式,为中日两国友好和中国的日本研究赋予强劲的动能。

关键词　北京日本学研究中心　日研中心　客座研究员日本学　日本研究

"Station" for Japanese Studies

Lin Chang

Abstract: As a "successful model of Sino-Japanese educational cooperation", the Beijing Research Center for Japanese Studies has made outstanding achievements in personnel training, academic research, and library materials after more than 30 years of development. The visiting researcher program of the Japan Research Center is a direct manifestation of its open academic research function and played an active role in the construction of Japanese research disciplines and the growth of high-level research talents. The visiting researchers also made their own contributions to the Center for Japanese Studies with their fruitful research results, such as compiling the "General Catalogue of Japanese Studies in China" and foreign academic exchanges. The Center for Japanese Studies takes the construction of "Japan Studies" in China as its own mission and provides stronger momentum for Japanese studies in China through various forms including visiting fellows.

Key words: Beijing Research Center for Japanese Studies; Japanese Research Center; Visiting Researcher; Japanology; Japanese Studies

1979 年 12 月，日本首相大平正芳访华，开启了日本对华政府发展援助（ODA）的帷幕。访华期间，大平首相在全国政协礼堂发表了题为《迈向新世纪的日中关系——寻求新的深度和广度》的演讲。[1]这是日本首相首次在中国发表演讲。在演讲中，大平首相回顾中日两千年的交流历史，盛赞中国的现代化建设，承诺日本支持中国的现代化。他还在演讲中承诺支持中国的日语教育，以促进两国人民的相互交流与理解，史称中国日语教育的"大平宣言"。[2]

---

① 《大平总理大臣在全国政协礼堂发表演讲》，载田桓主编：《战后中日关系文献集 1971—1995》，中国社会科学出版社，1997 年，第 287 页。

② 在此次访华期间，签署了《中华人民共和国政府和日本国政府为促进文化交流的协定》。在两国首脑会谈中，大平正芳首相向华国锋总理提出，日本政府将计划用 5 年时间，提供 10 亿日元的预算，支持中国的教育事业的发展。参见《战后中日关系文献集 1971—1995》，第 281 页；徐一平：《从"大平班"的学习者到"日研中心"项目的执行者》，载宋金文主编：《北京日本学研究中心成立 35 周年纪念文集》，北京日本学研究中心，2020 年，第 79 页。

日本研究的"驿站"

随后，在中国教育部和日本国际交流基金会的积极推动下，旨在支持中国日语教育事业发展、培训大学日语教师的中日两国政府合作项目"全国日语教师培训班"（通称"大平班"）启动。随着培育中国日语教育高层次人才和高水平研究人员的课题提上日程，作为其延续和后身，北京日本学研究中心成立。从日研中心成立之日起，它便承担起成为中国日语教育和日本研究人才培养中心、中国日本研究与交流中心和中国日本研究信息中心的神圣使命。其中，日研中心的"客座研究员"项目，发挥了促进中国"日本学"学科建设和高素质日本研究人才成长的积极作用。

因为年代久远，相关记载语焉不详，不少日研中心和客座研究员的往事已鲜为人知。在此，笔者追忆温馨往昔，写一点亲身经历，是为纪念。

一、日研中心和客座研究员项目

新中国规模性的日本研究，始于 20 世纪 60 年代中期。毛泽东 1963 年底阅读中央外事小组和中宣部给中央的报告，发出了"加强研究外国工作"的批示。[①]1964年，经中央国际研究指导小组和国务院外事办公室批准，在外交部、中联部、中调部、教育部等建立了若干外国问题研究机构。其时，中国最早的一批日本研究机构，在东北和华北等具有得天独厚历史与学科优势传统的高校成立。[②]

中国日本研究的新一波高潮，是改革开放的春潮使然。在新时期日本研究机构成立高潮中，除中国社会科学研究最高学术机构——中国社会科学院成立的日本研究所之外，北京日本学研究中心可谓鹤立鸡群。[③]它顺应中日两国开展文化、教育、学术等方面交流的需求，又是中国教育部和日本国际交流基金会代表两国政府推动的合作项目，因而受到各级领导和各界人士的高度重视和普遍关注。1985 年 9 月 9日，在北外举行了隆重的挂牌仪式，日研中心的牌子十分醒目地与北京外国语学院

---

① 中共中央文献研究室编：《毛泽东年谱（1949—1976）》第五卷，中央文献出版社，2013 年，第298～299 页。

② 1964 年同期成立的有辽宁大学日本研究所、吉林大学日本研究所、东北师范大学日本研究所、河北大学日本研究所等。

③ 中国社会科学院日本研究所 1981 年 5 月 1 日正式成立。与日研中心同期成立的还有北京大学日本研究中心（1985 年）、山东大学日本研究中心（1986 年）、大连大学日本研究所（1986 年）、同济大学日本学研究所（1986 年）、河南大学日本研究所（1987 年）、青岛大学日本研究中心（1987 年）、杭州大学日本文化研究所（1989 年）、复旦大学日本研究中心（1990 年）等。

（今北京外国语大学）的校牌并列挂在北外西院的正门。

　　30 多年来，日研中心作为"中日教育合作成功的典范"①，在人才培养、学术研究和图书资料三大支柱建设上，锐意进取，成就卓著。2012 年，适逢中日邦交正常化 40 周年，日研中心获得"外务大臣表彰奖"。这一奖项由日本政府设立，面向长年在中日关系和日本研究领域及中日学术交流中做出重大贡献并取得显著成绩的人士，日研中心作为为数不多的团体获奖，因而弥足珍贵。事实上，经过多年的发展，日研中心业已成为中国日语教育和日本研究的重镇之一。

　　日研中心创立早期，作为中国教育部和日本国际交流基金会共同实施的合作项目，以日本政府无偿援助的形式，由日方提供资助。根据培养具有专业水平的日语教育和日本研究人才的中日联合培养人才的模式，日本国际交流基金会在日方教授派遣、学生访日研修等方面，给予了全面支持。当时，日研中心的日本教授均为日本的知名教授，有源了圆、中根千枝、林四郎、户川芳郎、竹内实、木山英雄、沟口雄三、竹内信夫、笠原清志等，是堪比日本国内任何一所日本大学相同学科的豪华阵容。日研中心成立迄今，国际交流基金会共派遣了 500 余名日本教授，培养学生超过 1500 人。

　　彼时，虽然日研中心培养硕士层次人才，并已设立了日本语言文学博士点，但中方师资匮乏，客座教授制度尚未建立，聘请的国内人文研究专家参与授课，内容也需与日方协调。中心课程除日本历史课由李德老师承担外，几乎全都由日本教授担任授课教师，教材则是寄自日本的原版书。日本教授学问深厚，教学方法包括研究生讨论课的开放式教育，这在当时中国大学还不多见。中心设中日方主任各一人，中方首任主任是李德老师，日方首任主任是林四郎教授。

　　如果说，改革开放和中日友好的春潮催生了日研中心，那么日研中心的客座研究员项目可以说是其中的一簇浪花，虽则出现短暂，却也晶莹剔透，奔涌向前。

　　客座研究员项目是日研中心开放式学术研究功能的直接体现。该项目从 1990 年开始实施，主要面向中国境内的日本研究学者和相关人员，具有中级职称以上均可申请。项目为期半年，可延长一期；每期原则上接受 10 名学者，包括外地学者和北京学者各 5 人。我们那一期 1993—1994 年度进入日研中心，是中心早期的客

---

　　① 教育部原副部长张新胜语。转引自宋金文主编：《北京日本学研究中心成立 35 周年纪念文集》，第 90 页。

日本研究的"驿站"

座研究员。新世纪初，随着日本调整包括技术援助和智力援助在内的 ODA、日本国际交流基金会调整对华文化交流事业内容，日研中心于 2004 年终止了该项目。日研中心客座研究员项目实施了仅 15 年，但惠及的学者却达到 187 人次！[①]

记得我们那一期的日方主任是竹田晃教授，李书成老师是代主任。当时，李老师实际主持日研中心的日常工作，他代替身体不好的李德老师代理主任职务。李老师是福建人，口音绵软，和蔼可亲，大事小情，面面俱到，总是笑眯眯的，从未见他发过火。李老师也是我们客座研究员的主管老师。除李老师之外，日研中心的日方教授负有对客座研究员进行"一对一"的课题指导任务。

日研中心为客座研究员提供了与外国留学生同等待遇的优渥条件。外地同学住在当时北外条件最好的留学生楼三楼，每人一个单间，北京同学则需要"走读"。客座研究员每月还有 400 元的生活补贴，这在当时是一笔超过工资的"巨款"，让我们可以经常上留学生食堂打牙祭，而研究费还可另行报销。

我到日研中心做客座研究员，纯属偶然。当时，我正在中国社会科学院日本研究所《日本学刊》编辑部做编辑。20 世纪 90 年代初，我曾随中国首个日本研究杂志编辑者代表团访日，在为团长陈士诚起草访日讲话时，不期然间接触到中国三四十年代早期日本研究杂志，其内容之丰富、涵盖之广泛，使我产生了一探究竟的冲动，酝酿做一个长期课题。一次研讨会，偶遇 1992 年到日研中心做客座研究员的孔繁志，从他那里知晓北外有这样一个机构可以接纳学者进行课题研究，而且不设专业门槛。于是，非科班日语和日本研究专业出身的我，怀着忐忑的心情填写了"中国早期日本研究杂志研究"的申请，未曾想很快就接到了录取通知。

我能够"破格"进入日研中心的原因之一，是我的日本研究编辑身份，可以为后文将谈到的《中国日本学文献总目录》编纂做些工作。但于我而言，这一年的客座研究员经历，使我从日本研究编辑转而开始接触日本研究课题，在某种意义上，日研中心是我从事日本研究工作的起点。

二、客座研究员的课题研究工作

如果从《魏志·倭人传》算起，中国的日本研究已经有煌煌 1700 余年的历史

---

① 日本国际交流基金会北京日本文化中心:《风月同天 携手共进——中国日本研究 50 年回顾与展望（中文版）》（纪录影像），2022 年。

了。从公元 3 世纪的《三国志》到民国年间的《清史稿》，中国官撰史书中的对日记录绵延不绝。"日本学"一词，早在 20 世纪 30 年代初中国早期日本研究杂志《日本评论》上就已出现了。今天，虽然"日本学"作为一个独立学科尚有争议，在国家标准学科分类的 62 个一级学科、748 个二级学科中没有它的位置，但日本研究在中国国际问题研究中的"显学"地位却是不争的事实。

日研中心从成立之日起，如同它的名字一样，就为中国的"日本学"倾注全力。据考证，日研中心是改革开放以来中国境内第一个使用"日本学"名称的日本研究和人才培养机构。①相同名称的研究机构，似乎只有 1989 年成立的同济大学日本学研究所。尽管在很多情况下"日本学"与"日本研究"并无二致，或大体相通，但毫无疑问，开宗明义把日本作为一门专门学问来开展国别研究，日研中心颇用了一番心思。

日研中心通过人才培养、课题研究、学术交流等多种方式，扎实推进"日本学"建设。在具体实施上，一是创办学术刊物。衡量一流学术机构的标志之一，是拥有一流的学术期刊。1991 年，日研中心创刊了《日本学研究》②。这是一本每年出版的年刊。我在日研中心期间和其后一段时间，曾参与该刊的编辑工作。当年的"以书代刊"，如今已成功纳入 CSSCI 集刊系列，并向着核心集刊方向前行。二是举办系列研讨会。日研中心早期举办的学术讨论会，数度就"世界的日本学与中国的日本学""21 世纪日本学的方法""世界日本学研究的趋势与合作"等展开研讨，议题从中国到世界、从研究趋势进而研究方法，条分缕析，抽丝剥茧，推动中国的日本学不断深入。

在日研中心三大支柱之一的学术研究中，客座研究员自然是其重要组成部分。客座研究员，顾名思义，是日研中心的教职员工之外的研究人员。但彼时中方专职教师寥寥，语言、社会研究室主任是光杆司令。聘请国内名家（如钱理群、严绍璗、王晓秋、刘建辉、孙歌等知名学者）也是以讲座形式，加强中方教师的力量刚刚提上日程。因此，客座研究员成为中心的一支重要力量，有时甚至"喧宾夺主"。

客座研究员的工作，主要是利用日研中心的优越条件进行自主科研活动，定期完成申报的课题项目。记得我们那一期，复旦大学胡令远的课题是"周氏兄弟的日

---

① 参见丁红卫：《北京日本学研究中心国别区域研究的发展与思考》，载宋金文主编：《北京日本研究中心成立 35 周年纪念文集》，北京日本学研究中心，2020 年，第 100 页。

② 《日本学研究》（创刊号），科学技术文献出版社，1991 年。

日本研究的"驿站"

本文化观",《日本学刊》发表了他文笔优雅的论文;河北大学的裴桂芬,研究日本政府如何防止涉外企业的国际避税,是改革开放和市场经济发展的前沿课题;延边大学的潘畅和,做韩日儒家文化比较;北外日语系的朱京伟,进行的是日语汉字词语演变研究;日研中心的宋金文和谯燕,分别做日本社会和语言课题……值得一提的是首师大的李均洋的课题——日本经济小说研究。日研中心为此课题搞过一次研讨会,除中心人员外,特别邀请了国内日本文学和日本经济研究领域的学者参加,依稀记得与会者还就"经济小说"能否构成一个小说门类进行了争论。这也是当时日研中心为数不多的为客座研究员专门组织的学术研讨会。

我做客座研究员期间,除担任《中国日本学文献总目录》的特约编委和主要编辑外,在李书成老师的鼓励和日方派遣专家野中俊彦教授的指导下,对"中国早期日本研究杂志研究"课题进行了资料收集和研究,并初步完成了课题初稿。"最终报告"发表时,得到日研中心老师和同学们的充分肯定。在此基础上扩展而成的《中国的日本研究杂志史》①一书,列入"中国的日本研究史丛书"。特别需要说明的是,该书所附"中国早期日本研究杂志篇目辑录",收集了 1915—1946 年中国出版的早期日本研究杂志的珍稀目录资料。令人欣慰,诸多学者和研究生从中获得研究启发和线索,相关领域的研究路径由此展开,有的日本研究机构将其列为研究生基础课的必读书目,有的日本历史方向的研究生将其作为硕士论文的研究对象……这是我当初完全没有想到的。

这些目录资料绝大部分是我从国家图书馆复印的。至今还记得 1994 年初的一个冬日,我去国图古籍善本室借阅《敌伪研究》月刊,那是一本八路军野战政治部敌工部日本研究会在 20 世纪 40 年代初期创办的早期日本研究刊物。因为事前不知是善本,我没有携带"司局级以上单位介绍信"。好心的管理员小姐姐应允下次补上,并嘱不能复印而只能用铅笔抄录。所以在我接到那本刊物的瞬间,感觉就像去捧一件经年的瓷器。还有胡令远和谯燕同学,探亲期间,专程去上海图书馆、四川省图书馆帮助我复印稀缺目录。而上述目录的"巨额"资料费和复印费,都是日研中心提供的。

虽说日研中心客座研究员的研究工作是专门性的,但包括外地同学在内基本都"不脱产",除了不教课(裴桂芬是个例外,因为发学术刊物文章较多,被李老师安

---

① 林昶:《中国的日本研究杂志史》,世界知识出版社,2001 年。

排给中心硕士生开了如何写好论文的讲座），在编辑书目和课题研究之余，兼顾自己原单位的本职科研。这样一来，学习、工作和科研时有冲突。

根据日研中心的安排，我们一开始把主要精力都放在编辑书目上，当书目理出基本头绪后，才发现已无暇准备"中期报告"——"中期报告"会也很正式，要提交小论文，并有指导教授和中心人员参加。而李老师还是通知我们"照章办事"。于是，作为"老大哥"和班长的南京国际关系学院（今国防科技大学国际关系学院）的揭侠，率领我们进行"抵制"，以至几乎酿成一场风波。记得一次会上，李老师再次提出要搞"中期报告"会，揭侠则据理力争，双方竟吵了起来，会议最终不欢而散。李老师虽然十分生气，但后来还是谅解了我们，决定不搞"中期报告"了。面对欢天喜地的我们，李老师一脸严肃，告诫大家莫要"皆大欢喜"，还须认真准备"最终报告"。后来客座研究员的"中期报告"制度是否取消已不得而知，只记得在一个暑热的下午，我们认认真真地做着"最终报告"，直到夕阳西下。

"抵制风波"以后，李老师和我们不仅毫无芥蒂，反而关系更加亲密了。他无微不至地关心我们的工作和生活，我们也把中心当成自己的第二个"家"。当初，我们几个客座研究员的孩子尚小，平日余暇交流"育儿经"，打乒乓球、羽毛球，有了什么好书，也互相传看，记得贾平凹颇受争议的小说《废都》刚出，有人还用书中主人公的名字给某同学起了"老庄"的绰号……可谓其乐融融、情谊满满。

为我们客座研究员提供过贴心帮助的，还有日研中心行政办公室、图书馆的工作人员：王世斌、宁民治、洪庆华、李宝顺、杨宝香等几位老师，他们都已退休；宋金文和谯燕在做客座研究员之余，也不脱离中心工作；还有日方事务主任畔上和子,中心秘书吴咏梅、吴怀中。吴怀中当时正忙着要去日本读博，也不厌其烦地帮我们处理各种琐事。几年后，吴学成归来，凭借一篇阐述日本"文明史观"的论文[1]，在 1998 年度《日本学刊》根本安雄基金[2]优秀论文评选中获了奖（奖项未分等级），

---

[1] 吴怀中：《"文明史观"在近代日本对华认识及关系中的影响——从思想史与国际关系的接点出发》，《日本学刊》1998 年第 5 期，《复印报刊资料·世界史》1999 年第 5 期全文转载。

[2] 根本安雄基金是中国社科院日本研究所于 1988 年 9 月设立的以根本安雄个人名义命名的首个基金。根本安雄，日本日中技术留学交流协会会长、日本东银座地所株式会社社长，长期致力于中日友好。根本安雄从 1988 年起至 1992 年，每年捐款 100 万日元作为基金，主要用于资助日本研究所购买科研资料和设备，培养日本研究人才，资助日本研究和奖励优秀研究成果等。《日本学刊》优秀论文评选活动，是根本安雄基金之外单独设立的奖项。为此，根本安雄特别追加资金，并亲临 1990 年首届评选颁奖仪式。《日本学刊》优秀论文评选活动连续举行了六届，自 2010 年以后为已故日本经济学家隅谷三喜男赠款设立的"隅谷奖"所继承。

成为当时最年轻的获奖学者。记得在评选会上，外聘专家严绍璗、汤重南力主推荐，说要鼓励有独到见解的青年学者脱颖而出。后来吴怀中果然不负众望，成绩斐然，现已是知名日本问题专家、社科院日本研究所副所长。

三、编纂日本学文献总目录

在 1993 年之前，日研中心的客座研究员项目已实施了三年多。与前面几期客座研究员相比，我们最大的收获是在我们手中诞生了一部《中国日本学文献总目录》①。虽然这部目录的后期印制历经坎坷，于两年后的 1995 年才姗姗出版，但日研中心，特别是李书成老师的领导之功和我们的前期编纂工作，是值得铭记的。

文献书目，浪漫的说法，是人们行舟学海的向导、开启知识宝库的钥匙。其编纂工作是一项回溯历史、现实性极强的工作。编纂日本学文献总目录，通过在诸多日本研究著作成果中爬梳剔抉，整合汇编，不仅可以为相关文献检索提供方便，还可展现古往今来中国日本研究载体的现实收存状况，折射中国对日认知的历史变迁。

知易行难。编纂书目看似简单，其实不然。书目繁多，编制方法不同，结构体例不一，编纂工作个中艰辛一言难尽，哪里还谈得上"浪漫"？有人说，谁要性子躁，就让他去图书馆编目。可见，图书编目是一件枯燥的事，能把人磨得没了脾气。从卷帙浩繁的零散书目收集拢来，到把无序的原始图书信息汇聚成准确、有序的目录，直至学者案头得心应手的工具书，无疑需要付出辛勤的努力。

万丈高楼平地起。今天看来，编制一部日本研究总目录几乎是一项"不可能完成"的艰难任务。在此之前，北京大学日本研究中心已经编过《中国日本学论著索引（1949—1988）》②，日研中心也有编辑《中国日本学年鉴：1949—1990》③《中国日本学年鉴：1992》④的经历，后两者书中辟有著作目录栏目，收录统计年日本研究相关书目。我仔细翻阅北大的书目，特别是日研中心的两本年鉴，不光内容有缺陷，还是断代的，而我们要回溯到 2200 多年前的先秦！可以说，编制总目录是

---

① 北京日本学研究中心编：《中国日本学文献总目录》，中国人事出版社，1995 年。
② 李玉、刘玉敏、张贵来主编：《中国日本学论著索引（1949—1988）》，北京大学出版社，1991 年。
③ 北京日本学研究中心编：《中国日本学年鉴：1949—1990》，科学技术文献出版社，1991 年。
④ 北京日本学研究中心编：《中国日本学年鉴：1992》，科学技术文献出版社，1992 年。

从头开始，毫无可资借鉴的经验。然而日研中心的客座研究员们志当存高远，敢为天下先，为学术铺路，为学科立言，义无反顾，勇往直前，颇有些"风萧萧兮易水寒，壮士一去兮不复还"的悲壮。

编纂总目录是当年日研中心的一项中心工作，也是客座研究员在自身研究之外的共同事业。其间，我们与北外图书馆的老师、日方派遣教授一起论证编目体例、筛选书目。总目录编纂和出版，也得到了当时成立未久的日本国际交流基金会北京事务所（今北京日本文化中心）的指导和赞助。

回忆起当年编纂细节，令人唏嘘。20 世纪 90 年代初期，尽管世界范围的新技术革命方兴未艾，但中文文字处理技术尚未成熟，拥有一台工作用电脑还是很奢侈的事情。没有电脑存储，没有计算机排序，全靠手工抄书目卡片。此前，中心的研究生已做了部分书目卡片，我们从国图、科图等图书馆补充，一本一本地抄回新卡片，建立"导卡"，再重点分门别类编制目录。我记得放书目的卡片盒，摆满了中心二楼一个大房间中的几张长条桌，蔚为壮观。工作最紧张的时候，我们北京的同学一周要去三次中心。李老师的家就住在北外，几乎天天都来关照。那时我刚刚分到社科院的车公庄宿舍，距离北外不远，骑自行车只需 20 分钟路程，"地缘因素"和"专业对口"，使我成为李老师的得力助手。尽管工作繁复，但大家却鲜有怨言，干不完活儿就加班加点。李老师精心组织，严格把关，确保编纂工作顺利进行。大家也按照书目编纂的技术性要求高的特点，认真负责，分工合作，直至付梓。

经过一年的艰苦奋斗，总目录终于大功告成！我们在摆满卡片盒的桌前合影留念。可以满怀自豪地说，在没有互联网的年代里，这是一项惠及日本研究学者并填补空白的巨大工程，凝聚着日研中心和我们这一期客座研究员的心血。

《中国日本学文献总目录》收录了自先秦时期到 1993 年 3 月末在中国（包含部分香港、台湾地区资料）出版的、由中国学者撰写和翻译的日本研究著述、译作目录，共 3 万余条。其中，书籍部分分为哲学、社会科学总论、政治、法律、军事、经济、文化、科学技术、教育、体育、语言和文字、文学、艺术、历史、地理、综合共 16 大类。

外形与《辞海》缩印本颇为相似，《中国日本学文献总目录》为 16 开本，1819 页，约 300 万字，是迄今我国公开出版的时间跨度最长、收录条目最多的日本学文献目录。较之上述我国第一本《中国日本学论著索引（1949—1988）》，在内容、条目、检索项的丰富性上向前跨进了一大步。

当然，如同任何新生事物都难免有不完善之处一样，书中仍有一些著作、著者、分类、排序、责任者和出版机构等遗漏和疏失，但其开创性的历史功绩不可磨灭。

这里插一句，好似冥冥之中的召唤，2017 年由我主持编纂的《中国的日本研究著作目录（1993—2016）》[①]，正是《中国日本学文献总目录》的庚续工程。我和当时在《日本学刊》编辑部实习的博士后吴限，在日本国际交流基金会北京日本文化中心组织实施下，通过国图、社科院图书馆、日研中心图书馆、新华书店和国际交流基金会北京日本文化中心图书馆五家图书机构网络电子平台下载书目数据，统计分类并增设了作者及出版社索引。而这些下载和统计分类工作，几乎一键搞定。遥想当年，不禁感慨科技造福人类。《中国的日本研究著作目录（1993—2016）》显示，1993—2016 的 24 年间，中国境内出版了 4700 余种著作，年均 190 余种，大大超越以往，包括了一批质量上乘、颇具深度的研究成果。这一切都得益于中国综合国力的提升和日本研究事业的发展。

《中国日本学文献总目录》的编纂实践，也促成了日研中心与中华日本学会的首度合作。也是在日本国际交流基金会的资助下，双方共同启动了第二次"中国的日本研究调查"，编辑出版了《中国的日本研究》[②]。该书由时任中国社科院日本研究所所长骆为龙、日研中心副主任徐一平任主编，我和谯燕任副主编。两年后，世界知识出版社又出版了该书的日文版[③]。该书涵盖中国日本研究的综述和研究机构、学会团体、学者、索引书刊及刊物等内容，煌煌 80 万字的浩大工程，其收录规模、编排体例及成果样态上，在迄今历次"中国的日本研究调查"[④]中，空前绝后。

四、为日研中心图书资料建设出力

研究工作必须从资料做起，否则只能是空中楼阁。著名历史学家吴晗说过，资

① 《中国的日本研究著作目录（1993—2016）》，《日本学刊》2016 年增刊。

② 中华日本学会·北京日本学研究中心编：《中国的日本研究》，社会科学文献出版社，1997 年。

③ 中華日本学会·北京日本学研究センター監修、国際交流基金企画『中国における日本研究』世界知識出版社、1999 年。

④ 迄今为止，"中国的日本研究调查"共进行过 4 次，按成书计，包括《中国的日本研究现状调查研究（上、下）》（中国社会科学院日本研究所，1985 年；日文版，1987 年）、《中国的日本研究（1997）》（中华日本学会、北京日本学研究中心，1997 年；日文版，1999 年）、《中国的日本研究（1997—2009）》（中华日本学会、南开大学日本研究院、日本国际交流基金会，2010 年）、《中国的日本研究（2010—2018）》（南开大学日本研究院，2019 年）等 6 册。

料工作和研究工作实际上是一回事，从来没有一个做研究工作有成绩的人不搞资料的。研究工作要占有实际资料，从而进行分析研究。[①]日研中心十分重视资料工作之于学术研究的重要性，图书馆早在中心成立之初就已建立了。草创时期的图书馆，是北外西院一间由一楼教室改造的只有十几排固定书架的不足百平米的大屋子。图书馆的逼仄、简陋和不敷使用，成为日研中心新盖办公场所最初动议的要因。

今天，耸立在北外东院的日研中心新大楼，2003 年启用，是日本政府利用 ODA 无偿援建的，无疑是当今全国日本研究机构中最为奢华的一个。宽敞明亮的图书资料馆，占据两个层楼，总面积达到千余平方米，馆藏图书 16 万册，其中日文图书 14 万册，中文图书 2 万册，学术杂志 70 余种，日本各研究机构纪要（学报）50 余种。

经过多年的建设，日研中心图书资料馆现已成为中国国内首屈一指的日本学研究图书中心和日文社科文献首选之地。图书资料馆还在我国国内率先实现了日文图书的远程编目和检索以及利用互联网的编目和检索，这是日研中心第一个博士施建军主导引进开发的，比国图还要早。如今的图书资料馆，设有密集书库、阅览区、复印区、古书保管室、研修室、视听室……这是当年为之尽力的我们无论如何也想象不到的。

在今天日研中心的组织运营机制中，图书运营委员会下有一个负责图书遴选的委员会，其源头可以追溯至客座研究员项目建立时。当时，客座研究员的一项工作是圈选日本各大出版社的书目。除了为个人研究选择图书外，主要是为建设图书馆的基本馆藏。如日本四大报《朝日新闻》《读卖新闻》《每日新闻》《日本经济新闻》的缩印本、主要刊物和重要事典，图书馆基本都购齐了。

图书馆建设初期，国内图书经费尚不充足，多利用日本国际交流基金专项资助购置图书。而一部分图书来源是接受赠书，较为大宗的赠送则设立文库。像高碕达之助等日本知名人士的文库，在我们来中心前就已设立了。1994 年，中日友协会长孙平化将自己的藏书和日本茨城县日中友好人士的捐书 5000 余册赠送给日研中心，并设立了"孙平化文库"（1995 年举行文库揭幕仪式并对外开放）。该文库也是迄今中心图书资料馆的 12 个文库中唯一的以中国人名字命名的文库。[②]记得其中

---

① 吴晗：《漫谈资料工作和研究工作》，《新闻业务》，1961 年第 3 期，第 33 页。
② 文库包括高碕文库、孙平化文库、小孙文库、德川文库、大平文库、野村文库、松村文库、桐山文库、丹宇文库、昭惠文库等。

部分精装书还是我们几个客座研究员从孙老在崇文门的家中搬回的。

孙老去世后,在日研中心设立了"孙平化日本学学术奖励基金",这也是宋庆龄基金会正式注册的中国日本研究界唯一的全国性部级学术奖。该奖项以中国的中青年学者为对象,以建立中国日本学研究体系为方向,专项支持中国的日本学研究。首届"孙平化日本学学术奖励基金"专著奖,颁给了日研中心"学术专著丛书"第一本书——周维宏和宋金文及我合著的《中日农村经济组织比较》[1]。我写的其中一章《日本农村农业经济组织》,还被国家发改委主管的刊物《经济管理文摘》全文转载。[2]

说起来,这本书也是在日研中心客座研究员期间酝酿的。日研中心成立初期,除日本国际交流基金会之外,还有一些民间企业提供支持,如日本三菱商社、卡西欧贸易有限公司、茶道里千家等。当时,日研中心刚刚成为日本住友财团"亚洲国家日本研究资助"的募集对象。一天,宋金文找我,说他手头有一项日本农村研究课题可以一同申请住友财团资助。但我们都还是中级职称,于是去找已是副教授的周维宏老师,请他做课题负责人。后来,课题顺利申请到住友财团 100 万日元资助。一年后,我们三人组成课题组,去日本进行为期一周的调研,访国立国会图书馆,赴茨城水户农村,登富士山至八合目……

现已退休的周维宏老师,江苏人,日本社会研究专家,学问扎实,当时先行去的日本,设计了周密的调研计划,并承担了课题的大部分章节,后担任专著主编;宋金文,山东人,日本社会保障研究学者,在日期间调研之外,还是一位标准的暖男,炒得一手好菜……日本之行,一段同调研、同睡榻榻米的经历,恍如昨日。

五、赋能日本研究的"驿站"

1994 年 6 月,"毕业"的时候到了。李书成老师热情地邀请我们去他在北外西院的家中聚会。那时是短缺经济时代,大家也没带什么东西,外地的同学买了一块漂亮的挂毯,"才子"胡令远在挂毯背面写了一首诗作为礼物。

当天的聚会,不仅有丰盛的晚餐,氛围更是热闹异常。有一个场面,我至今仍

---

① 周维宏主编:《中日农村经济组织比较》,经济科学出版社,1997 年。
② 林昶:《日本农村农业经济组织》,《经济管理文摘》,2004 年第 4 期,第 30~36 页。

记得：李老师可爱的外孙女正上小学，伶牙俐齿，在我们中间疯跑，慈祥的李老师好不容易把外孙女揽在怀里。揭侠说："你这样，长大了，谁敢娶你啊？"小姑娘答道："他不娶，我还不嫁呢！"众人笑翻。

李老师 1994 年荣退，之后在京郊买了农家小院，过起悠然的田园生活。李老师一直很关心我。10 多年后，我们在一次日本大使馆举办的宴会上相遇，他还亲切地问起我是否解决了高研职称，我当时心头就涌起一股暖流。我与严安生老师接触不多，因为他是在我们结束客座研究员工作后才接任中心主任的。严老师是那种热情似火、刚一接触就使人感到极亲近的人，一度还鼓动我调到日研中心工作。只是我生性不好动，也习惯了社科院编辑工作的节律，否则，我现在也是日研中心的一员了。

时光荏苒，如白驹过隙。

20 多年过去，日研中心早已旧貌换新颜，教学和研究也从日方教授为主变为中方主导，在中日合作办学的模式和教育理念、事业运营、课程设置和教学管理方面，创造出符合中国国情和优秀传统的教育方法，培养了一大批高质量的日语教育和日本研究人才，成为教育部国别与区域研究基地和国家重点学科建设点……

20 多年过去，我的同学们早已各奔东西。平时大家工作、生活忙碌，相互联系并不多，偶尔在研讨会上碰面，每每回忆起在日研中心朝夕相处的美好时光……

20 多年过去，我的同学们几乎都成了各单位的骨干和学科带头人：揭侠，三江学院外国语学院副院长；胡令远，上海市日本学会会长、复旦大学日本研究中心主任；裴桂芬，河北大学日本研究中心主任；朱京伟，北京外国语大学日语系主任；王克非，《外语教学与研究》主编、教育部人文社科重点研究基地"中国外语教育研究中心"常务副主任；潘畅和，延边大学哲学学科主任；李均洋，首都师范大学日本文化研究中心主任；宋金文，日研中心主任；谯燕，日研中心教授，还有赴日的米强、英年早逝的王中田……

王中田，哲学博士，毕业于东北师大政治系，人大研究生毕业后，回吉林大学哲学系任教。我们同在日研中心做客座研究员时，他正调入南开大学哲学系，兼任日本研究中心（今日本研究院）的研究员。其时，中田正热恋中，女朋友常换，但做学问却十分专一，我至今还记得他宿舍书架上长长的《和辻哲郎全集》。中田事业有成，成果迭出。他独著了《当代日本伦理学》《江户时代的日本儒学研究》两部佳作，学校的社会工作也做得风生水起。南开大学辩论队有一年夺得天津市主题辩论赛总冠军，教练正是中田！后来，中田病了，很长时间认不得人，同学们相约去天津看望他，可不久便传来他离世的消息，令人扼腕痛惜……

在日研中心的资料册上，可以看到为中心建设殚精竭虑的中日教授和客座教授的名字，他们的贡献值得铭记；也可以看到中国很多研究机构、团体的负责人和知名学者都曾在日研中心做过客座研究员，其中，有后来的中国社科院副院长武寅、外交学院副院长江瑞平、浙江大学"文科领军人才"王勇、洛阳外国语学院欧亚系主任孙成岗、中国中日关系史学会会长王新生、中华日本哲学会会长王青、《日本学刊》主编韩铁英、日研中心主任郭连友、首师大日语系主任孔繁志……

请原谅我的挂一漏万。我之所以不厌其烦地历数一桩桩往事、开列一张张名单，是想尽力说明一个事实：日研中心以建设中国的"日本学"为己任，努力构建集教学、研究、学术信息和交流的平台，通过包括客座研究员在内的多种形式，培养日本研究人才，建立纯真友情的纽带，更使我们终身受益。

倏然，我脑海里跳出一个词——驿站。它是古代供传递政府文书的人及往来官员中途更换马匹或休息、住宿的地方，大体如今天的高速公路服务区。在此，人们蓄力、车辆加油，以便驶向下一个目的地。日研中心就是这样一个"驿站"，而我们作为这里的"过客"，满载着收获和信心，奔向新的征程。

愿日研中心为中日两国友好、为中国的日本研究赋予更多更强劲的动能！

（作者：林昶，南京大学中国南海研究协同创新中心特任研究员，中国社会科学院日本研究所《日本学刊》编辑部前主任、编审）